AF565171

Das Herzinfarkt-Sūtra

Das Herzinfarkt-Sūtra

Ein neuer Kommentar zum Herz-Sūtra

von Karl Brunnhölzl

Aus dem Englischen
von Karl Brunnhölzl

edition steinrich

Bibliografische Information der Deutschen Bibliothek:
Die Deutsche Bibliothek verzeichnet diese Publikation in der Deutschen Nationalbibliografie; detaillierte bibliografische Daten sind im Internet über http://dnb.d-nb.de abrufbar.

www.edition-steinrich.de

Titel der amerikanischen Originalausgabe: *The Heart Attack Sutra. A new commentary on the Heart Sutra*
Erschienen bei: Snow Lion, an Imprint of Shambhala Publ., Inc., Boston USA

Lektorat: Bernd Bender / Ursula Richard
Umschlaggestaltung: Ingeburg Zoschke, Berlin
Titelbild: © Marita Wiemer, www.marita-wiemer.de
Gestaltung und Satz: Traudel Reiß
Druck: Westermann Druck Zwickau
Printed in Germany

ISBN 978-3-942085-42-7

Inhalt

Einleitung

Die Verrücktheit des Herz-Sūtra

Es gibt keinen Zweifel, dass das Herz-Sūtra der am häufigsten benutzte und rezitierte Text in der gesamten mahāyāna-buddhistischen Tradition ist, die bis heute in Japan, Korea, Vietnam, Tibet, der Mongolei, Bhutan, China, Teilen von Indien und Nepal und, in neuerer Zeit, in Amerika und Europa lebendig ist. Viele Menschen haben ganz unterschiedliche Dinge darüber gesagt, was das Herz-Sūtra ist und was es nicht ist, etwa, dass es das Herz der Weisheit sei, eine Beschreibung der Dinge, wie sie wirklich sind, die zentrale Lehre des Mahāyāna, das Konzentrat aller Prajñāpāramitā-Sūtren (das zweite Drehen des Dharmarades des Buddha) oder eine kurzgefasste Erläuterung der Leerheit. Bevor wir zu den Worten des Herz-Sūtra selbst kommen, mag es hilfreich sein, zuerst seinen Hintergrund in der buddhistischen Tradition wie auch die Bedeutung von *prajñāpāramitā* und »Leerheit« etwas näher zu beleuchten.

Kurz gefasst: Was wir mit Sicherheit über das Herz-Sūtra sagen können, ist, dass es vollkommen verrückt ist. Wenn wir es lesen, macht es keinerlei Sinn. Nun, vielleicht machen der Anfang und das Ende Sinn, aber alles dazwischen klingt wie eine ausgeklügelte Form von Unsinn. Das kann man als das grundlegende Merkmal der Prajñāpāramitā-Sūtren im Allgemeinen ansehen. Wer das Wort »kein« mag, mag vielleicht das Sūtra, denn »kein« ist das am meisten verwendete Wort – kein dies, kein das, kein alles. Wir könnten auch sagen, dass es ein Sūtra über Weisheit sei, aber es ist mit Sicherheit ein Sūtra über eine Art von verrückter Weisheit. Lesen wir es, klingt es irre, aber das ist in der Tat der Punkt, an dem der Weisheitsanteil ins Spiel kommt. Was das Herz-Sūtra (wie alle Prajñāpāramitā-Sūtren) tut, ist, alle unsere üblichen gedanklichen Bezugsrahmen, alle unsere starren Vorstellungen, alle unsere Glaubenssysteme und Bezugspunkte, auch die, die sich auf unseren spirituellen Weg beziehen, durchzuschneiden, auseinanderzunehmen und niederzureißen. Es tut dies auf einer sehr grundlegenden Ebene, nicht bloß in Bezug auf unser Denken und unsere Vorstellungen, sondern auch in Bezug auf unsere Wahrnehmungen: wie wir die Welt sehen, wie wir hören, wie wir riechen, schmecken, fühlen, wie wir uns selbst und andere sehen und emotional darauf reagieren usw. Dieses Sūtra zieht uns den Teppich unter den Füßen weg und lässt nichts, woran wir auch nur denken können, intakt, ebenso wenig wie vieles, was wir noch nicht einmal denken können. Das nennt man »verrückte Weisheit«. Ich möchte hier die Warnung aussprechen, dass dieses Sūtra gefährlich für Ihre saṃsārische geistige Gesundheit ist. Was Sangharakshita über das Diamant-Sūtra sagt, gilt gleichermaßen für alle Prajñāpāramitā-Sūtren, einschließlich des Herz-Sūtra:

> … wenn wir darauf bestehen, dass die Erfordernisse des logischen Geistes zufriedengestellt werden, verfehlen wir den springenden Punkt. Was das Diamant-Sūtra uns tatsächlich bietet, ist keine systematische Abhandlung, sondern eine Reihe von Hieben mit einem Vorschlaghammer, von dieser und jener Richtung angreifend, um unsere grundlegende Verblendung zu durchbrechen. Es macht die Sache für den logischen Geist nicht einfach, die Dinge in eine logische Form zu bringen. Dieses Sūtra wird verwirrend, irritierend, ärgerlich und unbefriedigend sein – und vielleicht können wir nicht darauf hoffen, dass es anders sei. Wenn alles in einer ordentlichen und klaren Art und Weise dargelegt wäre, ohne offene Fragen zu hinterlassen, könnten wir in der Gefahr sein, zu denken, dass wir die Vollendung der Weisheit begriffen hätten.[1]

Eine andere Art und Weise, das Herz-Sūtra zu betrachten, ist, es als ein sehr verdichtetes Kontemplationshandbuch zu sehen. Es ist nicht nur ein zu lesender oder zu rezitierender Text, sondern seine Bedeutung soll in einer Weise kontempliert werden, die so detailliert wie nur möglich ist. Als Herz-Sūtra vermittelt es die Herz-Essenz dessen, was Prajñāpāramitā, die »Vollendung der Weisheit oder Einsicht«, genannt wird. Es ist sehr direkt, ohne sich mit Details aufzuhalten. Es ist mehr wie ein kurzes Memo dafür, alle Elemente unserer körperlichen und geistigen Existenz zu kontemplieren, und zwar aus der Perspektive, was wir jetzt

1 Sangharakshita 1993, S. 44.

sind, was wir werden, während wir auf dem buddhistischen Pfad voranschreiten, und was wir am Ende dieses Pfades erlangen (oder nicht erlangen). Wenn wir alle Details lesen wollen, müssen wir uns den längeren Prajñāpāramitā-Sūtren zuwenden, die sich auf ungefähr einundzwanzigtausend Seiten im tibetisch-buddhistischen Kanon belaufen – einundzwanzigtausend Seiten mit lauter »Keins«. Alleine das längste Sūtra in einhunderttausend Zeilen besteht aus zwölf dicken Bänden. Das Herz-Sūtra befindet sich sozusagen am unteren Ende der Skala, und das kürzeste Sūtra, das mein persönliches Lieblingssūtra ist, besteht aus nur einem Buchstaben. Es beginnt mit der üblichen Einleitung: »Einst weilte der Buddha in Rājagṛha auf dem Geierscharberg …« und so weiter, und dann sagte er: »A.« Das Sūtra endet damit, dass alle Götter und alle anderen Anwesenden jubilieren, und dann ist alles vorbei. Es soll Menschen geben, die tatsächlich die Bedeutung der Prajñāpāramitā-Sūtren durch das bloße Hören oder Lesen von »A« erkennen können.

Das Herz-Sūtra ist also ein Meditationshandbuch, und wir könnten auch sagen, dass es ein großes Koan ist. Aber es ist nicht nur *ein* Koan, es ähnelt vielmehr gewissen russischen ineinander geschachtelten Holzpuppen: Außen sieht man eine Puppe, aber dann gibt es darin eine kleinere und noch viele weitere kleinere Puppen in den folgenden. Ebenso sind alle Textstellen mit »kein« in dem großen Koan des Sūtra ihrerseits kleine Koans. Jede einzelne Aussage mit einem »Kein« ist ein unterschiedliches Koan im Hinblick darauf, worauf sich das jeweilige »Kein« bezieht, wie etwa

»kein Auge«, »kein Ohr« usw. Es ist eine Einladung, darüber zu kontemplieren, was das bedeutet. »Kein Auge« und »kein Ohr«, das klingt sehr simpel und geradlinig, aber wenn wir ins Detail gehen, ist es das überhaupt nicht mehr. Mit anderen Worten, alle diese verschiedenen Textstellen mit »kein« bieten uns verschiedene Blickwinkel oder Facetten des Hauptthemas des Sūtra: der Leerheit. Leerheit bedeutet, dass die Dinge nicht so existieren, wie sie scheinen, sondern dass sie wie Trugbilder und Träume sind. Sie haben keine Natur, keinen auffindbaren Kern, der ihnen eigen wäre. Jede dieser Stellen lässt uns genau dieselbe Botschaft betrachten. Die Botschaft und ihre Betrachtung sind nicht wirklich verschieden, aber wir betrachten sie in Bezug auf verschiedene Dinge. Was bedeutet es, dass das Auge leer ist? Was bedeutet es, dass die sichtbare Form leer ist? Was bedeutet es, dass selbst Weisheit, Buddhaschaft und Nirvāṇa leer sind?

Aus einer traditionellen buddhistischen Sicht könnten wir sogar sagen, dass das Herz-Sūtra nicht nur verrückt, sondern bilderstürmerisch oder sogar ketzerisch ist. Viele Menschen haben gegen die Prajñāpāramitā-Sūtren opponiert, weil sie alle zentralen Lehren des Buddhismus selbst zusammenbrechen lassen, wie etwa die Vier Edlen Wahrheiten, den Edlen Achtfachen buddhistischen Pfad und Nirvāṇa. Diese Sūtren sagen nicht nur, dass unsere gewöhnlichen Gedanken, Emotionen und Wahrnehmungen ungültig sind und nicht wirklich so existieren, wie sie es zu tun scheinen, sondern dass dies für alle Vorstellungen und Bezugsrahmen philosophischer Schulen gilt – nichtbuddhistische Schulen, buddhistische Schulen und selbst für das Mahāyāna, die Tradition, zu der die Prajñāpāramitā-Sūtren gehören. Gibt es irgendeine andere spirituelle Tradition, die sagt: »Alles, was wir lehren, vergiss es einfach«? Das ist in etwa vergleichbar damit, dass der Chef von Microsoft PC-Benutzern vor ein paar Jahren öffentlich nahe legte, Windows Vista nicht mehr zu kaufen, sondern stattdessen direkt von Windows XP zu Windows 7 überzugehen. Im Grunde warb er dadurch gegen sein eigenes Produkt. Mit dem Herz-Sūtra ist es ähnlich, aber es sagt uns nur, was wir nicht kaufen, und nicht, was wir stattdessen kaufen sollen.

Kurz gesagt: Lesen wir das Herz-Sūtra zum ersten Mal, klingt es verrückt für uns, weil es immer wieder »kein, kein, kein« sagt. Kennen wir uns im Buddhismus aus, klingt es auch verrückt (vielleicht sogar noch mehr), weil es alles negiert, was wir gelernt haben und zu kultivieren versuchen.

Warum wird es »Herz-Sūtra« genannt? Es hat diesen Namen, weil es das Herz des Mahāyāna lehrt, und zwar hauptsächlich dessen Sichtweise. Die grundlegende Motivation des Mahāyāna ist jedoch auch implizit in diesem Sūtra enthalten, und zwar in der Figur von Avalokiteśvara, dem großen *bodhisattva*, der die Verkörperung der liebevollen Güte und des Mitgefühls aller Buddhas ist. Es ist das einzige Prajñāpāramitā-Sūtra, in dem Avalokiteśvara überhaupt auftaucht, und er ist sogar die Hauptperson. Somit lehrt das Herz-Sūtra Leerheit durch die Verkörperung des Mitgefühls. Es heißt oft, dass Leerheit das Herz des Mahāyāna sei und das Herz der Leerheit Mitgefühl sei. In den Schriften wird manchmal der Ausdruck »Leerheit mit einem Herz aus Mitgefühl« verwendet. Es ist wichtig, das niemals zu vergessen. Durch Avalokiteśvaras Anwesenheit im Text wird der Aspekt des Mitgefühls hervorgehoben und betont, dass wir diesen Aspekt nicht vergessen sollten. Lesen wir einfach nur all die »Keins« und werden dann nach dem »keinen Weg« des »keinen Selbst« und des »keinen Erlangens« süchtig, wird alles ein bisschen trocken oder deprimierend, und wir mögen uns fragen: »Warum tun wir das?« oder »Warum tun wir das nicht?« In der Tat ist die Herz-Essenz der Prajñāpāramitā-Sūtren und des Mahāyāna die Einheit von Leerheit und Mitgefühl. Betrachten wir die längeren Prajñāpāramitā-Sūtren, sehen wir, dass sie beide Aspekte in umfassender Weise lehren. Außer über Leerheit, sprechen sie auch detailliert über den Pfad, über die Art und Weise, wie liebevolle Güte und Mitgefühl zu kultivieren sind, wie bestimmte Meditationen auszuführen und wie die Pfade zu beschreiten sind. Sie sagen nicht immer nur »kein«, sondern stellen die Dinge manchmal auch in einem positiveren Licht dar. Selbst das Herz-Sūtra wartet kurz vor Ende mit einigen Passagen ohne »kein« auf.

Ohne ein weiches Herz und Mitgefühl zu entwickeln, die, als würden wir Wasser zugeben, unsere geistige Starrheit aufweichen, besteht die Gefahr, dass die Lehren über Leerheit unser Herz sogar noch mehr verhärten können. Wenn wir glauben, Leerheit zu verstehen, unser Mitgefühl dadurch aber nicht wächst oder sogar noch abnimmt, befinden wir uns auf dem Holzweg. Daher ist es für diejenigen unter uns, die sich als Buddhisten verstehen, gut und notwendig, Mitgefühl und *bodhicitta* in sich entstehen zu lassen, bevor sie dieses Sūtra studieren, rezitieren und kontemplieren. Alle anderen mögen sich mit irgendeinem Fleckchen Mitgefühl, das sie in ihrem Herzen finden können, verbinden.

Aus einer anderen Perspektive betrachtet, ist das Herz-Sūtra eine Einladung an uns, einfach loszulassen und zu entspannen. Wir können die Worte in diesem Sūtra, die mit einem »Kein« daherkommen, wie etwa »kein Auge«, »kein Ohr«, durch alle unsere Probleme ersetzen, wie etwa »keine Depression«, »keine Angst«, »keine Arbeitslosigkeit«, »kein Krieg« usw. Das mag zu vereinfachend klingen, aber wenn wir es tun und den Text tatsächlich zu einer Kontemplation darüber machen, was alle diese Dinge wie Depression, Angst, Krieg und Wirtschaftskrise wirklich sind, kann das sehr kraftvoll sein, vielleicht sogar viel kraftvoller als die ursprünglichen Worte des Sūtra. Normalerweise sind wir zum Beispiel nicht so sehr an unseren Augen interessiert, daran, ob sie wirklich existieren oder nicht. Eines der Grundprinzipien der Prajñāpāramitā-Sūtren in Bezug auf die Kontemplation der Bedeutung von Leerheit besteht darin, die Untersuchung so persönlich wie möglich zu machen. Es geht nicht darum, irgendwelche stereotypen Formeln zu rezitieren, ohne jemals zum Kern unseres eigenen Anhaftens an einer wirklichen Existenz der Phänomene, an denen wir offensichtlich kleben, vorzudringen – letztlich unser Anhaften an einem Ego. Das Herz-Sūtra sagt nicht »kein Selbst«, »kein Heim«, »kein Partner«, »keine Arbeit« oder

»kein Geld«, aber das sind nun mal die Dinge, aus denen wir uns normalerweise viel machen. Um das Ganze daher relevanter für unser Leben zu machen, sollten wir diese Dinge einfügen. Das Herz-Sūtra gibt uns eine gute Vorlage dafür, wie wir Leerheit kontemplieren können. Die längeren Prajñāpāramitā-Sūtren fügen viele andere Dinge ein und sagen nicht nur »kein Auge«, »kein Ohr« usw. Sie enthalten endlose Listen aller möglichen Phänomene, und analog dazu sollten wir unsere eigene Liste der Phänomene, die unser persönliches Universum ausmachen, aufstellen und dann die Herangehensweise des Herz-Sūtra darauf anwenden.

Es gibt in mehreren der längeren Prajñāpāramitā-Sūtren Berichte darüber, dass unter den Zuhörern Menschen waren, die bereits bestimmte fortgeschrittene Stufen spiritueller Entwicklung oder Einsicht erreicht hatten, durch die sie von saṃsārischer Existenz und Leiden befreit waren. Diese Leute, die im Buddhismus *arhats* genannt werden, hörten dem Buddha zu, als er über Leerheit sprach, und reagierten darauf sehr unterschiedlich. Einige dachten: »Das ist verrückt, lasst uns gehen«, und sie gingen weg. Andere blieben, aber einige von ihnen erlitten einen Herzinfarkt, erbrachen Blut und starben. Sie waren anscheinend nicht rechtzeitig gegangen. Diese Arhats waren so schockiert von dem, was sie da hörten, dass sie auf der Stelle starben. Das ist der Grund, warum jemand kürzlich vorschlug, dass wir das Herz-Sūtra das *Herzinfarkt-Sūtra* nennen könnten. Eine andere Bedeutung des Namens könnte also sein, dass dieses Sūtra direkt zum Kern oder zum Herzstück der Sache vordringt, während es gnadenlos alle Ego-Trips angreift, die uns davon abhalten, zu unserem wahren Herzen zu erwachen. Wie auch immer, bis jetzt hat niemand, den ich kenne oder von dem ich gehört habe, davon einen Herzinfarkt erlitten, was die gute Nachricht ist. Die schlechte Nachricht ist aber, dass es wahrscheinlich auch niemand verstanden hat.

Leerheit bedeutet Loslassen

Verankert darin, dass es keinen Grund und Boden gibt

Das Herz-Sūtra und die anderen Prajñāpāramitā-Sūtren sprechen über viele Dinge, aber ihr grundlegendes Thema ist die fundamentale Tatsache, dass unsere Existenz keinen Grund und Boden hat. Egal was wir tun, egal was wir sagen und fühlen, wir brauchen nichts davon zu glauben. Es gibt rein gar nichts, woran wir uns festhalten könnten, und selbst das ist nicht sicher. Somit ziehen uns diese Sūtren den Teppich unter den Füßen weg und nehmen uns auch alle unsere Lieblingsspielzeuge fort. Wenn uns normalerweise jemand eines unserer geistigen Spielzeuge wegnimmt, dann finden wir einfach neue. Das ist einer der Gründe, warum viele Prajñāpāramitā-Sūtren so lang sind – sie listen alle Spielzeuge auf, an die wir nur denken können und sogar noch etliche andere mehr, aber unser Geist wird auch weiterhin neue ersinnen und neue ergreifen. Der wesentliche Punkt ist, dahin zu gelangen, dass wir tatsächlich aufhören, nach dem nächsten Spielzeug zu suchen und zu greifen. Dann müssen wir schauen, wie sich *dieser* Geisteszustand anfühlt. Wie fühlt sich unser Geist an, wenn wir nicht nach irgendetwas greifen, wenn wir nicht versuchen, uns selber zu unterhalten, und wenn unser Geist nicht außen sucht (oder wo auch immer), wenn also nichts übrig ist, wohin wir gehen könnten? Wenn wir mitten auf dem Meer sind, weit vom Land entfernt, und wir lassen einen Landvogel von unserem Schiff auffliegen, so kommt dieser Vogel nicht weit. Er wird immer zum Schiff zurückkehren, weil das der einzige Platz für ihn zum Landen ist. Ebenso versuchen unsere Gedanken und Emotionen immer irgendwo hinzugelangen, in den Himmel aufregender Dinge zu fliegen, aber sie können nicht wirklich irgendwo außerhalb unseres Geistes hingehen und werden schließlich immer wieder genau zu dem Geist, in dem sie entstanden sind, zurückkehren. Daher brauchen wir unsere Gedanken nicht festzunageln, sondern es ist in Ordnung, wenn sie sich bewegen. Selbst wenn sie sich weit weg bewegen, müssen wir uns keine Sorgen um sie machen, ihnen nachrennen oder eine Suchmannschaft losschicken. Es ist unvermeidlich, dass sie sich immer wieder im Geist niederlassen, also verlieren wir auch niemals irgendwelche Gedanken. Das bedeutet, dass wir nicht hinter ihnen herjagen oder sie zurückbringen müssen. Ganz grundsätzlich können wir niemals aus unserem Geist heraus, auch wenn wir manchmal das Gefühl haben mögen, »außer uns« zu sein. Wir können niemals aus unserem Geist heraustreten und schauen, wie die Welt außerhalb unseres Geistes ist. Die Prajñāpāramitā-

Sūtren sprechen von dieser grundlegenden Erfahrung, zu unserem Geist, wie er ist, zurückzukehren, ohne irgendwo hinzugehen, ohne irgendetwas zu tun und ohne irgendetwas zu manipulieren. Es geht darum, unseren Geist einfach so sein zu lassen, wie er ist. Für gewöhnlich tun wir das nicht, sondern versuchen stattdessen immer wieder, unseren Geist dazu zu bringen, etwas zu tun.

Daher geht es bei der Leerheit um die Jetztheit aller Phänomene, darum, ohne ein Gefühl von soliden oder dauerhaften Dingen im gegenwärtigen Moment zu sein; es geht um die schiere Erfahrung des unendlichen Spiels des Geistes ohne irgendetwas, was wir bestimmen oder woran wir uns festhalten könnten.

Das Sanskrit-Wort für Leerheit ist *śūnyatā*. Eine der wörtlichen Bedeutungen von *śūnya* ist »leer«, eine andere »Null«. In der indischen Mathematik ist die Ziffer Null *śūnya*, aber diese Null unterscheidet sich sehr von der »Null« im Westen. Wenn wir an Null denken, denken wir schnell an »Nichts«, aber in Indien bedeutet der Kreis von *śūnya* »Fülle«, »Vollständigkeit« oder »Ganzheit«. Ebenso bedeutet »Leerheit« nicht »Nichts«, sondern vielmehr »Fülle« im Sinne von vollständigem Potential – alles kann in der Leerheit und wegen der Leerheit geschehen. Viele Menschen fragen sich, wie irgendetwas funktionieren kann, wenn nichts wirklich existiert. Nāgārjuna sagt jedoch, dass es genau deswegen funktioniert. Wenn alles eine wirkliche Existenz hätte, das heißt, in sich selbst und aus sich selbst heraus existieren würde und somit unveränderlich wäre, dann würden die Dinge von nichts bedingt sein. Aber dann könnten sie auch nicht in Interaktion treten, weil das eine Veränderung zur Folge hätte. Nur weil sich alles fortwährend verändert, sind Interaktion und Funktionieren möglich.

Die Wurzel des Wortes *śūnya* bedeutet »anschwellen«, was die Vorstellung von Hohlheit impliziert. Die Phänomene der scheinbaren Wirklichkeit muten wirklich an, während sie jedoch tatsächlich leeren Luftballons ähneln, die nur durch unsere Unwissenheit aufgeblasen sind. Durch unsere Unwissenheit blasen wir eine Menge Nichtse zu sehr großen Etwassen auf. Wenn sie anschwellen, ist das der Kreis oder der Ballon von *śūnya*. *Śūnyatā* bezeichnet somit nicht Nichts, sondern die Tatsache, dass alles aus dem unendlichen Raum der Phänomene kommt, in dem nichts festgelegt ist, aber in dem alles geschehen kann. In diesem Sinne steht *śūnyatā* für das vollständige Potential des Entstehens aller Dinge, und es bedeutet auch abhängiges Entstehen. Alles, was wirklich zu sein scheint, ist nur wie ein aufgeblasener Luftballon – eine Menge heißer Luft und nicht viel mehr, wenn überhaupt etwas. Solange unsere scheinbare Wirklichkeit nicht hinterfragt wird, scheint sie irgendwie in Ordnung zu sein, aber wenn wir über Leerheit nachdenken und meditieren, werden all die Luftballons, mit denen wir uns normalerweise vergnügen, zerstochen und als das enthüllt, was sie wirklich sind, nämlich nichts als heiße Luft.

Wenn wir die Idee der Null in der Mathematik betrachten, wenn wir isoliert eine Null anschauen, scheint sie nichts zu sein, aber viele Nullen, die auf andere Ziffern folgen, bedeuten eine Menge, wie etwa »100«, »1.000« oder »1.000.000.000«. Dies zeigt, dass unendliche Mengen aus der Null hervorgehen können. Sie ist also nicht bloß nichts. Ebenso ist Leerheit nicht »nichts«, was in vielen buddhistischen Texten immer und immer wieder betont wird. Sie ist jedoch auch kein »Etwas«. Normalerweise denken wir, wenn ein bestimmtes Phänomen nicht etwas ist, dann muss es nichts sein, und wenn es nicht nichts ist, muss es etwas sein. Aber das Wort »Leerheit« soll lediglich auf die Tatsache verweisen, dass eine Sache, dieses Etwas, durch das, was wir darüber sagen oder denken, nicht wirklich in korrekter Weise charakterisiert wird, weil unser dualistischer Geist sich immer in dem einen oder anderen Extrem verfängt. Leerheit bedeutet, außerhalb unserer festgefahrenen Bahnen zu denken, also außerhalb der eingespielten Bahnen unseres Schwarz-Weiß-Denkens oder dualistischen Denkens. Solange wir auf dem bekannten Terrain dualistischen Denkens bleiben, gibt es immer Existenz, Nichtexistenz, Unvergänglichkeit, Auslöschung, gut und schlecht. Innerhalb dieses Bezugsrahmens werden wir niemals darüber hinausgelangen, egal, ob wir religiös, eine Wissenschaftlerin, ein Buddhist, eine Agnostikerin oder was auch immer sind. Leerheit fordert uns auf, ganz und gar aus diesem Terrain herauszutreten. Sie verweist auf die radikalste Transformation unserer gesamten Anschauungen über uns selbst und die Welt. Leerheit bedeutet nicht nur das Ende der Welt, wie wir sie kennen, sondern dass diese Welt von vornherein niemals wirklich existiert hat. Verstehen wir wirklich, was das bedeutet, ist das so erschreckend, dass wir durchdrehen oder wie diese Arhats einen Herzinfarkt erleiden könnten. Natürlich nicht notwendigerweise, denn es gibt auch Berichte von Menschen, die es tatsächlich verstanden und keinen Herzinfarkt hatten. Nichtsdestotrotz ist die Tatsache, dass wir keinen Grund und Boden unter den Füßen haben, überaus furchterregend, weil es alles infrage stellt, was wir sind und was wir denken.

Leerheit, Abhängiges Entstehen und Quantenphysik

In gewisser Hinsicht haben die Lehren über die Leerheit viele Parallelen zur Quantenphysik. Quantenphysiker sagen uns, dass es nicht wirklich eine Welt »da draußen« gibt. Tatsächlich gibt es da nicht viel, wenn überhaupt etwas. Sie suchen immer noch nach *etwas*, weil es besser klingt und wir dann keine Angst haben müssen, dass es wirklich überhaupt nichts gibt, an dem wir uns festhalten können. Wenn Physiker über ein Quantenfeld sprechen, besteht es fast gänzlich aus Raum, in dem sich ein wenig Energie befindet, jedoch keine Teilchen. Zwar sprechen sie unter Umständen gelegentlich von »Teilchen«, aber dieser Ausdruck bezieht sich nicht mehr auf irgendeine Art von Substanz, sondern nur auf statistische Wahrscheinlichkeiten von Beziehungen. Dies entspricht dem, worum es bei der Leerheit geht, nämlich, dass es überhaupt kein einziges Phänomen gibt, das unabhängig und eigenständig existiert. Die Beschreibung eines Quantenfelds gleicht sehr der Formel »Form ist Leerheit. Leerheit ist Form. Leerheit ist nichts anderes als Form, und

Form ist nichts anderes als Leerheit« im Herz-Sūtra. Alles steht miteinander in Wechselbeziehung und verändert sich dauernd, in jedem Augenblick, ist aber völlig ungreifbar.

Nach den Erkenntnissen der Quantenphysik verändert sich, wenn sich bei einem Teilchen eines Teilchenpaars etwas verändert, zum Beispiel der Spin, auch das andere Teilchen, selbst wenn es sich am entgegengesetzten Ende des Universums befinden mag. Das Prinzip der wechselseitigen Abhängigkeit ist also nicht auf einen bestimmten Bereich oder ein bestimmtes Gebiet im Raum beschränkt; es ist tatsächlich unendlich und alldurchdringend wirksam. Der Buddha sagte dasselbe, indem er Abhängiges Entstehen als unendliches Geflecht von Ursachen und Bedingungen bezeichnete. »Ursachen und Bedingungen« beziehen sich nicht auf kleine Dinge, die sich umeinander drehen und sich irgendwie verhalten, denn wenn wir näher hinsehen, kann keines von ihnen wirklich gefunden werden. Solange wir alle diese Ursachen, Bedingungen und ihre Resultate nicht analysieren, scheint alles gut zu funktionieren (zumindest die meiste Zeit). Werfen wir aber einen tieferen Blick darauf, wie die Dinge tatsächlich funktionieren oder was die Dinge tatsächlich sind, wird es sehr verschwommen. Das gleiche Phänomen findet sich auch in der Quantenphysik – je intensiver die Physiker hinschauen und je mehr Elementarteilchen sie finden, desto kleiner und unfassbarer werden diese Teilchen, bis sie nicht einmal mehr als »Teilchen« bezeichnet werden können. Die Physiker verwenden bloß Namen und Beschreibungen für einen fortwährenden Prozess, was diesen, der unvorstellbar ist und sich immerzu verändert, in gewisser Weise zu etwas gefriert, was ein bisschen greifbarer ist, wie etwa mathematische Gleichungen oder Formeln. Das ist damit vergleichbar, wenn der Buddha aus der Perspektive der Leerheit sprach und er die Formel »Form ist Leerheit. Leerheit ist Form« verwendete. Ganz grundsätzlich können wir niemals wirklich exakt beschreiben, was geschieht. Wir können den Prozess im Labor beobachten und »Wow!« sagen, aber das ist es dann auch schon so ziemlich. Später versuchen wir dann auszudrücken, was geschehen ist, genauso wie es der Buddha tat, als er seinen Schülerinnen und Schülern beschrieb, wie die Dinge sind, wenn sie aus der Perspektive des Erwachens zur wahren Realität gesehen werden.

Die drei Lehrzyklen des Buddha

Das Unausdrückbare ausdrücken

Die Erleuchtung des Buddha war wie dieser »Wow!«-Moment in einem Labor, und zuerst wollte er zu niemandem darüber sprechen. Gemäß dem *Lalitavistarasūtra* sprach er daraufhin spontan diesen Vers:

> Ich habe diesen nektargleichen Dharma gefunden,
> Tiefgründig, friedvoll, frei von Bezugspunkten, leuchtend und nicht bedingt.

Wem auch immer ich dies lehren würde, er oder sie könnte es nicht verstehen.
Deshalb werde ich einfach stumm in der Mitte des Waldes verweilen.[2]

Und das tat er dann auch eine ganze Weile lang; offenbar nahm er an, dass niemand verstehen werde, worin seine Erkenntnis der wahren Natur des Geistes bestand. Später jedoch wurde er von anderen ermutigt zu lehren, und tat dann auch die verbleibenden fünfundvierzig Jahre seines Lebens nichts anderes als das. Das mag merkwürdig erscheinen – wie konnte er fünfundvierzig Jahre lang etwas lehren, was sowieso niemand verstand? Der Buddha sagte zwar, dass seine Erkenntnis der Natur des Geistes in der Tat unausdrückbar und unvorstellbar sei, aber das bedeutet nicht, dass sie vollkommen unzugänglich ist – und das ist ein großer Unterschied. Sie ist unvorstellbar, aber es gibt dennoch einen Pfad, der uns schließlich die gleiche Erkenntnis erfahren lässt. Sie ist dann zwar immer noch unvorstellbar, aber unsere Erfahrung davon ist ebenfalls unvorstellbar. Er besaß diese Einsicht, aber auch das unendliche Mitgefühl und die Fähigkeit, anderen tatsächlich zu zeigen, wie geistige Freiheit zu erreichen ist, und so lehrte der Buddha das, was nicht gelehrt werden kann. Wir können den Geschmack von köstlichem Essen ja auch nicht erfahren, indem wir nur darüber reden oder davon hören. Es kann uns jedoch inspirieren, ein köstliches Essen zu kochen, um den Geschmack zu erfahren.

2 XXV.1.

Vielleicht werden wir ja genauso inspiriert, den Geschmack der Erleuchtung zu erfahren, ohne die Worte mit dem zu verwechseln, worauf sie sich beziehen.

Der Buddha erkannte, dass es Wege gibt, sein Erwachen zu kommunizieren. Alle diese Wege sind indirekte Unterweisungen, aber wenn wir ihnen folgen, können wir tatsächlich erkennen, was der Buddha gesehen hat. Der indische buddhistische Dichter Aśvaghoṣa sagte dazu:

> Wir gebrauchen Worte, um frei von Worten zu werden,
> Bis wir die reine wortlose Essenz erreichen.

Somit sind die buddhistischen Lehren so etwas wie Finger, die auf den Mond zeigen. Aber wenn wir nur auf die Finger blicken, werden wir nie den Mond sehen. Fünfundvierzig Jahre lang zeigte uns der Buddha immer wieder andere Finger, die immer auf denselben Mond deuteten, der nichts anderes als die wahre Natur unseres Geistes ist. Der Buddha benutzte so viele Finger, weil wir den Mond vielleicht übersehen hätten, wenn er nur mit einem einzigen Finger auf ihn gezeigt hätte. Wenn aber viele Personen mit vielen Fingern aus allen möglichen Richtungen auf den Mond deuten, kann man ihn nicht so leicht übersehen. Daher gab der Buddha viele verschiedene Unterweisungen, die alle wie Finger sind, die aus unterschiedlichen Richtungen deuten. Da sie aus unterschiedlichen Richtungen deuten, sagten natürlich manche Menschen: »Das ist genau das Gegenteil von dem, was er früher gesagt hat.« Das ist wahr, aber er deutete einfach nur aus einer anderen Richtung auf genau denselben Mond. Es ist, als würde man zwei Personen nach dem Weg zum Weißen Haus fragen, wobei eine links und die andere rechts davon steht. Die erste Person wird nach rechts deuten und die zweite nach links. Wenn wir denken, dass eine von ihnen Unrecht hat oder sie sich widersprechen, übersehen wir das, worum es hier geht (und das Weiße Haus).

Als kurzer Abriss im Hinblick darauf, was in der Lehrlaufbahn des Buddha geschah, bevor er das Herz-Sūtra lehrte, sollte erwähnt werden, dass er laut der Mahāyāna-Tradition drei Lehrzyklen lehrte, die »Dharma-Räder« genannt werden. Dies ist eine Unterteilung, die sich auf den Inhalt bezieht und nicht auf die zeitliche Abfolge. Der Buddha sprach zuerst über die grundlegende Befindlichkeit des Menschen, jene Lehren, die als die Vier Edlen Wahrheiten bekannt sind. Am Anfang gab er Belehrungen über das, womit wir uns vornehmlich beschäftigen – Leiden. Dann sprach er über die Ursachen des Leidens oder den Ursprung des Leidens. Danach lehrte er, dass wir tatsächlich unser gesamtes Leiden und seine Ursachen beenden können, was die Dritte Wahrheit, die von der Beendigung des Leidens, ist. Die Vierte Edle Wahrheit beschreibt den Pfad, die Methoden, um die Beendigung des Leidens zu erreichen. Der Buddha sprach zu Beginn also nicht über die Leerheit, das heißt, er lehrte die Prajñāpāramitā-Sūtren nicht am Anfang. Es ist ziemlich offensichtlich, warum er das nicht tat – es hätte keinen Buddhismus gegeben. Wenn er das Herz-Sūtra von Anfang an gelehrt hätte, hätten die Menschen einfach nur gesagt: »Bist du verrückt?« und wären gegangen. Stattdessen versuchte der Buddha, den Weg zu tiefgründigeren Einsichten, wie etwa die Leerheit, dadurch zu ebnen, dass er die Vier Edlen Wahrheiten lehrte. Das heißt, dass er uns Menschen zuerst über unsere grundlegende Situation unterrichtete. Mehr oder minder teilen wir alle die Erfahrung des Leidens, aber die meisten Menschen versuchen, ihr Leid zu ignorieren oder es beiseite zu schieben. Darüber hinaus sind sie unwissend bezüglich der Ursachen des Leidens, darüber, dass es ein für alle Mal beendet werden kann, und sie kennen nicht die Mittel, es zu beenden. Dies sind die ersten Lehren des Buddha, die er im Antilopenhain in Sarnath in Indien verkündete. Seine erste Lehrrede richtete sich nur an fünf Personen, nämlich seine früheren Weggefährten in asketischen Praktiken, bevor er sich unter den Bodhi-Baum gesetzt und Buddhaschaft erlangt hatte. Es heißt, dass diese ersten fünf Schüler des Buddha ihre Befreiung aus Saṃsāra (Arhatschaft) allein dadurch verwirklichten, dass sie seine Unterweisung über die Vier Edlen Wahrheiten hörten.

Im zweiten Zyklus der Lehren des Buddha findet sich dann das Herz-Sūtra. Dieser Zyklus besteht aus den Prajñāpāramitā-Lehren und wird das »Dharma-Rad der Merkmalslosigkeit« genannt. Diese Unterweisungen erteilte er auf einem Berg in Indien, dem »Geierscharberg«, der sich in der Nähe von Rājagṛha im heutigen Bihar befindet. Zu Zeiten Buddhas war diese Stadt der Sitz eines mächtigen Königs, eines Freundes und Gönners des Buddha. Als Buddha Śākyamuni den zweiten Zyklus seiner Unterweisungen lehrte, gab es eine riesige Zuhörerschaft; die Sūtren sprechen von tausenden von Mönchen und tausenden von Bodhisattvas sowie von vielen nichtmenschlichen Wesen, Götter etwa und andere Nicht-Erdenbewohner.

Sollten Sie jemals die Gelegenheit haben, den Geierscharberg aufzusuchen, so ist es die Reise wert. Wenn es irgendeinen Ort auf der Welt gibt, an dem wir durch unsere bloße Anwesenheit einen flüchtigen Blick auf die Leerheit erhaschen können, dann dort. Das ist natürlich nur meine Projektion, aber ich fand den Platz sehr beeindruckend und wollte ihn nicht wirklich verlassen; es fühlte sich dort so an, als wäre man aus Zeit und Raum herausgetreten.

In diesem zweiten Lehrzyklus spricht der Buddha vor allem über *śūnyatā* – dass nichts so ist, wie es scheint. Zugleich lehrte er aber auch Mitgefühl, denn dem Buddha zufolge leiden die Wesen aufgrund ihres Anhaftens daran, dass die Dinge so existieren, wie sie erscheinen. Sie greifen nach Luftschlössern, die niemals ihren Wunsch nach Glück erfüllen können. Sie müssen also aufwachen, sehen, was tatsächlich da ist, und in einer erfolgversprechenderen Art und Weise nach Glück streben. An diesem Punkt kommt Mitgefühl ins Spiel, denn der Buddha, der erkennt, wie die Dinge tatsächlich sind – dass die Wesen nur deshalb leiden, weil sie an nichtexistenten, täuschenden Erscheinungen festhalten –, will selbstverständlich darauf hinweisen, dass dieses Leiden nur auf einer falschen Wahrnehmung beruht und völlig unnötig ist. Letztendlich ist saṃsārisches Leiden nur ein Irrtum, wie der Fehler in einem Software-Programm – es sollte nicht passieren, geschieht aber trotzdem. Das ist der

Grund, warum der Buddha fünfundvierzig Jahre lang lehrte. Er sah zwar, dass er nicht wirklich mitteilen konnte, was er erfahren hatte, konnte es aber nicht ertragen, die in ihr Leid versunkenen Wesen zu sehen – was, wenn wir sehen, wie die Dinge tatsächlich sind, völlig unnötig ist und behoben werden kann. Daher sind die zwei zentralen Punkte, die der Buddha im zweiten Zyklus lehrte, Leerheit und Mitgefühl.

Im dritten Zyklus lehrte er ebenfalls Leerheit und Mitgefühl, aber zusätzlich sprach er über das, was »Buddha-Natur« genannt wird. Buddha-Natur ist nicht wirklich etwas anderes als Leerheit, aber der Begriff bezieht sich mehr auf die subjektive Seite, darauf, Leerheit tatsächlich zu erfahren oder zu leben und sie nicht einfach nur als Objekt oder Vorstellung zu begreifen. Mit anderen Worten, Buddha-Natur bezeichnet die Leerheit unseres eigenen Geistes – die Natur unseres eigenen Geistes, seine Leerheit und gleichzeitige Klarheit, Leuchtkraft, Bewusstheit und Wachheit. Der dritte Zyklus unterscheidet auch zwischen dem, was in den Lehren des Buddha von vorläufiger Bedeutung und was von letztendlicher Bedeutung ist. Somit schafft der dritte Zyklus Klarheit über all die Fingerzeige, wie etwa, ob ein bestimmter Finger in diese oder jene Richtung zeigt, damit wir sie nicht verwechseln oder als widersprüchlich betrachten.

Die allgemeine Definition eines »Dharma-Rades« ist »die Lehren des Buddha, bestehend sowohl aus Schriften als auch aus Erkenntnis, welche die Faktoren im Geistesstrom der anzuleitenden Wesen, welche die Befreiung aus Saṃsāra und die Allwissenheit eines Buddha verschleiern, beseitigen«. Somit hat ein solches Dharma-Rad oder solch ein Lehrzyklus zwei Aspekte – der Dharma der Schriften und der Dharma der Erkenntnis. Dabei wird der Dharma der Erkenntnis definiert als »die Wirklichkeit der gereinigten Phänomene, die dadurch erzeugt werden, dass man vertraut geworden ist mit dem Geisteszustand, der die Phänomene gründlich unterscheidet«. Dieser Dharma besteht also aus der Beendigung des Leidens und dem Weg, der dorthin führt. Der Dharma der Erkenntnis ist das, worum es wirklich geht – er bezieht sich darauf, dass unser Geist tatsächlich der Geist eines Buddha wird, indem wir durch Schriften, mündliche Unterweisungen, Video-Dharma oder nichtverbale Symbole unterrichtet werden. Daher ist der wichtigere Dharma der Dharma der Erkenntnis, er bedeutet, das Gleiche zu erfahren oder zu sein, was der Buddha erfahren hat.

Interessanterweise wird die Natur des Dharma-Rades der Schriften definiert als »der Geist eines Schülers, einer Schülerin, der entweder in der Form der Rede eines Buddha erscheint (deren Hauptthemen entweder die Ursachen, die Resultate oder die Natur des Nirvāṇa sind) oder eben jener Geist, der als die Ansammlungen von Namen, Worten und Buchstaben erscheint, welche als die Grundlage für eine solche Rede dienen«. Natürlich ist dies in hohem Maße eine Definition aus der Perspektive der Leerheit oder der relativen, subjektiven Natur aller Dinge. Sie besagt nämlich nicht, dass es irgendwelche realen materiellen Texte oder Lehren »da draußen« gibt, irgendwelche äußeren Buddhas, die uns lehren, oder irgendwelche materiellen Laute, die von außen an unser Ohr dringen. Wie alles andere auch findet die Lehrsituation im Grunde nirgendwo anders statt als in unserem eigenen Geist. Es ist unser eigener Geist, der die Form der Texte, Laute, Buddhas und ihrer Unterweisungen annimmt und uns als solche erscheint. Er tut das aber nicht einfach von selbst, sondern unter dem richtungsweisenden Einfluss des Weisheitsgeistes eines Buddha. Mit anderen Worten, in Abhängigkeit von der vorherrschenden Bedingung, nämlich der Weisheit eines Buddha, und der ursächlichen Bedingung, den relativ reinen Geistesströmen bestimmter anzuleitender Wesen, ist das Dharma-Rad der Schriften nichts weiter als genau der Geist dieser Wesen, der für sie in der Form von Worten und Buchstaben erscheint. Buddhas haben keine latenten Tendenzen, ihre Rede an irgendein imaginiertes Gegenüber zu richten. In ihnen gibt es auch keine Unwissenheit mehr darüber, äußere Laute nicht als inneren Geist zu erkennen. Somit ist solch ein Dharma-Rad letztendlich keine Unterweisung, die aus dem Wunsch eines Buddha, lehren zu wollen, resultiert.

Wenn ein Buddha lehrt, ist dies daher auf der grundlegendsten Ebene ein direkter Austausch von Geist zu Geist. Natürlich wirkt dies auf die meisten Menschen nicht so, weil es unseren gewöhnlichen Sinnen und unserem gedanklichen Geist nicht zugänglich ist. Gewöhnliche Wesen wie wir müssen sich immer auf irgendeine Art von Form, von Vorstellung oder von etwas, woran wir uns festhalten können, stützen. Wir können den Geist eines Buddha nicht direkt wahrnehmen, sonst wären wir ebenfalls ein Buddha. Daher brauchen wir eine Art Spiegel oder eine Art Kommunikation »auf Umwegen«. Wir könnten sagen, dass der Geist eines Buddha in unserem eigenen Geist gespiegelt wird, nicht direkt, sondern in Form von Texten, Unterweisungen, Lehrern usw. Das sind dann die Gegenmittel für unsere Probleme und ihre Ursachen, wie etwa unsere falschen Vorstellungen, unsere unklaren Emotionen und die aus ihnen folgenden ungeschickten Handlungen.

Diese Darstellung des Dharma-Rades der Schriften zeigt, warum es oft heißt, dass der Buddha aus seiner eigenen Perspektive niemals ein einziges Wort lehrte. Die Sūtren sprechen davon, dass der Buddha von dem Augenblick an, als er die Erleuchtung erlangte, bis zu dem Moment, als er in das Nirvāṇa einging, nicht ein einziges Wort sprach. Gleichzeitig sagen die Texte, dass dieses Nicht-Sprechen die Bedürfnisse aller Wesen in Form eines fortwährenden Dharma-Regens erfüllt. Denn der Geist des Buddha wird im Geist anderer Wesen reflektiert, und durch diese Interaktion ereignen sich bestimmte Dinge im Geist dieser Wesen, die ihnen als Texte, Unterweisungen oder verschiedene andere Dinge erscheinen können und die ihnen als Instruktionen über ihren eigenen Geist dienen. In Nāgārjunas *Ratnāvalī* heißt es:

So wie ein Grammatiker
Am Anfang das Alphabet lehrt,
Lehrt der Buddha den Dharma
Genau so, wie ihn die Anzuleitenden aufnehmen können.

Für manche lehrt er den Dharma,
Damit sie sich von Schlechtem fernhalten;
Für manche, damit sie Verdienst erlangen;
Für manche das, was auf Dualität basiert;

Für manche das, was auf Nichtdualität basiert;
Für manche das, was tiefgründig und erschreckend für die Ängstlichen ist;
Und für manche das Mittel für die Erleuchtung,
Das die Leerheit mit einem Herz aus Mitgefühl ist.[3]

In diesem Zitat können wir die gesamte Bandbreite der buddhistischen Lehren erkennen. Unterschiedlichen Wesen werden äußerst unterschiedliche Dinge gelehrt. Alle diese Unterweisungen sind wie Finger, die auf den Mond zeigen, aber manche Finger zeigen direkter auf ihn und andere weniger direkt, wobei die Art und Weise des Zeigens von den Fähigkeiten der jeweiligen Wesen abhängt.

3 IV.94 – 96.

Prajñāpāramitā – Perfekte, transzendente Weisheit

Wie alle Prajñāpāramitā-Sūtren gehört auch das Herz-Sūtra zum zweiten Zyklus der Lehren des Buddha, den Lehren über die Leerheit (oder Prajñāpāramitā), die auch das »Dharma-Rad der Merkmalslosigkeit« genannt werden. Wie das Herz-Sūtra sagt:

> Daher, Śāriputra, sind sämtliche Phänomene Leerheit, ohne Merkmale …

Was also ist Prajñāpāramitā? Im Grunde bedeutet der Begriff »Vollendung der Weisheit« oder »Vollendung der Einsicht«. Die Sūtren sprechen niemals von »Vollendung der Leerheit« oder »Vollendung der Natur der Phänomene«. Im Zusammenhang von Subjekt und Objekt liegt die Leerheit oder die Natur der Phänomene als das, was es zu erkennen gilt, mehr auf der Objekt-Seite. Natürlich gibt es in der Leerheit oder in der Natur der Phänomene sowieso nichts zu vervollkommnen; sie ist natürlicherweise in sich vollkommen. Es gibt jedoch einiges in unserem Verständnis und unserer Erkenntnis der Leerheit oder was die Natur der Phänomene betrifft zu vervollkommnen, also in unserer Einsicht in Bezug darauf, wie die Dinge wirklich sind. Diese Einsicht wird *prajñā* genannt; es bedeutet zu sehen, wie die Dinge tatsächlich sind, indem man sie genau und gründlich unterscheidet. Wenn diese Einsicht ihren höchsten Punkt erreicht hat, wird sie

Prajñāpāramitā – »die Vollendung von Prajñā« – genannt. Somit bezieht sich Prajñāpāramitā sowohl auf das Resultat oder Ergebnis – die komplette Vollendung dieser Einsicht – als auch auf den Prozess, durch den wir zu einer solchen Vollendung gelangen. Wenn wir über Prajñāpāramitā sprechen, sprechen wir über unseren Geist und dessen grundlegende Fähigkeit zu erkennen, wie die Dinge tatsächlich jenseits oberflächlicher Erscheinungen sind. Zu dieser Erkenntnis gelangen wir, indem wir dieses Prajñā, das nicht etwas ist, was wir neu erfinden oder uns von irgendwoher besorgen müssten, trainieren. Es ist im Geist aller Wesen gegenwärtig und muss bloß zu seiner vollsten Blüte entwickelt werden. Buddhaschaft bedeutet, das grundlegende Potential eines jeden Lebewesens zu seiner vollständigen Reife zu entwickeln.

Prajñā bezieht sich nicht auf angesammeltes, passives Wissen, wie etwa Fakten aus dem *Guiness Buch der Rekorde* im Kopf zu behalten oder zu wissen, wie man von Seattle nach New York kommt. Prajñā ist vielmehr die aktive Wissbegierde unseres Geistes, seine grundlegende Neugierde, wissen zu wollen und herausfinden zu wollen, wie die Dinge wirklich sind. Das ist das Wesen von Prajñā. Betrachten wir die Lebensgeschichte des Buddha, so stand genau dies an ihrem Anfang. Er hatte anfangs keine Antworten und folgte auch nicht irgendeiner Religion, Tradition oder einem Verhaltenskodex. Aber er hatte Fragen. Als Prinz Siddhārtha lebte er in einer behüteten Existenz im Palast seiner Eltern, die ihn vor der schlechten Welt beschützen wollten (so wie alle Eltern). Schließlich aber stahl er sich mit seinem Wagenlenker davon und sah Dinge, die er noch nie vorher gesehen hatte, wie etwa einen alten Menschen. Er zeigte auf ihn und fragte seinen Wagenlenker: »Was ist das?« Der Wagenlenker antwortete: »Das ist ein alter Mensch.« Siddhārtha fuhr fort: »Geschieht das mit allen?« »Ja, selbst mit dir.« Der gleiche Austausch trug sich zu, als Siddhartha einen sterbenden Menschen und einen kranken Menschen sah. Das nächste Mal sah er einen Meditierenden unter einem Baum, und der Wagenlenker erklärte: »Dieser Typ da versucht, alle Probleme, die du zuvor gesehen hast, zu überwinden.« Jedes Mal erkannte Siddhārtha: »Ich weiß nicht wirklich, was hier vorgeht«, und er versuchte, es herauszufinden.

Dies ist das prägende Merkmal des buddhistischen Weges – zu versuchen, herauszufinden, was wirklich in jedem Augenblick vor sich geht, was in unserem Geist vor sich geht, was in unserer Umgebung vor sich geht und was mit anderen Leuten vor sich geht. Somit schließt Prajñā eine grundlegende Intelligenz mit ein – Intelligenz in ihrer ursprünglichen Bedeutung von tiefer Einsicht und der Fähigkeit, Dinge genau zu unterscheiden und zu differenzieren. Aus buddhistischer Sicht gibt es verschiedene Stufen von Prajñā – weltliches Prajñā und überweltliches Prajñā. Das erste besteht in jeglicher Form von Einsicht oder Weisheit, die nichts mit dem buddhistischen Pfad zu tun hat, wie etwa Dinge in der Schule zu lernen oder ein Wissenschaftler zu sein. Überweltliches Prajñā ist der primäre Geistesfaktor, der die treibende Kraft oder der Motor des buddhistischen Pfades ist. Es heißt, dass Prajñā die grundlegende Natur des buddhistischen Pfades ist, weil es dabei darum geht, zu erkennen, wie die Dinge wirklich sind. Somit ist Prajñāpāramitā die höchste Form überweltlichen Prajñās, denn es ist die hervorragendste aller Arten von Prajñā. Es ist Ausdruck der letztendlichen Wirklichkeit und lässt uns zu dem großen Nirvāṇa fortschreiten, bei dem wir weder in Saṃsāra noch im begrenzten Nirvāṇa persönlicher Befreiung und persönlichen Friedens verweilen. Mit anderen Worten löst es alle unsere gewöhnlichen Bezugspunkte und starren Vorstellungen auf und lässt uns die Welt, wie wir sie kennen, mit all ihren Problemen und Leiden, transzendieren.

Eine andere Bedeutung von Prajñāpāramitā ist »transzendente Einsicht«. Was transzendieren wir? Wir transzendieren alle unsere gewöhnlichen Schwierigkeiten und Probleme, die auch als Saṃsāra bekannt sind. Wo gehen wir hin? Wie üblich im Buddhismus geben verschiedene Personen verschiedene Antworten. Manche sagen, dass wir nirgendwo hingehen, weil es nichts gibt, wohin wir gehen könnten. Irgendwo hinzugehen würde bedeuten, außerhalb unseres Geistes zu gehen. Tatsächlich geht es beim buddhistischen Pfad nicht wirklich darum, irgendwo hinzugehen. Obwohl »Pfad« so klingt, als ob wir irgendwo anfangen und dann irgendwo anders enden, während wir dazwischen am Gehen sind, ist »Pfad« im Buddhismus eher ein Synonym für »Geist«. Der Pfad bezieht sich auf den geistigen Prozess, unser menschliches Potential zu seiner vollsten Blüte zu entwickeln. Daher ist der Pfad etwas, was im Inneren und nicht im Äußeren stattfindet. Ob wir auf dem buddhistischen Pfad sind oder nicht, wird nicht so sehr dadurch bestimmt, was wir sagen und was wir tun, sondern hauptsächlich dadurch, was in unserem Geist vor sich geht.

Prajñāpāramitā kann auch verstanden werden als »darüber hinausgegangen sein« oder »ans andere Ufer gegangen sein«. Traditionellerweise heißt es, dass wir fortwährend im großen Ozean von Saṃsāra mit all seinen vielen Arten von Leiden ertrinken. Das andere Ufer, wenn wir diesen Ozean überquert haben, wird »Nirvāṇa« genannt. Dies ist natürlich immer noch eine sehr dualistische Erklärung, denn sie besagt: »Zuerst sind wir an einem bestimmten Ort, dann müssen wir diesen Ozean überqueren, und schließlich sind wir irgendwo anders«. Daher ist dies nur eine vorläufige Beschreibung. Eine subtilere Art und Weise, dies zu verstehen ist, dass »darüber hinausgegangen sein« nicht wirklich bedeutet, irgendwo hinzugehen, sondern eine komplette Wandlung unserer Anschauung zu erfahren. Wir bleiben an genau demselben »Ort«, wenn es denn irgendeinen gibt, aber wir ändern ganz und gar unsere Anschauung darüber, was an diesem Platz geschieht und was dieser Ort letztendlich ist. Der Buddhismus spricht oft von »reinen Ländern« oder »Buddha-Bereichen«, aber diese existieren nicht wirklich irgendwo im Außen, sondern sie befinden sich in unserem Geist. Es hängt von unserer Geistesverfassung ab, ob wir uns in einem Buddha-Bereich befinden oder nicht. Wir alle erhaschen ab und zu einen flüchtigen Blick darauf, wenn wir wirklich gute Laune haben und uns alles wunderbar und vollkommen makellos scheint.

Dann fühlen wir uns, als wären wir in einem Buddha-Bereich. Doch sobald wir richtig schlechte Laune haben, selbst wenn die Sonne scheint und alle nett zu uns sind, fühlen wir uns, als ob wir in der Hölle wären.

Das flammende Schwert Prajñās – scharfe, erhellende und mitfühlende Wissbegierde

Prajñā, die grundlegende Wissbegierde und Neugierde unseres Geistes, ist zugleich präzise und spielerisch. Ikonographisch wird Prajñā oft als ein doppelschneidiges, flammendes Schwert, das äußerst scharf ist, abgebildet. Ein solches Schwert muss natürlich mit großer Vorsicht gehandhabt werden und mag sogar etwas bedrohlich erscheinen. Prajñā ist in der Tat bedrohlich für unser Ego und unsere wohlgehegten Glaubenssysteme, da es unseren Realitätsbegriff und die Bezugspunkte, auf die wir unsere Welt aufbauen, unterminiert. Prajñā hinterfragt, wer wir sind und was wir wahrnehmen. Da dieses Schwert in beide Richtungen schneidet, dient es nicht nur dazu, unsere sehr gefestigt wirkende objektive Wirklichkeit in Scheibchen zu schneiden, sondern es durchschneidet auch den subjektiv Erfahrenden einer solchen Wirklichkeit. Daher bringt es uns auch dazu, unsere Ego-Trips und unsere Aufgeblasenheit zu durchschauen. Es braucht ein gewisses Maß an Anstrengung, um uns ständig etwas über uns selbst vorzumachen. Prajñā bedeutet, uns selbst zu entlarven, und das erfordert vor allem, dass wir einen ehrlichen Blick auf die Spiele werfen, die wir spielen.

Daher wird Prajñā immer wichtiger, während wir auf dem Pfad fortschreiten, denn unsere Ego-Trips werden nur noch ausgeklügelter. Zuerst, wenn wir nicht spirituell sind, denkt unser Ego nur: »Ich bin ziemlich gut.« Aber dann, wenn wir spirituelle Interessen entwickeln, denkt unser Ego: »Jetzt bin ich auch spirituell! Jetzt bin ich auf dem Pfad! Jetzt bin ich ein Buddhist! Jetzt kann ich die Leerheit erkennen und großes Mitgefühl und all diese Buddha-Qualitäten entwickeln!« Ganz offensichtlich muss man dem entgegentreten, und das ist die Aufgabe von Prajñā. Es hat die Eigenschaft der Selbstüberprüfung. Wann immer wir vom Weg abkommen, immer dann, wenn die Luftballone unserer Ego-Aufgeblasenheit zu groß werden, lässt Prajñā diese Luftballone einfach platzen und bringt uns dahin zurück, wo wir sind. Wir könnten sagen, dass Prajñā ein Mittel ist, um wieder nüchtern zu werden. Aus diesem Grund ist es auch nicht so populär, weil wir es normalerweise genießen, auf unseren Ego-Trips in Saṃsāra zugedröhnt zu sein. Prajñā unterminiert alle unsere Versuche, es uns als Verdienst anrechnen zu lassen, dass wir gute Buddhisten sind, dass wir auf dem Pfad sind oder dass wir etwas erlangt haben. Die Prajñāpāramitā-Sūtren beschreiben unterschiedliche Situationen auf dem Pfad, in denen Bodhisattvas vom Weg abkommen können. Immer wieder weisen die Sūtren darauf hin: »Auch daran kannst du dich nicht wirklich festhalten. Egal für wie gut du es hältst, egal für wie großartig du dich hältst, egal wie faszinierend eine Einsicht auch sein mag, lass los und geh weiter.«

Prajñā beinhaltet natürlich auch Mitgefühl, aber es ist eine etwas gnadenlose Art des Mitgefühls, die überall da eingreift und etwas durchschneidet, wo es nötig ist. Es ist nicht die Art von »idiotischem Mitgefühl«, bei dem es lediglich darum geht, dass wir uns besser fühlen, sondern es schneidet durch das, was aufgedeckt werden muss oder was wir loslassen müssen. Kurzum, Prajñā hinterfragt alles, was wir sind, alles, was wir denken, alles, was wir wahrnehmen, und alles, was wir wertschätzen. Prajñā ist der endgültige Zerstörer unserer Wertesysteme, und das ist ein anderer Grund dafür, dass es nicht so populär ist. Somit durchschneidet Prajñā nicht nur unsere Verblendung, sondern auch alle raffinierten Versuche unseres Egos, es sich als Verdienst anrechnen zu lassen, auf dem Pfad eines Bodhisattva zu sein oder dergleichen. Die Prajñāpāramitā-Sūtren werden nie müde zu betonen, dass jede noch so verlockende Fantasie über persönlichkeitsbetonte spirituelle Errungenschaften durchschaut werden muss und wir erkennen sollten, dass sie genauso ohne Grund und Boden ist wie alles andere auch. Diese »Scheinwerfer-Qualität« von Prajñā wird durch die Flammen auf dem Schwert, die unsere blinden Flecken ausleuchten, symbolisiert.

Somit funktioniert Prajñā wie ein Bühnenscheinwerfer, der ein Schlaglicht auf den Hauptdarsteller wirft. In unseren persönlichen Dramen ist der Hauptdarsteller oder die Hauptdarstellerin natürlich immer »Ich«, und dann gibt es da noch diverse Nebendarsteller, die wir »andere« nennen. Prajñā dient dazu, diesen Hauptdarsteller »Ich« auszumachen und ein Schlaglicht auf sie oder ihn zu werfen, aber das Problem ist natürlich, dass der Hauptdarsteller selbst der blinde Fleck in dieser Inszenierung ist. Selbstverständlich erkennt er oder sie das nicht (und will es meist auch gar nicht erkennen), aber durch Prajñā wird sich diese Schauspielerin »Ich« ein bisschen mehr ihrer selbst bewusst, weil der Scheinwerfer sie die ganze Zeit anstrahlt. Es entsteht ein Gefühl, dass es keine Fluchtmöglichkeit gibt. Wir können uns nicht länger vor uns selbst verstecken oder vorgeben, dass wir uns nicht darüber bewusst sind, was in unserem Geist vor sich geht.

Allgemein gesprochen gibt es zwei Arten von Unwissenheit. Passive Unwissenheit besteht darin, etwas nicht zu wissen und es dann zu googeln, aber es gibt auch einen aktiven Teil, bei dem es darum geht, dass wir nicht sehen oder wissen *wollen*, selbst wenn wir es könnten. Insbesondere wollen wir oft nicht wissen, was in unserem eigenen Geist los ist oder was er so alles auf Lager hat. Wie neulich jemand zu mir sagte: »Mein Geist ist wie eine üble Gegend, ich vermeide es normalerweise, alleine dort hinzugehen.« Das ist unsere Unwissenheit, die aktiv unseren eigenen Geist, andere Menschen, schwierige Situationen usw. meidet. Prajñā fungiert als das direkte Gegenmittel gegen diese aktiveren Tendenzen unserer Unwissenheit, die nicht wollen, dass wir uns selbst und das, was wir tun, zu genau betrachten. In diesem Sinne beinhaltet Prajñā sowohl die Eigenschaft des Ausleuchtens als auch ein Gefühl des Mutes, sich dem zu stellen, was auch immer in unserem eigenen Geist los sein mag bzw. in einer bestimmten Situation passiert. Daher brauchen wir etwas Mut, um das Schwert Prajñā wirklich zu halten und geschickt zu schwingen.

Oft denken wir, Wissen oder Einsicht bedeute, immer mit den richtigen Antworten aufzuwarten, doch Prajñā bedeutet eher, dass wir die richtigen Fragen stellen. Oft *ist* die Frage die Antwort oder sogar viel besser als jede Antwort. Oft erzeugt eine Antwort nur zehn neue Fragen, und der Versuch, die richtigen Antworten zu geben, schafft vielleicht noch mehr Bezugspunkte in unserem Geist und damit mehr Starrheit und Probleme. Wir mögen denken: »Jetzt verstehe ich das wirklich gut«, aber das bedeutet oft nur, dass wir das Territorium unseres Planeten Ego ausdehnen, weil »*Ich* weiß« und »*Ich* es kapiert habe«. Wir fügen einfach unserer Sammlung von Dingen, die wir »wissen«, ein weiteres Exemplar hinzu. Deswegen spricht Zen vom »Geist des Nicht-Wissens«. Natürlich bedeutet das nicht, einfach dumm zu sein, sondern loszulassen von dem Versuch, irgendetwas zu besitzen, loszulassen von »unserem« Wissen und »unseren« Errungenschaften. Wenn wir wirklich bestimmte Einsichten und Errungenschaften haben, werden wir sie sowieso nicht verlieren, aber wenn wir an ihnen festhalten und uns aufplustern, werden sie zu einem Problem.

Prajñā in einer natürlichen Weise entfalten zu lassen bedeutet, unserer grundlegenden Wissbegierde mehr Raum für ihre natürliche, scharfsinnige Frische zu geben und dafür, sie ihren eigenen Prozess des Erforschens beginnen zu lassen, anstatt ausgetretenen Wegen zu folgen. Die Lehren über Prajñāpāramitā sind eine klare Botschaft, Prajñā nicht darauf zu beschränken, unser Netzwerk dualistischer Kategorien lediglich umzuarrangieren oder auszuweiten. Daher sagen die Prajñāpāramitā-Sūtren:

> Wenn du denkst: »Ich kultiviere Prajñā«, »Prajñā ist dies« oder »Es ist um dieses oder jenes willen«, so mag das wohl Prajñā sein, aber es ist nicht Prajñāpāramitā.

Da Prajñāpāramitā dafür steht, der letztendlichen Wirklichkeit direkt zu begegnen, ist es der zentrale Weg, der zur Befreiung und Allwissenheit führt. Daher heißt es, dass die Versenkung in Prajñā die hervorragendste aller Praktiken und Erkenntnisse ist. Das ist der Grund, warum seine Qualitäten und seine tiefgehende und weitreichende Auswirkung auf unseren Geist nicht überschätzt werden können und dies in den Schriften immer wieder gepriesen wird. Auch nur einen kurzen Moment in Prajñāpāramitā zu ruhen, heißt es dort, ist von weit größerem Verdienst als alle anderen *pāramitās*, wie etwa Freigebigkeit, die es natürlich zugleich mit einschließt. Das *Brahmaviśeṣacintiparipṛcchāsūtra* sagt:

> Nicht nachzudenken ist Freigebigkeit.
> Nicht in irgendwelchen Unterschieden zu verharren ist Ethik.
> Keinerlei Unterschiede zu machen ist Geduld.
> Nichts anzunehmen oder zurückzuweisen ist Elan.
> Nicht verhaftet zu sein ist Samādhi.
> Nicht begrifflich zu denken ist Prajñā.

Dies unterscheidet sich ziemlich von den üblichen Erläuterungen über die sechs Pāramitās. Hier werden sie aus ihrer Verbindung zu Prajñāpāramitā beschrieben oder wie sie sich als Prajñāpāramitā manifestieren. Freigebigkeit ist, nicht nachzudenken; das heißt, spontan und ohne Vorbedacht oder Voreingenommenheit zum Nutzen anderer zu handeln. Ethik bedeutet, nicht in irgendwelchen Unterschieden in Bezug darauf, was schickliches oder unschickliches Benehmen ist, zu verharren. Wenn wir solche Unterscheidungen treffen, sind wir immer noch voreingenommen; es handelt sich dann um keine einwandfreie buddhistische Ethik oder Disziplin, weil wir immer noch an dem, was man tun und lassen sollte, anhaften. Aus der Perspektive von Prajñā sitzen wir immer noch im Dualismus fest. Wahre Geduld bedeutet, keinerlei Unterschiede zu machen zwischen dem, was uns schadet, und dem, was uns nutzt, oder zwischen günstigen und ungünstigen Umständen, sondern in der Gleichheit aller Phänomene zu ruhen. Elan oder freudige Anstrengung bedeutet, nicht darin steckenzubleiben, das anzunehmen, was als tugendhaft gilt, und das zurückzuweisen, was als nicht tugendhaft angesehen wird, sondern aus der Erkenntnis der Leerheit, Gleichheit und uranfänglichen Reinheit zum Nutzen anderer aktiv zu werden. *Samādhi* ist meditative Ausgeglichenheit, in der der Geist frei in sich selbst ruht, ohne irgendetwas, an dem er festhält, ohne sich von irgendetwas angezogen oder abgestoßen zu fühlen und ohne irgendetwas erlangen oder davor wegrennen zu müssen. Prajñā bedeutet, sich die »drei Sphären« von Handelndem, Objekt und Interaktion (wie etwa einen Geber, einen Empfänger und den Akt des Gebens) nicht in Bezug auf irgendetwas vorzustellen. Somit ist Prajñā vollkommen frei von irgendeiner Art von Bezugspunkt und Gedankenvielfalt. Beschäftigen wir uns mit den Pāramitās auf diese Weise, vereinen wir die zwei Wirklichkeiten – die letztendliche und die scheinbare oder relative Wirklichkeit.

Es heißt auch, dass in Prajñāpāramitā zu verweilen hervorragender ist als alle Studien, Reflektionen oder andere Meditationen über den Dharma, selbst wenn wir uns diesen viele Äonen lang widmen. Prajñāpāramitā ist auch die hervorragendste Art und Weise, Opfergaben darzubringen, Zuflucht zu den drei Juwelen zu nehmen, Bodhicitta zu entwickeln und uns von allem Negativen zu reinigen. Sowohl die Sūtren als auch ihre Kommentare beschreiben viele Anzeichen, die auf eine zunehmende Vertrautheit und Leichtigkeit im Umgang mit Prajñāpāramitā hindeuten. Kurz, wir sind dann in der Lage, in jeder Situation viel klarer zu sehen und sowohl mit uns selbst als auch mit anderen in einer sorgfältigeren und mitfühlenderen Art und Weise umzugehen. Wir widmen uns achtsam tugendhaften Handlungen, die Geistesplagen werden schwächer, der Dharma wird von ganzem Herzen praktiziert und Ablenkungen werden aufgegeben. Unser Anhaften wird generell reduziert, insbesondere die Anhaftung an diesem Leben.

Positiv gesehen geht es bei Prajñā, bei dem alles, was wir kennen, zerstört oder unterminiert und uns abverlangt wird, alle unsere Vorstellungen aufzugeben, darum, in einen

Geisteszustand zu gelangen, in dem wir nicht anhaften. Vielleicht ist es nur für den Bruchteil einer Sekunde, dass wir nicht mehr versuchen, irgendetwas zu erreichen oder irgendetwas zu vermeiden. In diesem Moment denken wir nicht: »Und was jetzt?« Wir müssen genau diesen Geisteszustand betrachten, in dem wir an nichts festhalten, in dem wir überhaupt keine Tagesordnung mehr haben, und uns anschauen, wie er beschaffen ist. Bei der Leerheit geht es nicht um irgendein *Ding* namens »Leerheit«, das wir erkennen müssen, sondern es geht darum, alles loszulassen, was uns daran hindert, die wahre Natur unseres Geistes wirklich zu erkennen. Die Natur des Geistes ist etwas äußerst Simples und uns ganz nah. Aber das ist auch das Problem, denn wir mögen keine simplen Dinge. Wir mögen lieber ausgeklügelte Dinge, je ausgeklügelter, desto besser. Das ist der Grund, warum wir alle unsere vorgefertigten Ideen und Bezugspunkte, unsere Werte und unsere Glaubenssysteme erschaffen. Früher oder später aber verlaufen wir uns und kennen noch nicht einmal mehr unseren eigenen Geist. Die Lehren über die Leerheit (und Prajñāpāramitā als das, was Leerheit erkennt) versuchen, uns dazu zu bringen, zum natürlichen Zustand unseres Geistes jenseits aller künstlichen Konstrukte zurückzukehren. Wir brauchen uns die Natur des Geistes nicht auszudenken oder sie in irgendeiner Weise zu verändern. Das Einzige, was es zu tun gibt, ist, unsere Konstrukte auseinanderzunehmen oder sie loszulassen, das heißt, unsere geistigen Luftschlösser einzureißen und nicht an ihnen zu hängen.

Ikonographisch wird Prajñāpāramitā als eine weibliche Gottheit dargestellt. Sie ist von gelber Farbe, sitzt mit verschränkten Beinen und hat vier Arme, wobei ihre obere linke Hand einen Text hält, ihre obere rechte Hand ein flammendes Schwert erhebt und die beiden unteren Arme in der Meditationshaltung ruhen. In dieser Reihenfolge repräsentiert dies die drei Arten von Prajñā: Wissen durch Studieren, Durchschneiden und Erhellen der Verblendung und direkte Einsicht in die wahre Natur aller Phänomene. Man nennt sie auch die Prajñās, die aus Studium, Reflektion und Meditation resultieren, welche ein stufenweises Fortschreiten von den gedanklichen und groben Formen von Prajñā zu seinen subtilsten und nichtgedanklichen Formen darstellen.

Frage: Wenn im Herz-Sūtra von »keine Unwissenheit, kein Enden der Unwissenheit bis hin zu keinem Altern und Tod und keinem Enden von Altern und Tod« usw. die Rede ist, ist dies dazu gedacht, unser dualistisches Denken aufzubrechen und uns aus ihm herauszutricksen? Wenn ich diese Worte sage, hilft es mir und es führt mich zu diesem unbeschreibbaren oder mysteriösen Ort, der irgendwie beruhigend ist. Können Sie dazu etwas sagen?
KB: Magical Mystery Tours? Ja, das ist definitiv ein Anliegen des Herz-Sūtra – unsere gewöhnlichen Vorstellungen zu durchbrechen. Tatsächlich funktioniert das auf vielen verschiedenen Ebenen, weil es gröbere und subtilere Vorstellun-

gen gibt. Aber selbst auf einer sehr groben Ebene von Vorstellungen ist das bloße Aussprechen von »kein Auge, kein Ohr, keine Nase« bereits sehr gegensätzlich zu dem, was wir normalerweise denken. Wir denken nicht »kein Auge, kein Ohr, keine Nase«. Wir denken: »Es gibt ein Auge, es gibt ein Ohr, es gibt eine Nase.« Selbst auf dieser oberflächlichen Ebene gehen uns die Worte des Sūtra gegen den Strich; sie erschüttern unsere Gewohnheitstendenzen und somit auch unsere Weltsicht. Damit ist ein Anfang gemacht; Löcher werden in unseren ansonsten so soliden und dichtgewebten Kokon der Verblendung gestoßen. Selbst ein winziges Loch lässt ein bisschen frische Luft und Licht in unseren muffigen und düsteren Kokon herein, was der erste Schritt in Richtung Freiheit ist. Je weiter wir das betreiben, desto tiefgründiger wird es; wir können das dann mit tiefer gehenden Kontemplationen und Analysen verbinden und schließlich begreifen, was »kein Auge, kein Ohr, keine Nase« tatsächlich bedeutet und wie es sich zu unseren tief etablierten Gewohnheitstendenzen, die Dinge für wirklich existierende Subjekte und Objekte zu halten, verhält. Gleichzeitig kann die Rezitation dieser Worte eine direkte Meditation sein, denn wir können unseren Geist betrachten, während wir sie aufsagen. Wie reagiert unser Geist, wenn wir »kein Auge, kein Ohr, keine Nase« sagen? Flippt er aus? Zeigt er Widerstand? Wird ihm einfach nur langweilig? Alle buddhistischen Unterweisungen, und das Herz-Sūtra ist keine Ausnahme, sind nicht als bloße Studienobjekte gedacht, sondern als Spiegel, die unseren Geist reflektieren. Daher, wann immer wir etwas studieren, rezitieren oder darüber reflektieren, ist der wichtigste Punkt zu beobachten, wie unser Geist reagiert, während wir es tun.

Frage: Ich frage mich, warum das Sūtra im Englischen, (Deutschen) oder Japanischen oft in einem monotonen Tonfall rezitiert oder gesungen wird.
KB: Es gibt verschiedene Traditionen. Ich kann nicht wirklich viel über die Zen-Tradition sagen, aber die englische (deutsche) Version scheint der Art und Weise zu folgen, in der das Sūtra in dieser Tradition meist im Sprechgesang rezitiert wird. Aber selbst wenn der Tonfall monoton ist, hat dies, wenn wir es in der richtigen Weise tun, mit dem richtigen Rhythmus sozusagen, in der Tat eine große Kraft. Es kann völlig langweilig sein oder es kann sehr kraftvoll sein, wie ein Trommelrhythmus, selbst ohne Trommel. Es hängt von uns ab, ob es ein elektrisierender Weckruf wird oder bloß etwas, das uns zum Einschlafen bringt.

Frage: Indem wir immer denselben Tonfall beibehalten, geben wir dem Sūtra meiner Ansicht nach keinerlei andere Bedeutung als die, von der in ihm essentiell die Rede ist.
KB: Das ist wahr; Sie könnten den monotonen Tonfall nicht nur als ein *Symbol* für die Leerheit und die Gleichheit aller Phänomene betrachten, sondern als ein Tor, um tatsächlich ein gewisses Gefühl von Gleichheit und dem »Klang der Leerheit«, der die essentielle Botschaft des Sūtra ist, zu *erfahren*. Nochmals, es ist wichtig, Ihren Geist zu betrachten,

während Sie es auf diese Weise rezitieren, und zu sehen, wie Ihr Geist mit dem Klang, dem Rhythmus, den Worten und ihrer Bedeutung mitschwingt (sowohl in einem wörtlichen als auch in einem metaphorischen Sinn).

Frage: Wenn die Buddhas kein Wort sprechen, wie kommunizieren sie dann mit den Lebewesen?
KB: Es hängt von Ihrer Sichtweise ab, aber aus der Perspektive des Mahāyāna gibt es verschiedene Ebenen der Kommunikation zwischen einem Buddha und den Lebewesen. Die oberflächlichste Ebene ist die der Sprache oder der körperlichen Gesten, aber die grundlegende Ebene ist zwischen einer Buddha-Natur und einer anderen, das heißt, dass die Buddha-Natur eines Buddha mit unserer Buddha-Natur kommuniziert. Genau dort spielt die Musik. Alles andere, was auf der konventionelleren Ebene im Rahmen von Sprache, Wörtern, Buchstaben usw. zu geschehen scheint, ist wie ein Spiegel. Für gewöhnliche Wesen ist es offensichtlich sehr schwierig (obwohl nicht völlig unmöglich), eine bewusste, direkte Kommunikation zwischen der Buddha-Natur eines Buddha und ihrer eigenen Buddha-Natur zu haben, also muss es eine Art »Spiegel« dafür geben. Somit gleichen alle Unterweisungen, wie wir sie kennen, Spiegeln für unsere eigene Buddha-Natur. Welche Texte auch immer wir betrachten, welche Unterweisungen auch immer wir hören und welche Lehrer auch immer wir treffen, sie sind wie Spiegel. Wir sollten also nicht darin steckenbleiben, sie einfach nur anzuschauen, sondern vielmehr unseren eigenen

Geist in seiner Interaktion mit den Unterweisungen und den Lehrern betrachten.

Die Art und Weise, in der gewöhnliche Lebewesen mit Buddhas oder der Buddha-Natur interagieren, besteht auf dem Pfad lange Zeit darin, dass der Geist des Schülers, der Schülerin die Form der Unterweisungen annimmt. Wenn wir dies bedenken, ist so etwas wie diese Buchseite mit ihren Buchstaben nicht wirklich etwas Äußeres oder Materielles, sondern sie ist unser eigener Geist, der in der Form dessen, was wir »Papier« nennen, erscheint. Wenn wir dieses Papier, auf dem buddhistische Unterweisungen stehen, betrachten, versucht es uns zu sagen, dass wir auf unseren eigenen Geist schauen sollten. Das Gleiche gilt für Meditation. Wenn wir zum Beispiel eine Gottheit visualisieren, so ist dies ebenfalls ein Spiegel für die Natur unseres Geistes. Wenn wir schließlich keinen Spiegel mehr brauchen, sondern unseren Geist oder unsere Buddha-Natur so sehen, wie sie sind, dann sind wir ein Buddha.

Wenn wir in einen Spiegel schauen, sind wir im Allgemeinen nicht so sehr am Spiegel selbst interessiert, sondern an dem, was wir in diesem Spiegel sehen wollen, üblicherweise unser Gesicht. So ist es auch mit Lehren oder einem Lehrer: Am wichtigsten ist es, was wir in uns selbst sehen, und nicht so sehr, was wir »da draußen« wahrnehmen. Das ist der springende Punkt der buddhistischen Lehre, nämlich, dass sie immer auf unseren Geist anzuwenden ist. Daher ist sie nicht wirklich eine Philosophie oder irgendeine Theorie. Egal worin die Unterweisung besteht, sie ist etwas, was in unseren eigenen Geist einfließen sollte und darin funktionieren muss. Letzten Endes war genau dies das Projekt des Buddha – anderen Menschen die Natur ihres Geistes durch ihre eigene Erfahrung und ihr eigenes Engagement zu zeigen.

Frage: Dies ist eine Frage in Bezug darauf, wie die Balance zwischen dem Relativen und dem Absoluten gefunden werden kann. Manchmal finde ich, dass ich kein Bodhicitta habe, es mir an Hingabe fehlt oder ich mich gemäß den Verhaltensanweisungen des Buddhismus einfach schlecht benehme. Dann fühle ich mich sehr frustriert, merke aber manchmal, dass ich mich plötzlich entspannen kann, wenn ich über die Lehren der Leerheit nachdenke. Ich bin mir aber nicht sicher, ob das der richtige Ansatz ist. Angenommen ich habe kein Bodhicitta und ich bemühe und bemühe mich, aber es kommt nichts dabei heraus. Und dann denke ich: »Also gut, vergiss es, alles ist ja bloß Leerheit, warum sollte ich mir solche Mühe geben?« Dann fühle ich mich entspannt, aber es gibt auch eine gewisse Unsicherheit, ob diese Herangehensweise mir tatsächlich hilft oder mir eher schadet.

KB: Grundsätzlich ist es nie falsch, sich zu entspannen, besonders auf dem buddhistischen Pfad. In der Mahāmudrā-Tradition heißt es, dass diejenigen, die sich am tiefsten entspannen, die beste Meditation haben werden, dass diejenigen, die sich mittelmäßig entspannen, eine mittelmäßige Meditation haben werden, und Sie können sich sicher vorstellen, was mit den übrigen passiert. Ob Sie es glauben oder nicht, Entspannung ist wirklich das, wofür Leerheit da ist. Die Erfahrung der Leerheit ist der entspannteste Geisteszustand, den wir überhaupt haben können. Wenn wir also diesen Zustand anzapfen oder uns mit ihm in Verbindung setzen, ist das ganz und gar nicht falsch, denn es ist genau das, was die Natur unseres Geistes ausmacht – grundlegende Offenheit, Leichtigkeit und Flexibilität. In dieser Natur des Geistes gibt es nichts, was wir tun müssen oder was wir nicht tun sollten. Offensichtlich ist das sehr verschieden davon, Leerheit als einen bloßen Zustand von Gleichgültigkeit, in dem wir uns um gar nichts kümmern, misszuverstehen. Außerdem: Bis wir in der Lage sind, diesen letztendlichen Zustand zu erkennen, sind alle relativen buddhistischen Praktiken Hilfsmittel, die darauf abzielen, uns zu helfen, uns in dieser grundlegenden Art und Weise zu entspannen.

Wenn wir die letztendliche Sichtweise oder den Leerheitsaspekt in die relativen Praktiken hineintragen, bedeutet das praktisch gesehen nicht unbedingt, diese Praktiken in Bezug auf das Fehlen einer ihnen innewohnenden Natur zu analysieren, sondern uns im Hinblick auf das, was wir tun, zu entspannen und nicht so verkniffen, arbeitsversessen und erfolgsorientiert zu sein. Wir müssen auch herausfinden, ob diese Praktiken uns tatsächlich helfen, uns zu entspannen, oder ob unser Geist nur noch paranoider und angespannter wird. Wenn das der Fall ist oder wir nur noch frustrierter werden, ist das ein deutliches Zeichen dafür, dass es Zeit ist, uns zu entspannen. Solange wir auf dem Pfad sind, ist es natürlich sehr schwer, die zwei Ebenen der Wirklichkeit (letztendliche und scheinbare oder relative) die ganze Zeit über zu vereinen. Typischerweise springen wir zwischen beiden hin und her, wobei wir manchmal das Relative und manchmal das Letztendliche betonen. Auf dem Pfad ist das in Ordnung, weil sie sich dadurch, dass wir das tun, gegenseitig fördern. Wenn wir müde oder frustriert sind, entspannen wir uns und hören damit auf, uns so furchtbar große Mühe zu geben. Sobald wir uns entspannt haben, können wir es erneut mit unseren relativen Praktiken versuchen und idealerweise etwas von unserer Entspannung in unseren nächsten Versuch, welcher Praxis wir uns auch immer dann widmen, hineintragen. In dieser Weise bringen wir Sichtweise und Verhalten oder die zwei Wirklichkeiten zusammen. Üben wir all diese Praktiken, ohne wenigstens zu einem gewissen Grad entspannt zu sein, funktionieren sie nicht sehr gut. Der buddhistische Pfad ist kein Zwölf-Schritte-Programm, wie es das für Suchtkranke gibt. Er ist dafür gedacht, unserem Geist zu helfen, sich mit sich selbst anzufreunden. Wir müssen auch nicht jede einzelne der vielen Methoden des Buddhismus praktizieren. Wenn eine Praxis wirklich nicht für uns funktioniert und unser Geist immer nur noch angespannter wird, kann es sein, dass wir vielleicht eine andere Methode brauchen.

Detailliertere Darstellungen von Prajñāpāramitā unterscheiden gewöhnlich vier Arten oder Aspekte von Prajñāpāramitā. Das heißt, wenn wir von »Prajñāpāramitā« sprechen, dann bedeutet das eines von vier Dingen – (1) Natürliche Prajñāpāramitā, (2) die Prajñāpāramitā der Schriften, (3) die Prajñāpāramitā des Pfades und (4) die Prajñāpāramitā als Ergebnis. Dignāgas *Prajñāpāramitārthasaṃgraha* beschreibt dies wie folgt:

> Prajñāpāramitā ist nichtduale Weisheit,
> Welche der Tathāgata ist.
> Aufgrund der Verbindung zu dieser zu erlangenden Realität
> Beschreibt sie auch die Schriften und den Pfad.[4]

Natürliche Prajñāpāramitā ist nichtduale Weisheit und damit dasselbe wie das Ergebnis: ein Buddha oder Tathāgata. Aufgrund ihrer Verbindung zur natürlichen Weisheit des Geistes und deren vollständiger Manifestation (das, was zu erlangen ist), werden die Schriften, die sich auf Prajñāpāramitā beziehen, und der Pfad, der zu diesem Ergebnis führt, auch als »Prajñāpāramitā« bezeichnet. Gemäß dem Kommentar des Achten Karmapa zu den Prajñāpāramitā-Sūtren ist (1) die *natürliche* oder *eigentliche Prajñāpāramitā* definiert als »die Soheit, die niemals etwas anderes ist und den Namen ›die Weisheit bar jeglicher Dualität von Subjekt und

4 D3809, Vers 1.

Objekt‹ trägt«. Es gibt also zwei Aspekte der natürlichen Prajñāpāramitā. Auf der einen Seite ist sie die wahre Natur aller Phänomene, aber sie ist nicht nur ein Objekt. Sie ist auch das, was diese Natur wahrnimmt – die nichtgedankliche, nichtduale Weisheit, in der es keine Trennung zwischen Subjekt und Objekt oder Wahrnehmenden und Wahrgenommenem gibt. Wenn diese Soheit von unterschiedlichen bedingten Elementen verschleiert ist, trägt sie den Namen »das Grundelement, das das Sugata-Herz ist«. Mit anderen Worten sagt der Karmapa, dass Buddha-Natur und natürliche Prajñāpāramitā lediglich verschiedene Namen für dieselbe Sache sind.

Sobald diese natürliche Weisheit oder Buddha-Natur von allen Fesseln oder Verschleierungen frei geworden ist, wird sie (4) die *Prajñāpāramitā als Ergebnis* genannt – die Weisheit eines Tathāgata, die untrennbar vom Dharmakāya oder von der Buddhaschaft ist. Diese nichtduale Weisheit existiert also bereits in allen Lebewesen als die natürliche Prajñāpāramitā und wird durch den Pfad lediglich enthüllt.

(2) Die *Prajñāpāramitā der Schriften*, die diese Bedeutung lehrt, ist »der Geist, der als Ansammlungen von Namen, Worten und Buchstaben erscheint und dazu geeignet ist, im Bewusstsein der Schüler, das dualistische Erscheinungen in sich birgt, beobachtbar zu sein«. Diese Definition der Prajñāpāramitā der Schriften ähnelt der obigen Definition des Dharma der Schriften. Wiederum wird nicht gesagt, dass die Schriften Materie (wie etwa Tinte und Papier) sind, sondern dass sie das sind, was unter dem Einfluss eines

Buddha oder Bodhisattva als Materie (also: Tinte, Papier) im Geist derjenigen Schüler erscheint, bei denen es immer noch dualistische Erscheinungen gibt. Denn dies ist die einzige Art und Weise, in der sie die Lehren (in diesem Fall die Prajñāpāramitā-Sūtren und ihre Kommentare) wahrnehmen können.

(3) Die *Prajñāpāramitā des Pfades* ist »die Prajñāpāramitā, die während des Ruhens in meditativer Ausgeglichenheit als die Natur nichtgedanklicher Weisheit entsteht«. Streng genommen geschieht dies nur von der ersten Bodhisattvabhūmi an. In einem weiteren Sinne aber bezieht sich dies auf jedwede Einsicht, selbst einen flüchtigen Blick, in die wahre Natur der Phänomene von Beginn des Pfades an. Natürlich ist diese Weisheit oder Einsicht am Anfang nicht nichtgedanklich, sondern sie ist immer noch gedanklicher Natur. Trotzdem wird sie als Prajñā bezeichnet, obwohl sie noch nicht die Pāramitā von Prajñā ist. Sie ist eine Art Baby-Prajñā, das noch erwachsen werden muss.

Manchmal sprechen die Texte auch von einem bloßen Spiegelbild von Prajñāpāramitā, was sich auf die Weisheit der Śrāvakas und Pratyekabuddhas bezieht. Die Prajñāpāramitā-Sūtren sagen, dass Śrāvakas und Pratyekabuddhas sich in ihrer Praxis ebenfalls auf nichts anderes als Prajñāpāramitā stützen, doch sie sind sich weder bewusst, dass es Prajñāpāramitā ist, noch nennen sie sie so. Im Allgemeinen besagen die Mahāyāna-Sūtren, dass jegliche Erkenntnis, die wir auf dem Pfad haben können, aus unserer Beschäftigung mit Prajñāpāramitā herrührt.

Lassen Sie uns nun die Prajñāpāramitā der Schriften, das heißt die Sūtren unter diesen vier Arten von Prajñāpāramitā eingehender betrachten. Gemäß dem Mahāyāna wurden die Prajñāpāramitā-Sūtren von Buddha Śākyamuni auf dem bereits erwähnten Berg nahe Rājagṛha gelehrt, aber es heißt, dass sie danach nicht genügend wertgeschätzt wurden, sodass sie für ungefähr vierhundert Jahre verschwanden und nicht mehr im Umlauf waren. Später holte Nāgārjuna sie von den Nāgas zurück. Nāgas sind eine Gruppe von Wesen, die im Buddhismus im technischen Sinn unter die Kategorie der Tiere fallen. Im Westen finden wir sie in der Mythologie oder in Märchen als Drachen, unter der Erde lebende Kröten oder schlangenartige Kreaturen wie die Hydra mit ihren vielen Köpfen beschrieben. Für gewöhnlich schätzen Nāgas alle wertvollen Dinge, sie sammeln und horten sie. Von den besonderen Nāgas, die die Verwalter der Prajñāpāramitā-Sūtren waren, heißt es, dass sie im Meer leben und Nāgārjuna sie irgendwie überreden konnte, ihm die Schriften zu überlassen.

Es gibt viele verschiedene Prajñāpāramitā-Sūtren, sehr lange und sehr kurze. Der tibetische Kanon enthält dreiundzwanzig dieser Sūtren, deren Umfang sich zwischen einhunderttausend Zeilen und einer einzigen Silbe bewegt (der chinesische Kanon umfasst sogar noch mehr Prajñāpāramitā-Sūtren). Betrachten wir das schiere Ausmaß der Prajñāpāramitā-Sūtren, so machen sie zwanzig Prozent (einundzwanzig Bände) des gesamten tibetischen Kanon aller buddhistischen Sūtren und Tantras aus. In der tibetischen Tradition werden die zentralen dieser dreiundzwanzig Prajñāpāramitā-Sūtren »die sechs Mütter und die elf Kinder« genannt. Die sechs »Mütter« der Prajñāpāramitā-Sūtren sind leicht zu merken, weil wir uns nur an die Anzahl ihrer Zeilen erinnern müssen – einhundertausend, fünfundzwanzigtausend, achtzehntausend, zehntausend und achttausend, sowie die *Prajñāpāramitāsaṃcayagāthā* (eine verdichtete Fassung des letzteren Sūtra). Das Herz-Sūtra ist eines der »elf Kinder«.

Alle diese Sūtren drücken so ziemlich dasselbe aus und unterscheiden sich nur darin, in welchem Ausmaß sie ins Detail gehen. Im Herz-Sūtra finden wir Auflistungen wie »kein Auge«, »kein Ohr« usw. In den längeren Sūtren sind diese Listen dramatisch erweitert, sodass wir hunderte von Seiten haben, auf denen es »kein dies, kein das« heißt. Das ist der Grund, warum sie manchmal ein bisschen zäh zu lesen sind und es leicht ist, dabei einzuschlafen. Es ging bei diese Sūtren jedoch nie darum, dass sie eine Art leichter Lesestoff vor dem Einschlafen sein sollten. Sie sind als umfassende oder komprimierte Kontemplationshandbücher gedacht, die immer und immer wieder zu lesen sind. Aber diese Sūtren geben uns nicht nur diverse Listen, sondern sie sprechen auch über den Pfad des Bodhisattva im Sinne dessen, was zu kultivieren ist. Gleichzeitig sagen sie aber auch bei jeder Gelegenheit, dass wir an nichts, was wir kultivieren, erkennen oder erlangen, anhaften sollten. Einige Sūtren geben zum Beispiel ausführliche Erläuterungen über das Entwickeln von Bodhicitta, sagen aber gleichzeitig, dass Bodhisattvas es sich in Bodhicitta oder der Entwicklung von Bodhicitta nicht heimisch machen sollten. Somit sprechen die Prajñāpāramitā-Sūtren nicht nur über die letztendliche Wirklichkeit, sondern auch über die relative Wirklichkeit und relative Praxis, obwohl dies immer in Verbindung mit der letztendlichen Sichtweise geschieht.

Typischerweise werden alle diese Sūtren in Form von Dialogen präsentiert, mit Ausnahme desjenigen in einem einzigen Buchstaben, das wirklich ein Monolog ist. Es ist auch oft nicht der Buddha selbst, der lehrt, sondern jemand anderes, Avalokiteśvara etwa, der diese Aufgabe im Herz-Sūtra erfüllt. Der Buddha sagt am Ende nur »Gute Arbeit!« In anderen Sūtren gibt es mehrere lehrende Protagonisten. Einer der Hauptlehrer ist ein Śrāvaka namens Subhūti, der viele Dialoge mit Śāriputra führt. In der frühen buddhistischen Tradition ist Śāriputra der weiseste aller Schüler des Buddha, aber in den Prajñāpāramitā-Sūtren wird ihm das Leben schwer gemacht. Er ist immer derjenige, der Fragen stellt oder Bedenken erhebt, indem er die Dinge entweder nicht wirklich versteht oder zumindest so tut, als ob das der Fall sei. Dann antwortet Subhūti oder jemand anderes manchmal mit einer Gegenfrage, und daraufhin geht der Dialog hin und her.

Im Allgemeinen sind die Sūtren also Aufzeichnungen oder Transkripte von Unterweisungen oder Dialogen, genauso wie wir heute unsere Transkripte haben. Die Sūtren sind entweder Unterweisungen des Buddha selbst oder von

Personen, die vom Buddha autorisiert oder gesegnet wurden. Am Anfang des Herz-Sūtra zum Beispiel begibt sich der Buddha in Samādhi. Daran schließen sich sowohl Śāriputras Frage als auch Avalokiteśvaras Antwort an, die möglich werden, weil sie vom Geist des Buddha in tiefer Meditation gesegnet wurden.

Als die Prajñāpāramitā-Sūtren nach Tibet kamen, wurden sie hauptsächlich während der frühen Übersetzungsperiode im achten und neunten Jahrhundert unserer Zeitrechnung übersetzt und danach mehrere Male redigiert. Es entwickelten sich auch verschiedene Traditionen, die Prajñāpāramitā-Sūtren zu interpretieren. Es gibt nicht nur die indischen Kommentare zu den Sūtren selbst, sondern zahlreiche Kommentare zu einem Text von Maitreya, der *Schmuck der klaren Erkenntnis (Abhisamayālaṃkāra)* genannt wird. Dieser Text ist im Grunde so etwas wie eine Zip-Datei der Prajñāpāramitā-Sūtren, denn er stellt eine extreme Verdichtung des Sūtra in fünfundzwanzigtausend Zeilen dar. Er ist eher ein Inhaltsverzeichnis oder ein kurzes Memo, das oft nur »A, B, C …« sagt. Es gibt keine große Chance, diesen Text zu verstehen, ohne ihn mit dem Sūtra in fünfundzwanzigtausend Zeilen zu vergleichen, um zu begreifen, wovon er handelt. Dieser Text und seine indischen und tibetischen Kommentare wurden schließlich zur Hauptgrundlage für die Interpretation der Prajñāpāramitā-Sūtren in Tibet.

Es gibt zwei Hauptthemen in den Prajñāpāramitā-Sūtren. Das offensichtliche ist natürlich die Leerheit – vorwärts und rückwärts, auf und ab, links und rechts und einfach überall. Leerheit ist die explizite Unterweisung dieser Sūtren, ihre offensichtliche Thematik. Es gibt aber auch eine verborgene Bedeutung, die aus der Abfolge der Pfade und *bhūmis* der Bodhisattvas besteht. Mit anderen Worten, die Lehren über die Leerheit sprechen über das Objekt oder das, was es zu erkennen gilt. Demgegenüber handeln die Lehren über die Pfade und Bhūmis von dem Subjekt, das dieses Objekt erkennt; sie beschreiben also, was im Geist von Bodhisattvas geschieht, die tatsächlich über die Leerheit meditieren und sie erkennen, von der Ebene eines Anfängers bis hin zur Buddhaschaft. Somit erläutern die Prajñāpāramitā-Sūtren zwei Seiten einer Medaille. Sie sagen nicht nur, dass alles leer ist, und wünschen uns dann »Viel Glück!« Sie geben auch Unterweisungen darüber, wie mit dieser Leerheit zu arbeiten ist, wie sie zu kontemplieren und zu erkennen ist.

In der Kommentartradition werden die Lehren über die Leerheit in den Prajñāpāramitā-Sūtren hauptsächlich in der Madhyamaka-Literatur besprochen und gründlich durch Beweisführungen begründet, während der *Schmuck der klaren Erkenntnis* und seine Kommentare das verborgene Thema der Pfade und Bhūmis in diesen Sūtren behandeln. Die Kommentarliteratur zum *Schmuck der klaren Erkenntnis* besteht aus einundzwanzig indischen Texten und vielen hundert weiteren in Tibet. Das ist ein interessanter Prozess, denn zunächst haben wir diese sehr langen Prajñāpāramitā-Sūtren, die kaum jemand selbst in einem ganzen Leben studieren und richtig verstehen kann. Dann verfasste Maitreya einen kurzgefassten Text, der *Schmuck der klaren Erkenntnis* in 273 Versen, aber den können wir auch nicht verstehen, weil er zu kurz ist. Daraufhin verfassten indische und tibetische Meister Kommentare zu diesem kurzen Text, um die Zip-Datei wieder zu öffnen. Dies führte dann aber wiederum zu einer Unmenge von Kommentarliteratur, die noch umfänglicher als die ursprünglichen Sūtren ist.

In gewisser Weise entbehrt das nicht der Ironie, wenn wir an das denken, worum es in diesen Sūtren geht, nämlich die Leerheit. Die Leerheit ist die simpelste und unprätentiöseste Sache, die wir uns nur vorstellen können, und doch haben wir diese ganze Literatur voll mit ausschweifenden Details und vielen Unterpunkten. Darin werden fünf Pfade und zehn Bhūmis beschrieben, und jeder Pfad ist in eine Anzahl von Stufen unterteilt, wobei auf jedem dieser Unterpfade eine bestimmte Anzahl von Verschleierungen aufgegeben werden muss. Die meisten Menschen denken dann nur: »Wer will oder braucht all das zu wissen? Haben wir nicht schon genug Gedanken? Ich dachte, hier geht es darum, alle Bezugspunkte loszulassen.« Natürlich will niemand alle diese Details wirklich wissen, und in einem gewissen Sinn kennen wir sie alle auch schon, denn sie sind die Details der vielen Bezugspunkte, die wir bereits in unserem Geist haben. Die Tatsache, dass diese Sūtren und ihre Kommentare über unsere Verschleierungen sprechen, ist genau der Punkt, warum sie so endlos und kompliziert wirken – nämlich weil unser Geist kompliziert ist. Die Leerheit ist äußerst simpel, aber unser verschachtelter Geist, der diese Unkompliziertheit nicht kapiert, ist sehr kompliziert. Es ist nicht so, dass der Buddha und die anderen Sprecher in den Sūtren wie auch die Kommentare dies wirklich gerne tun, aber sie müssen nun mal jeden einzelnen dieser Knoten in unserem Geist, die wie Knoten im freien Raum sind, ansprechen. Es gibt sehr viele Knoten im Raum unseres Geistes, und wenn sie alle ansgeprochen werden, dann kommen eben all diese dicken Bücher dabei heraus. Wenn wir diese Bücher lesen, stellen wir vielleicht fest, dass wir einen bestimmten Knoten nicht wirklich in unserem Geist haben, aber ich bin sicher, dass wir eine Menge anderer, die ebenfalls beschrieben sind, finden werden. Außerdem sind wir uns oft nicht bewusst, dass wir uns auf einem bestimmten Trip befinden, und machen uns selber vor, dass wir bestimmte Probleme nicht haben, selbst wenn alle anderen sie bei uns sehen. Diese knifflige Sache wird sehr schön von dem westlichen Philosophen Wittgenstein ausgedrückt, der sagte:

> Warum ist die Philosophie so kompliziert? Sie sollte doch *ganz* einfach sein. – Die Philosophie löst Knoten in unserem Denken auf, die wir unsinnigerweise hineingemacht haben; dazu muß sie aber ebenso komplizierte Bewegungen machen, wie diese Knoten sind. Obwohl also das *Resultat* der Philosophie einfach ist, kann es nicht ihre Methode sein, dazu zu gelangen. Die Komplexität der Philosophie

ist nicht die ihrer Materie, sondern die unseres verknoteten Verstandes.[5]

Das ist interessant, weil es genau das ist, was der Buddha sagte und was in den Prajñāpāramitā-Texten gelehrt wird. Lesen wir die Sūtras, sind sie ganz und gar nicht einfach. Lesen wir Madhyamaka-Texte, sind diese sogar noch schwieriger. Und wenn wir den *Schmuck der klaren Erkenntnis* und seine Kommentare lesen, sind sie sogar noch schlimmer als die Madhyamaka-Texte. Trotzdem ist es wichtig zu begreifen, warum alle diese Texte so kompliziert sind. Es ist nicht, weil die Thematik so kompliziert wäre, sondern weil unser Geist so kompliziert ist. Wenn wir alle Knoten in unserem Geist auflösen wollen, gibt es verschiedene Herangehensweisen. Wir können versuchen, sie einen nach dem anderen aufzulösen, was sehr viel Zeit erfordert und uns vom Hundertsten ins Tausendste führt. Natürlich gibt es andere Herangehensweisen, bei denen wir einfach versuchen, den gordischen Knoten unseres Geistes mit einem einzigen Hieb zu durchtrennen. Was die Prajñāpāramitā-Sūtren angeht, so ist die Herangehensweise jedoch stufenweise und nicht unvermittelt. Sie erwähnen auch eine unmittelbare Herangehensweise, aber nur für bestimmte, sehr fortgeschrittene Personen. Für die meisten Menschen gibt es den stufenweisen Weg, um ihre Knoten aufzulösen. Dieser besteht aus dem, was die fünf Pfade, die zehn Bhūmis usw. genannt wird.

5 In: Wittgenstein, *Philosophische Bemerkungen.* Werkausgabe Band 2. Hsrg. von Rush Rhees. Frankfurt/M: Suhrkamp (1984), S.52 [Hervorhebung i. Orig.].

Wenn in der tibetischen Tradition über »Prajñāpāramitā« als ein Themengebiet gesprochen wird, ist damit der *Schmuck der klaren Erkenntnis* und seine Kommentare gemeint, das heißt die Thematik der Pfade und Bhūmis. Das Madhyamaka ist eine getrennte Thematik und befasst sich nur mit der Leerheit, obwohl, wie oben erklärt, die beiden Thematiken einander ergänzen. Mādhyamikas sprechen jedoch kaum einmal über die Pfade und Bhūmis, sie sind schlicht und einfach nicht an den Details der Konventionen des Pfades auf der Ebene der scheinbaren Wirklichkeit interessiert. Sie betrachten die Leerheit einfach nur aus allen Richtungen, und danach heißt es dann »Viel Glück!«. Sie sprechen normalerweise nicht einmal darüber, wie man über Leerheit meditieren sollte. Es gibt ein paar wenige Mādhyamikas, die Meditation behandeln, aber für gewöhnlich gehen sie nicht darauf ein.

Es sollte noch angemerkt werden, dass die *Chö*-Lehren der tibetischen Yoginī Matschig Labdrön ihrem Wesen nach Prajñāpāramitā sind, aber dass sie auch mit Vajrayāna-Prinzipien übereinstimmen und somit Sūtra und Tantra kombinieren. Gemäß Dschamgön Kongtrul ist die Art und Weise, in der die *Chö*-Lehren mit Prajñāpāramitā verbunden sind, wie die Erde oder der Grund und Boden, auf dem wir einen Baum fällen. Wenn wir keinen Boden haben, gibt es weder einen Baum, den wir fällen könnten, noch haben wir eine Arbeitsgrundlage. In gleicher Weise ist Prajñāpāramitā der Boden, um unsere ego-aufblasenden Gedanken, die uns an Saṃsāra binden, durchzuschneiden. Dieses Durchschneiden muss irgendeinen Grund und Boden haben, auf dem es stattfindet, nämlich Prajñāpāramitā.

Prajñāpāramitā als buddhistische Ketzerei

Eines der schwierigen Merkmale der Prajñāpāramitā-Sūtren besteht darin, dass sie im Kontrast zu den frühen grundlegenden Lehren des Buddhismus stehen. Die Prajñāpāramitā-Sūtren scheinen alle prägenden Merkmale und heiligen Kühe des ursprünglichen Buddhismus, wie etwa die fünf *skandhas*, die zwölf Glieder des Abhängigen Entstehens, die Vier Edlen Wahrheiten, Nirvāṇa usw. zu verwerfen. Sie werden sozusagen alle über Bord geworfen. Im frühen Buddhismus entwickelte sich an einem gewissen Punkt die Tendenz zu einer übermäßig scholastischen und verdinglichenden Herangehensweise an die Lehren. Gelehrte ordneten alles, was der Buddha gesagt hatte, in Kategorien mit vielen Unterkategorien und vielerlei begrifflichen Wechselbeziehungen ein. Sie konstruierten sozusagen einen riesigen Schrank mit vielen Schubladen und Unterschubladen, und alles musste irgendwo hineinpassen. Ihrer Auffassung zufolge setzte sich die Wirklichkeit aus vielen verschiedenen Dingen zusammen, die alle wahrhaft und letztendlich existieren. Dieser ultra-realistische Ansatz mit seinen Listen an »Dharmas« oder Phänomenen wird *abhidharma* genannt. Es ist diese Abhidharma-Tradition mit ihren Klassifizierungen und Unterklassifizierungen sowie einer starken Tendenz, alles zu verfestigen, die eine der Hauptzielscheiben des dekonstruktivistischen Ansatzes der Prajñāpāramitā-Sūtren ist. Somit wirken die Prajñāpāramitā-Sūtren der Tendenz entgegen, die Lehren des Buddha dadurch übermäßig zu verdinglichen, dass man alles in schöne Kategorien einordnet und denkt, dies wäre die Art und Weise, wie die Welt tatsächlich existiert.

Edward Conze, einer der ersten Wegbereiter, der die Prajñāpāramitā-Sūtren übersetzt und studiert hat, sprach von fünf Punkten, in denen sich der Mahāyāna-Ansatz der Prajñāpāramitā-Sūtren und der frühe Buddhismus unterscheiden. Erstens: Die Ideale, Ziele und die Laufbahn eines Bodhisattva sind verschieden von denen eines Arhat. Arhats sind primär an Selbstbefreiung interessiert, wohingegen Bodhisattvas danach streben, alle Lebewesen zu befreien, indem sie sie darin unterstützen, Buddhas zu werden und nicht bloß Arhats. Dazu braucht es eine bestimmte Motivation, Bodhicitta, also den Wunsch, vollkommene Buddhaschaft zu erlangen, um allen Wesen zu nutzen. Bodhicitta ist der Wunsch, andere Wesen von ihrem Leiden zu befreien – Bodhisattvas wünschen sich also nicht, Buddhaschaft zu ihrem eigenen Wohl zu erlangen. Das ist sehr wichtig, weil wir gewöhnlich denken, dass der eigentliche Punkt von Bodhicitta darin besteht, ein Buddha zu werden, aber das ist immer noch sehr ego-orientiert. Der Kern des Bodhisattva-Gelübdes oder von Bodhicitta ist der Wunsch, alle Wesen vom Leiden befreien zu können. Aus diesem Grund streben Bodhisattvas danach, Buddhaschaft zu erlangen, da die Buddhaschaft der wirkungsmächtigste Zustand ist, um den

Wesen zu helfen, von Leid frei zu werden. Anders gesagt ist Buddhaschaft aus der Perspektive von Bodhicitta lediglich ein Mittel zum Zweck, aber kein Selbstzweck oder Endziel. In der Tat ist es überhaupt kein Endziel, weil die Buddhaschaft der Punkt ist, an dem unsere Aufgabe, den Lebewesen zu helfen, *wirklich* erst in vollem Umfang beginnt.

Zweitens: Die Vorstellung von Weisheit in den Prajñāpāramitā-Sūtren steht im Kontrast zu den Vorstellungen des frühen Buddhismus. In ihm bestand Weisheit in der Erkenntnis, dass es kein persönliches Selbst gibt – bzw. in der Erkenntnis der Vier Edlen Wahrheiten. Weisheit bezieht sich ursprünglich einfach nur auf die eigenen fünf Skandhas und auf die Erkenntnis, dass es in diesen Skandhas kein Selbst gibt. Die Weisheit der Prajñāpāramitā-Sūtren ist jedoch viel umfassender. Diese Weisheit betrachtet nämlich die Skandhas aller Lebewesen wie auch alle anderen inneren und äußeren Phänomene und erkennt, dass keines dieser Phänomene eine Eigennatur besitzt.

Drittens: Die Prajñāpāramitā-Sūtren besagen, dass Bodhisattvas die Phänomene nicht bewerten sollten. Sie sollen also nicht an irgendwelchen Merkmalen der Phänomene festhalten oder sie verdinglichen, während das Abhidharma demgegenüber alles gemäß seiner Merkmale in langen Listen mit vielen Kreuzverweisen klassifiziert und die Phänomene mehr und mehr verdinglicht.

Viertens: Im Abhidharma wird die Erkenntnis des Prinzips der Vergänglichkeit, eines der prägenden Merkmale des buddhistischen Grundansatzes, als entscheidend angesehen.

Dazu untersucht man die Momenthaftigkeit der Dinge, das heißt, ihr Entstehen, Bestehen und Vergehen, und beschreibt diesen Prozess. Im Kontrast dazu sagen die Prajñāpāramitā-Sūtren immer wieder, dass es kein Entstehen, Bestehen und Vergehen gibt. Somit ist es eines der prägenden Merkmale dieser Sūtren, dass »alle Phänomene ungeboren sind«; dies bedeutet, dass sie niemals wirklich ins Dasein treten und somit leer von jeglichem wahrhaften Entstehen, jeglicher inhärenter Existenz und jeglichem Vergehen sind.

Fünftens: Das Abhidharma spricht davon, dass die Wirklichkeit aus einer Vielzahl von Phänomenen besteht; selbst die letztendliche Wirklichkeit setzt sich aus vielfältigen Phänomenen zusammen, etwa winzigen materiellen Teilchen und kleinsten Geistmomenten, die alle wahrhaft existent sind. Die Prajñāpāramitā-Sūtren besagen, dass diese vielfältigen Phänomene nicht existieren, einfach, weil es von Anfang an keine Phänomene gibt. Es gibt auch keine voneinander getrennten Phänomene, weil wir keine klaren Unterscheidungen oder Grenzlinien zwischen ihnen etablieren können. Alle Unterscheidungen sind nichts anderes als vollkommen beliebige gedankliche Etiketten. Wir denken zum Beispiel, dass das Kissen und die Matte, auf der es liegt, zwei verschiedene, voneinander getrennte Dinge sind, aber für ein kleines Kind ist das überhaupt nicht offensichtlich. Wir denken auch, dass dieser Tisch und der Teppich unterschiedliche Objekte sind, aber von unserer visuellen Wahrnehmung her ist auch das nicht offensichtlich. Wenn wir lediglich das betrachten, was in unserem Sehfeld erscheint, wer könnte dann sagen, dass das, was darin links, rechts, oben oder unten auftaucht, wirklich verschieden voneinander ist? Wir könnten unser gesamtes Sehfeld genauso gut als ein vielfarbiges Objekt ansehen, was im Grunde auch genau das ist, was unser Sehbewusstsein uns zeigt. Nur aufgrund unserer Zuschreibungen und Etiketten unterscheiden wir zwischen verschiedenen Objekten. Unsere Augen sehen alles in diesem Raum einfach nur als einen großen vielfarbigen Fleck, aber dann zieht unser gedanklicher Geist Grenzlinien, wie etwa dass verschiedene Leute auf unterschiedlichen Kissen und Stühlen sitzen, verschiedene Kleidungstücke tragen usw.

Pfade ohne Grund und Boden

Während des Erfahrungsprozesses auf dem geistigen Pfad der Verfeinerung und des Aufdeckens von Prajñāpāramitā ist Prajñā selbst vollkommen jenseits aller Verdinglichung, unvorstellbar und unausdrückbar, aber dennoch ist die Erkenntnis als ein stufenweiser Prozess zu kultivieren. Traditionellerweise werden solche Erfahrungen und Erkenntnisse in dem technischen Bezugsrahmen von »Pfaden und Bhūmis« abgehandelt. Diese sind die verborgene Bedeutung innerhalb der Prajñāpāramitā-Sūtren. Im Buddhismus beziehen sich »Pfade« und »Bhūmis« primär auf die innere spirituelle Entwicklung des Geistes, das heißt, darauf, dass unser Geist innerhalb seines eigenen Raums eine Reise unternimmt und schließlich in seiner eigenen Natur ankommt

(»Geist« steht manchmal sogar als Synonym für »Pfad«). Mit anderen Worten bezieht sich dies auf das Kontinuum, bestimmte Geisteszustände und Einsichten in vielen verschiedenen Arten und Weisen zu kultivieren und mit ihnen vertraut zu werden, von der Stufe eines Anfängers bis hin zu vollkommener Buddhaschaft, was zunehmend positivere und wirkungsvollere geistige Qualitäten zur Folge hat.

Das Sanskrit Wort *mārga* für »Pfad« leitet sich von der Verbwurzel *mārg* (»suchen«, »streben nach«, »abstecken«, »gehen« oder »sich bewegen«) ab und hat ein großes Spektrum an Bedeutungen, wie etwa »(richtiger) Weg«, »Pfad«, »Kurs«, »Kanal«; »Suche«, »Nachforschung«; »Methode«, »Stil«, »Praxis«; »andeuten« oder »aufzeigen, wie etwas geschehen wird«. Anders gesagt geht es auf dem gesamten Pfad darum zu suchen: Wir suchen nach Fragen, wir suchen nach Antworten und wir suchen danach, was die wahre Natur der Realität ist. Da Mārga auch »andeuten« oder »aufzeigen, wie etwas geschieht« bedeuten kann, schließt der Pfad sowohl den Reisenden als auch den Reiseführer ein – er besteht nicht nur aus unserer Suche, sondern auch aus den Hinweisen, den deutenden Fingern, die wir auf unserer Suche von einem Lehrer bekommen.

Die fünf buddhistischen Pfade können durch die Analogie einer Reise zu einem schönen und landschaftlich reizvollen Picknickplatz beschrieben werden. Zuerst müssen wir unsere Ausrüstung zusammenstellen, etwa unseren Picknickkorb, verschiedene Arten von Essen, Benzin für das Auto usw. Das entspricht dem Pfad der Ansammlung (oder

der Ausstattung), auf dem wir die Ausrüstung für unsere Reise zusammensammeln. Als Nächstes steigen wir in unser Auto und fahren auf der Straße zu unserem Picknickplatz. Natürlich haben wir bereits unseren Reiseführer gelesen, sodass wir, während wir uns diesem Ort nähern, gut orientiert sind und uns den Platz, das Ziel unserer Fahrt, vorstellen können. Wenn wir unseren Reiseführer sehr gut gelesen haben, können wir diesen Platz ziemlich klar vor unserem geistigen Auge erscheinen lassen, obwohl wir noch nicht dort sind. Das ist der Pfad der Vorbereitung. In gewissem Sinne arbeiten wir hier bereits mit dem Ergebnis, aber in einer gedanklichen Art und Weise. Trotzdem kommen wir dadurch unserem Endziel näher. Schließlich kommen wir an diesem Ort an und können das wunderbare Panorama betrachten, was dem Pfad des Sehens entspricht – wir sehen den Platz, der vor uns liegt, zum ersten Mal direkt und brauchen keine Reiseführer mehr. Während wir uns an diesem Platz aufhalten und herumgehen, erforschen wir die Details der Landschaft und seiner Umgebung und werden immer vertrauter damit. Wir gehen nicht mehr irgendwo anders hin, sondern wir schließen Bekanntschaft mit jedem Baum, jedem Fels, jeder Blume usw. unseres Picknickplatzes. Das ist der Pfad der Meditation oder der Vertrautmachung, auf dem wir mit seinen Details und Facetten gründlich vertraut werden, die wir bereits in einer allgemeineren Form wahrgenommen haben, als wir ihn zum ersten Mal erreichten. Schließlich kennen wir den Platz wie unsere Westentasche. Wir fühlen uns vollkommen zu Hause und sind in der Lage, uns überall nach Belieben zu bewegen. Wir erinnern uns an jeden seiner Aspekte und können ihn anderen perfekt und detailliert beschreiben. Dies ist der Pfad des Nicht-mehr-Lernens oder das Endresultat des Pfades.

Wie praktizieren wir mit den Prajñāpāramitā-Sūtren auf dem Pfad zur Buddhaschaft? Um Prajñāpāramitā tatsächlich zu erfahren, besteht der springende Punkt der stufenweisen und tiefgründigen Erkenntnisse auf den Pfaden und Bhūmis darin, uns mit dem fundamentalen Fehlen jeglichen Grund und Bodens unserer Existenz und der Idee des Nicht-Pfades anzufreunden. Dieses Prinzip gilt nicht nur für saṃsārische oder befleckte Phänomene, sondern auch für nirvāṇische oder gereinigte Phänomene, also für sämtliche Erfahrungen, Erkenntnisse und Verhaltensweisen auf dem gesamten Weg bis hin zum letztendlichen Ergebnis allwissender Buddhaschaft. Sowohl das explizite wie auch das implizite Thema der Prajñāpāramitā-Sūtren – Leerheit und der Pfad, um sie zu erkennen – werden von Edward Conze folgendermaßen treffend zusammengefasst:

> Die tausenden Zeilen der Prajñāpāramitā können in den folgenden zwei Sätzen zusammengefasst werden: 1) Man sollte ein Bodhisattva (oder zukünftiger Buddha) werden, das heißt, jemand, der mit nichts weniger zufrieden ist als mit der All-Erkenntnis, die durch die Vollendung der Weisheit zum Wohle aller Wesen erlangt wird. 2) Es gibt nicht so etwas wie einen Bodhisattva oder All-Erkenntnis oder ein Wesen oder die Vollendung der Weisheit oder ein Erlangen.

> Diese beiden widersprüchlichen Tatsachen zu akzeptieren bedeutet, perfekt zu sein.[6]

Oder wie Gareth Sparham es ausdrückt:

> Gemäß Hari[bhadra] liegt die Botschaft der *Sūtren der Vollendung der Weisheit* darin, dass der gesamte Pfad und sein Resultat auf einer verhüllenden Ebene operieren, die aus dem illusorischen Geist besteht, während sie quasi darunter auf einer letztendlichen Ebene leer von irgendeiner essentiellen Natur sind.[7]

Nāgārjunas *Bodhisambhāra* sagt schlicht Folgendes:

> Bodhisattvas nutzen den Lebewesen,
> Aber sie sehen keinerlei Lebewesen.
> Das ist in der Tat ein sehr schwieriger Punkt,
> Großartig und unergründlich.[8]

Was allerdings die eigentliche Praxis auf dem Pfad eines Bodhisattva betrifft, so geht es nicht nur einfach darum, »widersprüchliche Tatsachen zu akzeptieren«. Dieser Pfad bedeutet vielmehr, ein zunehmend gründlicheres Verständnis der beiden Wirklichkeiten – scheinbare und letztend-

6 In: Wittgenstein, *Philosophische Bemerkungen*. Werkausgabe Band 2. Hsrg. von Rush Rhees. Frankfurt/M: Suhrkamp (1984), S. 52 [Hervorhebung i. Orig.].

7 Edward Conze, *The Prajñāpāramitā Literature*. 's Gravenhage: Mouton and Co., 1960, S. 15.

8 Gareth Sparham, Übers., *Abhisamayālaṃkāra with Vṛtti and Ālokā*, Band 1: First Abhisamaya. Fremont, Calif.: Jain Publishing Company, 2006, S. xxvii.

liche – zu gewinnen und schließlich zu erkennen, dass sie nicht zwei getrennte Existenzebenen sind. Sie sind einfach nur die unterschiedliche Anschauung des verwirrten dualistischen Geistes gewöhnlicher Wesen im Gegensatz zum nichtbezugspunkthaften Weisheitsgeist derjenigen, die direkt erfahren, wie die Dinge wirklich sind. Schließlich löst sich die erstere innerhalb der letzteren auf, und zwar in dem Maße, wie wir auf dem Pfad fortschreiten. Dann können wir erkennen, dass das, was widersprüchlich erscheinen mag, überhaupt nicht so ist. Dies wird die Erkenntnis der Einheit der zwei Wirklichkeiten oder der Einheit von Prajñā und geschickten Mitteln (*upāya*) genannt.

Da die Prajñāpāramitā-Sūtren Praxis- oder Meditationshandbücher sind, ist es wichtig, die zwei Ebenen der Wirklichkeit in unserer Praxis zusammenzubringen. Es geht also darum, das, was diese Sūtren explizit lehren – Leerheit oder die Sichtweise, wie die Dinge tatsächlich sind –, mit dem, was wir tatsächlich auf dem Pfad tun, zu vermischen, auch wenn beides zunächst extrem und gegensätzlich erscheinen mag. Aber das ist der springende Punkt. Die Botschaft der Prajñāpāramitā-Sūtren ist nicht bloß, dass alles leer ist, und das war's dann, denn das würde bedeuten, dass wir gar nichts tun müssen. Aber Bodhisattvas tun eine ganze Menge. Daher arbeiten wir auf beiden Ebenen der Wirklichkeit gleichzeitig, wenn auch auf verschiedenen Stufen des Pfades in unterschiedlichem Ausmaß. Als Anfänger wechseln wir gewöhnlich hin und her, erinnern uns manchmal an die Sichtweise und konzentrieren uns dann wieder auf das, was praktisch zu tun ist. Aber in dem Maße, wie wir fortschreiten, rücken diese zwei Objekte unserer Konzentration näher aneinander, bis sie untrennbar werden. Dies wird als »die Einheit von Weisheit und geschickten Mitteln« bezeichnet und ist das prägende Merkmal des Mahāyāna-Pfades, das oft mit den zwei Flügeln eines Vogels verglichen wird. Es ist sehr schwer, mit nur einem Flügel zu fliegen, also brauchen wir beide Flügel der Weisheit und der Mittel. Mit anderen Worten: Es ist nicht genug, einfach nur Weisheit zu besitzen, sondern wir müssen diese Weisheit auch auf geschickte Weise in unserem Leben anwenden. Wir bestehen nicht nur aus Geist, sondern auch aus Körper und Rede und haben gleichermaßen Verschleierungen von Körper, Rede und Geist. Daher müssen wir mit dieser Weisheit oder dieser Einsicht auf viele, verschiedene Arten und Weisen in unserem gewöhnlichen Alltagsleben arbeiten, um sowohl uns selbst als auch anderen zu nutzen.

Dreck, Seife und Wasser

Der Buddha erkannte, dass die Lebewesen in grundsätzlicher Weise verwirrt sind; sie erkennen nicht, was oder wer sie wirklich sind. Aufgrund dieser Verwirrung, mit der sie an scheinbar soliden und wirklich existierenden Dingen und Personen anhaften, tun sie alles Mögliche, was nur noch mehr zu ihrer Verwirrung und ihrem Leiden beiträgt. Um wahre Freiheit zu erlangen, müssen wir letztendlich erkennen, und das ist der springende Punkt, dass nichts von dieser

Verwirrung und den daraus resultierenden Handlungen und Problemen wirklich stattfindet. Doch bis wir das vollständig erkannt haben, müssen wir gleichzeitig mit genau dieser Verwirrung arbeiten, um sie auf geschickte Weise zu entwirren. Das ist ähnlich wie mit Träumen und dem Aufwachen. Wenn wir aus einem Albtraum aufwachen, ist er nicht mehr wirklich ein Problem, aber solange wir *in* diesem Albtraum sind, ist es gut, einige Mittel zur Hand zu haben, um direkt mit ihm zu arbeiten, wie etwa sich in luzidem Träumen zu üben und fähig zu sein, den Traum umzuwandeln. Wir müssen also zuerst erkennen, dass es sich um einen Traum handelt, aber Erkennen alleine bedeutet nicht, dass wir den Traum bereits loslassen können, denn die Traumerfahrung ist ja immer noch da. Sobald wir geschickter darin geworden sind, können wir als Nächstes tatsächlich mit dem Traum arbeiten und ihn umwandeln; wir können etwa mit dem Tiger, der uns in unserem Albtraum hinterherjagt, sprechen, ihn streicheln und mit ihm spielen. Wir sind zwar immer noch nicht wach, aber es ist bereits deutlich besser, als hilflos von der Albtraumerfahrung mitgerissen zu werden, wie etwa von diesem Tiger aufgefressen zu werden. Außerdem bringt es uns, wenn wir mit dem Traum auf diese Weise arbeiten, dem tatsächlichen Aufwachen näher.

In gleicher Weise erkennen Bodhisattvas, dass ihr saṃsārisches Leben bloß ein Traum oder ein Trugbild ist. Aber obwohl sie diesen Traum nicht mehr für wirklich halten, zeigt er sich zunächst immer noch. Daher arbeiten sie mit dieser Traumrealität, was nun viel leichter ist, weil sie vollkommen fließend und formbar ist. Schließlich erwachen sie aus dem Albtraum bedingter Existenz in das helle, sonnige Tageslicht der Buddhaschaft. Das ist der Grund, warum es wichtig ist, die zwei Ebenen der Wirklichkeit zusammenzubringen, um uns nicht völlig in der Traumerfahrung von Saṃsāra festzufahren und ausschließlich auf der Ebene dieser Erfahrung zu arbeiten. Wir müssen uns immer an die größere Perspektive erinnern, nämlich daran, dass wir wirklich aus diesem Traum aufwachen wollen.

Gemäß den Prajñāpāramitā-Sūtren sind sich tatsächlich alle Geistesplagen und Verschleierungen wie auch ihre Gegenmittel darin gleich, dass sie vollkommen unwirklich und ohne Eigennatur sind – sie sind von Anfang an nicht wirklich existent. Nichtsdestotrotz besteht der Pfad, bis dies vollständig erkannt und zu einer lebendigen Erfahrung geworden ist, daraus, fortschreitend verfeinerte Gegenmittel gegen fortschreitend subtilere Verschleierungen in einer trugbildähnlichen Art und Weise anzuwenden. Schließlich müssen wir selbst die subtilsten Gegenmittel loslassen, sobald ihre Aufgabe, die aufzuhebenden Faktoren (scheinbar) eliminiert zu haben, erfüllt ist. Aus der Perspektive der wahren und unwandelbaren Natur der Phänomene ist alles, was entweder als etwas Aufzugebendes oder als ein Gegenmittel erscheint, nichts weiter als eine unbeständige illusorische Verschleierung. Aus der Perspektive des Pfades müssen wir jedoch daran arbeiten, genau diese Tatsache zu erkennen. Wie die berühmte chinesische Vorfahrin Kongshi Daoren in einem Gedicht an die Wand eines Badehauses schrieb:

> Wenn nichts wahrhaft existiert, was badest du? Wo könnte wohl selbst das kleinste bisschen Staub herkommen? … Selbst wenn du keinen Unterschied zwischen dem Wasser und dem Dreck erkennst, muss doch alles vollständig weggewaschen werden, bevor du hier eintrittst.

Das fasst den Pfad im Grunde genommen zusammen. Letztendlich gibt es natürlich nichts zu tun, aber wenn wir unter die Dusche gehen, gibt es etwas zu tun. Fühlen wir uns von vornherein nicht schmutzig, dann geht es uns gut und es gibt nichts zu tun. Wenn wir keine Vorstellungen von Schmutz haben oder von etwas, das beseitigt werden muss, und dem Gegenmittel, das genau dies tut, dann gibt es nichts zu tun. Doch sobald wir die Dusche betreten, weil wir uns schmutzig fühlen, müssen wir etwas tun – wir können nicht einfach dort rumstehen und schmutzig bleiben. Aber selbst aus einer gewöhnlichen Perspektive müssen wir das Gegenmittel aufgeben, wenn wir eine Dusche nehmen. Duschen wir uns, so verwenden wir Wasser und Seife, also die Gegenmittel gegen den Schmutz. Wie Khenpo Tsültrim Gyamtso Rinpoche sagt: »Zuerst ist unser Körper schmutzig, und dann beschmieren wir ihn mit einer anderen Art Schmutz, den wir ›Seife‹ nennen.« Wir wollen weder den Schmutz, noch wollen wir die Seife (das Gegenmittel gegen den Schmutz) auf unserem Körper belassen. Wir gehen nicht in die Dusche, seifen unseren Körper ein und steigen dann aus der Dusche heraus und legen unsere Kleidungsstücke wieder an, ohne die Seife mit Wasser abgewaschen zu haben. Schließlich wollen wir auch das Wasser (was ein subtileres Gegenmittel als Seife ist) loswerden: Wir ziehen uns nicht an, solange wir nass sind. Säubern wir unseren Körper auf diese Weise, so nehmen wir nicht wirklich etwas von diesem Körper weg, um ihn sauberer zu machen, sondern wir nehmen die Dinge weg, die nicht unser Körper sind. Wir duschen nicht mit Salzsäure, um *wirklich* sauber zu werden. Es funktioniert zwar, aber nur einmal.

Das gilt auch dafür, wenn wir unsere Wäsche waschen; wir waschen oder säubern strenggenommen nicht wirklich unsere Wäsche, sondern wir säubern den Schmutz, denn unsere Kleidung ist ja das, was wir weiterhin behalten wollen. Wenn Waschen bedeuten würde, dass unsere Wäsche, etwa ein Hemd, etwas von ihrer Substanz verlöre, würden wir sehr bald damit an ein Ende kommen und hätten nichts mehr anzuziehen. Auch hier waschen wir den Schmutz dadurch ab, dass wir ein Waschmittel, also das Gegenmittel, mit der Kleidung in Berührung bringen und sie dann ausspülen, um auch dieses Gegenmittel loszuwerden. Das heißt, dass selbst auf einer gewöhnlichen Ebene niemand die Gegenmittel behalten will.

Ebenso erfüllen die Gegenmittel auf dem buddhistischen Pfad nur so lange einen Zweck, wie sie an den entsprechenden Verschleierungen arbeiten, die es aufzugeben gilt. Sobald sie das getan haben, müssen wir sie ebenfalls fallenlassen. Ansonsten werden die Gegenmittel einfach ein weiteres Problem oder eine weitere Verschleierung, genau so, wie wenn wir Antibiotika weiternehmen, nachdem unsere Lungenentzündung abgeheilt ist, und wir dann von den Antibiotika krank werden (wenn nicht schon vorher). Vom grundlegenden Gesichtspunkt der Leerheit aus sind sowohl die Verschleierungen als auch ihre Gegenmittel ein Problem, und keines ist wirklich seiner Natur nach besser als das andere. Das einzig Gute an den Gegenmitteln ist, dass sie der Fähigkeit, einen luziden Traum umzuwandeln, gleichen, sodass wir dem Aufwachen dadurch näherkommen. Wenn wir jedoch darin steckenbleiben, mit diesem luziden Traum bloß herumspielen und völlig in all die coolen Dinge, die wir dabei tun können, weiterhin versunken sind, dann werden wir niemals aufwachen. Es ist ein besserer und unterhaltsamerer Traum, aber es ist immer noch ein Traum.

Ein traditionelles Bild dafür, wie wir mit den aufzugebenden Verschleierungen und ihren Gegenmitteln arbeiten, ist, dass ein Trugbild eines Elefanten das Trugbild eines anderen Elefanten besiegt. Oder es ist wie ein Film, in dem die Guten die Bösen verhauen, doch tatsächlich sind weder die Figuren noch der Kampf wirklich. Trotzdem funktioniert es im Film, und wenn wir uns in die Geschichte verwickeln lassen, funktioniert sie auch in unserem Geist, der dann alle möglichen Gedanken, Emotionen und sogar körperlichen Reaktionen produziert. Doch wer möchte schon vierundzwanzig Stunden am Tag in einem Film sein?

In diesem Sinne sagt Khenpo Tsültrim Gyamtso Rinpoche oft, dass der buddhistische Pfad im Grunde nichts anderes als eine Abfolge zunehmend subtilerer Gedanken ist, die gröberen entgegenwirken. Wir beginnen mit sehr groben Ideen über uns selbst, die Welt und alle anderen Menschen, und dann schneiden wir sie klein oder wirken ihnen mit subtileren Gedanken entgegen. Wenn wir zum Beispiel denken, dass die Dinge wirklich existieren und dauerhaft sind, so lehrte der Buddha das Gegenmittel der Vergänglichkeit. Aber das ist nicht das Ende, denn die Prajñāpāramitā-Sūtren behaupten, dass Vergänglichkeit auch nicht die letztendliche Wirklichkeit ist. Wenn wir die Vergänglichkeit in einer tiefer gehenden Weise untersuchen, landen wir bei der Leerheit. Leerheit ist aber auch nicht die letztendliche Wirklichkeit, wenn wir sie zu einem »Ding« machen, wenn wir etwa denken: »So ist es.« Das ist der Grund, warum der Buddha über »die Leerheit der Leerheit« sprach. Egal welche Stufe der Einsicht in die Wirklichkeit wir haben mögen, egal ob es ein Verständnis der Vergänglichkeit oder ein Verständnis der Leerheit ist, solange wir uns daran festhalten oder dies verfestigen, wird es uns nicht viel helfen, weil es bloß zu einem weiteren Bezugspunkt oder zu einem weiteren Problem wird. »Die Leerheit der Leerheit« bedeutet also einfach nur, von allen Bezugspunkten hinsichtlich der Leerheit selbst oder der Erkenntnis der Leerheit loszulassen. Wenn wir glauben, etwas gefunden zu haben, dann ist es mit Sicherheit nicht die Leerheit, also muss es etwas anderes sein. Daher sagt Nāgārjuna im *Mūlamadhyamakakārikā*:

> Die Siegreichen lehrten, dass Leerheit
> Bedeutet, alle Sichtweisen loszulassen,

Aber es heißt, dass diejenigen, die daran festhalten,
Dass Leerheit eine Sichtweise ist, wahrlich unheilbar sind.[9]

Das Tun sein lassen

In den Prajñāpāramitā-Sūtren geht es natürlich die ganze Zeit darum, keine Bezugspunkte zu haben und unseren Geist nicht frei umherschweifen zu lassen, aber gleichzeitig sind sie äußerst weitschweifig, wenn sie darüber *reden*, den Geist nicht frei umherschweifen zu lassen. Diese Weitschweifigkeit haben sie jedoch wegen Personen in der Zuhörerschaft, deren Geist so frei umherschweift. Leerheit ist die simpelste Sache, die es gibt, wie wir aus dem Prajñāpāramitā-Sūtra in einem Buchstaben, das einfach nur »A« sagt, ersehen können. Darin gibt es keinerlei Umherschweifen des Geistes, aber was dann? Was machen wir damit? Daher ist es für die meisten Menschen notwendig, ein kleines bisschen (oder viel) ausführlicher zu sein. Wir können uns aus dem breiten Spektrum längerer und kürzerer Prajñāpāramitā-Sūtren aussuchen, wieviel Ausführlichkeit wir persönlich gerne hätten. Glücklicherweise reden wir hier nur über das Herz-Sūtra und nicht über die längeren Fassungen.

Was die Sprache der Prajñāpāramitā-Sūtren betrifft, so könnten wir sie in einer modernen Sprechart als »dekonstruktivistisch« bezeichnen. Auf die Leerheit bezogen erklären uns die Sūtren meist nicht, was wir tun sollen, sondern

9 Vers 72.

sie sagen uns: »Tu dies nicht« und »Tu das nicht«. Wenn wir zum Beispiel zu einer Person sagen: »Lege deinen rechten Fuß auf deinen linken Oberschenkel und deinen linken Fuß auf deinen rechten Oberschenkel, dann lege deine rechte Hand in deinem Schoß in deine linke Hand und halte deinen Rücken gerade«, so teilen wir ihr mit, was sie tun soll, um die Meditationshaltung einzunehmen. Für solche Unterweisungen bedarf es eines ausführlichen begrifflichen Denkens unsererseits, und wir sollten außerdem wissen, was all diese Dinge wie Füße, Oberschenkel und ein Rückgrat sind. Solche Unterweisungen darüber, wie etwas zu tun ist, sind nicht dekonstruktivistisch, aber wenn jemand zu uns sagt: »Denke nicht« oder »Vergiss es« oder »Leerheit« oder »A«, dann werden wir nicht wirklich aufgefordert, irgendetwas zu tun. Uns wird im Grunde gesagt: »Hör einfach auf, das zu tun, was auch immer du gerade tust«, aber es wird uns nicht mitgeteilt, was wir stattdessen tun sollten. Das schafft ein Gefühl, dass das Ende offen ist, was der typische Stil der Prajñāpāramitā-Sūtren ist, der auch die Traditionen des Ch'an und des Zen geprägt hat. Diese haben ihn im Grunde perfektioniert – was immer wir denken, sagen oder tun, sie geben uns immer das Gegenteil oder etwas, was überhaupt keinen Sinn macht.

Es ist wichtig, uns daran zu erinnern, wenn wir mit dem Herz-Sūtra arbeiten, weil wir gewöhnlich darauf fixiert sind, hören zu wollen, was wir tun sollen oder was von uns erwartet wird. Wenn wir keine Anweisungen bekommen, was wir tun sollen, werden wir unruhig und fragen uns: »Was soll das

Ganze eigentlich? Ich möchte doch bloß wissen, worüber ich meditieren soll. Ich möchte nur gesagt bekommen, was ich tun soll.« Die Prajñāpāramitā-Sūtren sind jedoch in dieser Hinsicht sehr schwer fassbar. Recht viel kommt in ihnen zur Sprache, aber die meisten ihrer Aussagen dienen lediglich dazu, unsere Vorstellungen darüber, was wir tun oder woran wir uns festhalten sollten, zu unterminieren und abzuschneiden. Wenn im Herz-Sūtra davon die Rede ist, dass es kein Auge, kein Ohr, keine Nase, keinen Geist, keine Weisheit, kein Erlangen und kein Nicht-Erlangen usw. gibt, können wir fühlen, wie unser Geist hin und her springt. Wenn wir »kein Erlangen« hören, denken wir: »In Ordnung, ich hab's kapiert, es gibt nichts zu erlangen«. Aber dann steht im Text auch »kein Nicht-Erlangen«, und wir denken: »Moment mal! Gerade wurde das Gegenteil gesagt. Wie ist es denn nun?«

Was bedeutet das für uns? Wo befindet sich unser Geist zwischen diesen zwei sich gegenseitig ausschließenden Optionen? Wenn wir »kein Erlangen und kein Nicht-Erlangen« hören, so nimmt uns das im Grunde jeden Anhaltspunkt. Wir werden an einem Punkt zurückgelassen, an dem es nichts gibt, woran wir uns festhalten könnten, und das ist genau der springende Punkt. Es geht dabei wiederum nicht so sehr darum zu erkennen, dass es *wirklich* kein Erlangen gibt oder dass es *wirklich* kein Nicht-Erlangen gibt, sondern der Hauptpunkt ist, dass wir unseren Geist betrachten und schauen, wie er reagiert, wenn ihm alle seine Spielzeuge eins nach dem anderen weggenommen werden. Was ist ein spielzeugloser Geist? Was ist ein Geist, der nicht danach strebt, sich selbst zu unterhalten? Was ist ein Geist, der nach nichts greift, einschließlich seiner selbst? Dies ist der grundlegende »Punkt, an dem es kein Zurück gibt«, zu dem uns die Prajñāpāramitā-Sūtren, die Zen-Tradition und ähnliche Ansätze hinzuführen versuchen. Sie stoßen uns gewissermaßen bis an den Rand der Klippe unseres dualistischen, gedanklichen Geistes, und dann liegt es an uns, in die Bodenlosigkeit des »Nicht-Geistes« zu springen.

Das ist der Grund, warum wir in der Zen-Tradition auf Aussagen wie »Triffst du unterwegs auf den Buddha, töte ihn«, den berühmten Ausruf »Mu« und alle die anderen *koans* stoßen. Koans werden nicht wirklich präsentiert, um uns verstehen zu lassen, wie die Dinge sind, sie sind lediglich Methoden dafür, etwas loszulassen, von dem wir dachten, dass es richtig oder falsch, gut oder schlecht ist, etwas, von dem wir dachten, dass wir es wissen usw. Bei einem solchen Ansatz könnten wir aus einer pessimistischen Perspektive sagen, dass der buddhistische Pfad einfach nur eine Enttäuschung nach der anderen ist – das einzig Gute daran ist, dass die Erleuchtung die letzte ist. In einem positiveren Ton könnten wir sagen, wenn wir die Kniffeligkeiten, den Geist darin zu üben, nicht anzuhaften, durchlaufen haben, ist dies vergleichbar mit dem Training, das uns zu einer erstklassigen Balletttänzerin macht. Wenn wir Tänzerinnen sehen, scheinen ihre Bewegungen so leichtfüßig, voller Anmut und völlig mühelos zu sein, aber tatsächlich ist das Training sehr hart und sie müssen ihre Aufmerksamkeit jeden Tag immer und immer wieder auf jedes winzige Detail richten. Die Mühelosigkeit und das Fehlen von Starrheit oder Festhalten an was auch immer kommen nur durch intensives Training zustande. So ist es auch, wenn wir unseren Geist trainieren; Nicht-Festhalten geschieht nicht einfach so aus heiterem Himmel. Für die meisten Menschen ist ein gewisses Training notwendig, um über die Notwendigkeit von Training hinauszugelangen.

Wir müssen uns also im Nicht-Ergreifen, Nicht-Anhaften und Nicht-Festhalten üben, und das ist tatsächlich viel schwieriger zu vervollkommnen, als uns darin zu üben, etwas zu tun. Etwas zu tun ist das, woran wir gewöhnt sind, und wir können es sehr gut; wir sind alle großartige Streber, wenn es ums Ergreifen und Anhaften geht. Wir fangen mit nur ganz wenigen Dingen als Baby an, aber dann haften wir an mehr und mehr an, nämlich an all dem, was wir unsere Persönlichkeit, unsere Karriere und unsere Beziehungen nennen. Sie alle bedeuten lediglich, dass wir mehr und mehr Bezugspunkte ansammeln. Der Prajñāpāramitā-Pfad erfordert jedoch das genaue Gegenteil, was der Grund ist, warum er manchmal so schwierig, unsinnig und sogar erschreckend erscheint. Wie haben so viel in unsere Persönlichkeit, unsere Karriere, unsere Beziehungen und alles andere investiert, und dann will uns das Herz-Sūtra weismachen: »Vergiss das alles einfach.« So gesehen sind die Prajñāpāramitā-Sūtren eine riesige Koan-Sammlung, auch das Herz-Sūtra, wobei jedes kleine »kein dies, kein das« ein weiteres Stückchen von unserem vielschichtigen Kokon verfestigter Konzepte, Emotionen, Probleme und Bezugspunkte abbröckeln lässt.

Der Pfad, um diesen Kokon zu entwirren, ist kein linearer. Normalerweise denken wir, dass wir an einem Punkt anfangen und von diesem aus fortschreiten; viele Darstellungen des buddhistischen Pfades, wie etwa die fünf Pfade und die zehn Bhūmis, klingen auch so, als ob es einen Anfang und dann ein lineares Fortschreiten gäbe; sie suggerieren, dass höher und höher aufzusteigen alles ist, was wir auf dem Pfad tun. Die Realität ist jedoch eine andere – der Pfad ist eher wie der Aktienmarkt, das heißt, wir gehen rauf und runter, vor und zurück und rundherum. Wir werden dieselben schwierigen Punkte wieder und wieder aufsuchen. Das ist nicht wirklich ein Problem, weil dies die Natur des buddhistischen Pfades ist. Am Anfang des Pfades werden wir gewisse Emotionen, wie zum Beispiel Zorn, sicherlich nicht gleich hinter uns lassen. Idealerweise verringert sich die Häufigkeit unseres Zorns und er wird subtiler, aber es kann immer noch Situationen geben, in denen er ziemlich intensiv ist. Dann denken wir: »Ach Mensch, ich habe jetzt zehn Jahre lang meditiert und bin immer noch zornig! Das funktioniert anscheinend nicht für mich oder ich muss etwas falsch gemacht haben.«

Wir müssen verstehen, dass Zorn, andere Emotionen, Krankheit oder Leid immer Resultate unserer früheren Handlungen sind und dass unzählige viele dieser Ursachen in unserem Geist gespeichert sind. Den Pfad zu gehen bedeutet, dass wir den großen Eimer, der alles enthält, was in unserem

Geist gespeichert ist, ausleeren, aber wir alle wissen, dass es immer etwas gibt, was am Boden des Eimers hängenbleibt. Die Tatsache, dass all diese Dinge Resultate sind, bedeutet aber auch, dass ihre Manifestierung ein Zeichen dafür ist, dass wir sie loswerden. Sobald sie sich manifestiert haben, enden sowohl sie als auch ihre Ursachen, was bedeutet, dass wir sie losgeworden sind und sie nicht wieder zurückkommen. Der entscheidende Punkt ist jedoch, dass wir diese Resultate nicht wieder zu neuen Ursachen für weiteres Leid machen, indem wir unsere Geschichten über sie und unsere negativen Reaktionen wiederholen oder fortspinnen.

Der buddhistische Pfad ist also eher eine spiralförmige Bewegung auf eine Mitte zu als eine gerade Linie von A nach B. Bewegen wir uns spiralförmig auf eine Mitte zu, suchen wir natürlich dieselben Punkte immer und immer wieder auf, aber es ist nie wirklich dasselbe, weil wir sie jedes Mal aus einer unterschiedlichen Perspektive betrachten. Natürlich kann es sein, dass sie uns als dasselbe und vollkommen vertraut erscheinen, aber wenn wir genau hinschauen, sehen wir jedes Mal etwas Verschiedenes. Die Prajñāpāramitā-Sūtren sind als Kontemplationshandbücher gedacht, um sich auf diesen spiralförmigen Pfad zu begeben. Das ist ein weiterer Grund, wieso sie wieder und wieder rezitiert werden und warum sich in ihnen so viele Wiederholungen finden. Oberflächlich gesehen mögen sie alle gleich klingen, aber betrachten wir auf unserer spiralförmigen Reise ein scheinbar gleiches Wort oder einen scheinbar gleichen Punkt, dann können wir sehen, dass sie unterschiedlich sind.

Es ist, wie wenn wir »dasselbe« Buch fünf Mal lesen und dabei jedes Mal etwas anderes lernen oder erfahren. Es ist dasselbe Buch, aber unser Geist und die Art und Weise, wie er sich zu dem, was er liest, in Beziehung setzt, ist jedes Mal unterschiedlich. Ebenso mag es dasselbe Sūtra sein, aber wenn wir es rezitieren, ist es jedes Mal anders, weil unser Geist nie derselbe ist.

Der Kommentar zum Herz-Sūtra

Lassen Sie uns jetzt die Worte des Herz-Sūtra selbst betrachten. Meine Kommentare basieren auf allen indischen Kommentaren zu diesem Sūtra wie auch auf mehreren tibetischen und einigen modernen Kommentaren (siehe für die Details die Bibliographie). Es gibt im Grunde zwei verschiedene Versionen des Herz-Sūtra. Die eine, die wir hier betrachten, hat einen Prolog (oder eine Einleitung), einen Epilog (oder einen Schlussteil) und enthält auch das Prajñāpāramitā-Mantra. In der anderen Version fehlen die Einleitung und der Schlussteil, und meist fehlt auch das Mantra.

Die Bühne und die Hauptdarsteller

Um die Struktur des Sūtra kurz zu umreißen: Es beginnt mit einer Einleitung, die den Schauplatz des Sūtra bestimmt; uns wird mitgeteilt, wo es sich zutrug, wann es sich zutrug, wer der Lehrer war und wer sonst noch anwesend war (die üblichen Verdächtigen). Das Besondere am Herz-Sūtra ist, dass diese Einleitung aus zwei Teilen besteht. Es gibt zum einen den üblichen Rahmen des Sūtra, der sich in allen Prajñāpāramitā-Sūtren findet und mit den Worten beginnt: »Folgendes habe ich gehört. Einst weilte der Bhagavān zusammen mit einer großen Gemeinde …« Die spezielle Einleitung des Herz-Sūtra berichtet davon, dass sowohl der Buddha als auch Avalokiteśvara in Samādhi ruhen, während Śāriputra seine Frage stellt. Der eigentliche Hauptteil des Sūtra besteht aus Avalokiteśvaras kurzer und langer Antwort, gefolgt vom Mantra. Schließlich kommt der Schlussteil, in dem der Buddha im Grunde »Gute Arbeit!« zu Avalokiteśvara sagt und die Zuhörerschaft sich im Folgenden daran erfreut, was sich zugetragen hat.

Wie wir zuvor besprochen haben, ist dies das einzige Prajñāpāramitā-Sūtra, in dem der Bodhisattva Avalokiteśvara eine Rolle spielt. Er tritt jedoch nicht nur auf, sondern er ist *der* Hauptlehrende, was ein implizites Zeichen dafür ist, dass die Lehren über Mitgefühl und den Pfad auch im Herz-Sūtra enthalten sind, obwohl sie nicht explizit erwähnt werden. Avalokiteśvara symbolisiert das Mitgefühl aller Buddhas und dadurch den gesamten Pfad, der auf Mitgefühl als seiner grundlegenden Motivation gründet. Im Buddhismus beinhaltet Mitgefühl den Wunsch, dass alle Lebewesen frei von Leid sein mögen, was zugleich die zentrale Bedeutung von Bodhicitta ist. Bodhicitta fügt diesem Wunsch den Aspekt hinzu, Buddhaschaft zu erlangen, um persönlich in der Lage zu sein, die Lebewesen in effektiver Weise von Leid zu befreien. Somit hat Bodhicitta zwei Elemente – Mitgefühl als den reinen Wunsch, dass alle Lebewesen frei von Leid sein mögen, und, als eine Konsequenz dieses Wunsches, das Streben, Buddhaschaft zum Wohl aller Wesen zu erlangen.

Das heißt, Bodhicitta macht es zu unserer persönlichen Verantwortung, alle Lebewesen dadurch von Leid zu befreien, dass wir tatsächlich selbst Buddha werden.

Das Hauptziel von Bodhisattvas ist es, Lebewesen von Leid zu befreien, wohingegen die Erlangung der Buddhaschaft ein Mittel zum Zweck ist. Mit anderen Worten ist die Buddhaschaft eher so etwas wie ein Nebenprodukt des Bodhicitta oder des Bodhisattva-Pfads. Üblicherweise wird Buddhaschaft als das Endresultat des Pfades dargestellt, wodurch oft der eigene Nutzen in den Vordergrund gerückt wird, da sie die erfolgreiche Aufgabe aller Verschleierungen und die Erkenntnis der Buddha-Weisheit mit ihren zahlreichen Qualitäten bedeutet. Da es jedoch der eigentliche Sinn von Bodhicitta ist, anderen zu nutzen, ist das wahre Resultat des Bodhisattva-Pfads die erleuchtete Aktivität, die ein Buddha zum Wohle aller Wesen ausübt. Und da eine solche Aktivität nur einem Buddha möglich ist, streben Bodhisattvas danach, diesen Zustand zu erlangen. In buddhistischen Begriffen ausgedrückt repräsentiert der Dharmakāya unter den drei Kāyas eines Buddha das eigene Wohlergehen im Sinne von absolutem Loslassen und höchster Erkenntnis, was der formlosen und dimensionslosen Sphäre des Geistes eines Buddha entspricht. Das Wohl anderer besteht aus den zwei Form-Kāyas – Sambhogakāya und Nirmāṇakāya –, in denen das Wohlergehen der Bodhisattvas auf den Bhūmis bzw. das Wohlergehen aller Arten von gewöhnlichen Wesen vorangebracht wird. Kurz gesagt, wie alle Prajñāpāramitā-Sūtren lehrt das Herz-Sūtra die Einheit von Leerheit und geschicktem Verhalten (oder Prajñā und geschickten Mitteln), wobei letzteres von Avalokiteśvara verkörpert wird.

Was im Herz-Sūtra im Vergleich zu anderen Prajñāpāramitā-Sūtren fehlt, sind gewisse explizite polemische Äußerungen gegen die buddhistischen Grundlehren. Es gibt keine Debatten zwischen Śrāvakas und Bodhisattvas, in denen die Śrāvakas als diejenigen dargestellt werden, die es nicht kapieren. Nichtsdestotrotz wird dieses Element implizit von Śāriputra repräsentiert, der die Frage stellt, wie man Prajñāpāramitā praktizieren sollte.

Im Allgemeinen wird »das Wort des Buddha« in dreifacher Weise unterschieden. Es gibt die Worte, die der Buddha selbst direkt spricht, aber daneben gibt es auch »Buddha-Worte aufgrund von Segen« und »Buddha-Worte aufgrund von Erlaubnis«. Das Herz-Sūtra enthält alle drei Arten. Die Einleitung, der Rahmen des Sūtra, ist offensichtlich keine Beschreibung des Buddha, sondern wurde später von den Kompilierern hinzugefügt. Sie wird jedoch trotzdem als Worte des Buddha aufgrund von Erlaubnis angesehen. Gleiches gilt für den Epilog am Ende des Sūtra. Der Hauptteil des Sūtra besteht aus den Worten des Buddha aufgrund seines Segens. Am Anfang des Sūtra tritt der Buddha in einen speziellen Samādhi ein, und aufgrund der Kraft dieses Samādhi zieht Śāriputra seine Frage aus dem Hut und Avalokiteśvara antwortet. Alles, was Avalokiteśvara sagt, wird daher als eigene Worte des Buddha angesehen, was am Ende zweimal vom Buddha bestätigt wird, wenn er sagt: »Gut, gut, Sohn aus edler Familie. So ist es, Sohn aus edler Familie, so ist es.« Diese Worte repräsentieren die dritte Art der Worte des Buddha, also das, was er direkt sagt. Vielleicht dachte der Buddha manchmal: »Dieses Mal werde ich jemand anderen die Arbeit tun lassen und bloß meine Zustimmung geben.« Somit haben wir in diesem Sūtra alle drei Arten von Buddha-Worten – seine tatsächliche direkte Rede, die, die von einer anderen Person aufgrund seines Segens gesprochen werden, und jene, die eine andere Person aufgrund einer Erlaubnis spricht.

Der Titel

Transzendente Weisheitsdame voller Qualitäten

Der vollständige Titel des Herz-Sūtra lautet:

> Das Sūtra des Herzens der Glorreichen Dame
> Prajñāpāramitā.

Der Sanskrit-Titel *Bhagavatīprajñāpāramitāhṛdayasūtra* bedeutet wörtlich »Das Sūtra des Herzens (oder der Essenz) der Bhagavatī Prajñāpāramitā«. Die Bedeutungen von *Prajñāpāramitā* und *Sūtra* wurden bereits weiter oben ausführlich besprochen. *Bhagavat* bedeutet »vom Schicksal begünstigt«, »wohlhabend«, »glorreich«, »berühmt«, »göttlich«, »bewundernswert« oder »ehrwürdig«. Im Sanskrit ist *Prajñāpāramitā* ein weibliches Wort und somit bedeutet der entsprechende weibliche Begriff *Bhagavatī* so etwas wie »Ihre göttliche glorreiche Damenhaftigkeit«. Im Buddhismus wird Weisheit als weiblich angesehen, während Mitgefühl oder Geschick in den Mitteln als männlich betrachtet wird. Somit wird Prajñāpāramitā gewöhnlich als eine weibliche Gottheit dargestellt, die auch »die Mutter aller Buddhas« genannt wird. In der Tat ist sie nicht nur die Mutter aller Buddhas, sondern all jener Praktizierenden des buddhistischen Pfades, die traditionellerweise als »die vier Arten von Erhabenen« beschrieben werden, nämlich Śrāvakas, Pratyekabuddhas, Bodhisattvas und Buddhas. Natürlich ist Prajñāpāramitā nicht in einem körperlichen Sinne ihre Mutter, wie etwa bei einer menschlichen Mutter und ihren Kindern. Vielmehr ist es die Erkenntnis dessen, was Prajñāpāramitā ist (nichtgedankliche, nichtduale Weisheit); sie ruft die Geisteszustände hervor, die durch die Begriffe Arhat, Bodhisattva bzw. Buddha bezeichnet werden.

Wenn wir die Worte des Sūtra-Titels genauer betrachten, so ist *Bhagavat* ein übliches Beiwort des Buddha (wie es am Anfang des Herz-Sūtra steht) und somit wird Prajñāpāramitā als ein weiblicher Buddha angesehen. *Bhaghavat* wird oft als »der Gesegnete« übersetzt, aber über die oben erwähnten Bedeutungen hinaus hat der Begriff im Sanskrit noch weitere Konnotationen. In den Kommentaren wird der Ausdruck so interpretiert, dass er drei Bedeutungen hat – »zerstören«, »versehen sein mit« und »transzendieren«. Sie spiegeln sich auch in der tibetischen Übersetzung des Ausdrucks wider. Was zerstört Prajñāpāramitā? Sie zerstört unsere Verschleierungen und die Aktivitäten der *māras*, welche sich auf alle möglichen äußeren und inneren Hindernisse und Widerstände beziehen.

Außerdem ist sie mit sechsfachem Wohlstand oder Reichtum versehen. Die erste dieser Arten von Wohlstand ist »Herrschaft« oder »Meisterschaft«, was sich darauf bezieht, alle Verschleierungen (die Geistesplagen und die Verschleierungen der Allwissenheit) überwunden zu haben und die alleinige Herrscherin oder Meisterin des erleuchteten Geistes zu sein.

Die zweite Art von Wohlstand besteht darin, »mit den Dharmas versehen zu sein«, das heißt, mit den Qualitäten eines Buddha, wie etwa den zehn Kräften, den vier Furchtlosigkeiten und den achtzehn einzigartigen Qualitäten. Unter den fünf Buddha-Weisheiten ist dies nichts anderes als die Dharmadhātu-Weisheit, die den grundlegenden Raum repräsentiert, in dem die anderen vier Weisheiten spielen. Wenn wir hier über den Dharmadhātu sprechen, so ist dies kein Synonym für bloße Leerheit, sondern der Begriff bezieht sich auf die Natur unseres Geistes, also die erfahrungsmäßige Einheit von Bewusstheit und Leerheit. Diese Natur unseres Geistes ist mit zweifacher Reinheit versehen. An sich ist sie immer in einer natürlichen und ihr innewohnenden Art und Weise rein. Was jedoch das Resultat der Buddhaschaft betrifft, geht es um einen weiteren Punkt, denn Buddhaschaft bedeutet, dass diese Natur unseres Geistes auch rein von allen hinzugetretenen Makeln ist, die sie zuvor zu verschleiern schienen. Obwohl die Natur des Geistes uranfänglich vollkommen rein ist, scheint es aus der Perspektive der

Lebewesen, die ihre Reinheit nicht erkennen, am Ende des Pfades eine zusätzliche Reinheit zu geben, nämlich die, dass die Natur des Geistes nun sowohl natürlicherweise rein als auch zusätzlich rein von hinzugetretenen Makeln ist. Zum Beispiel ist die Sonne, selbst wenn sie hinter den Wolken ist, an sich immer unverschleiert. An einem grauen Tag ist sie jedoch aus unserer Perspektive, die wir uns unter den Wolken befinden, verschleiert. Dies scheint aber nur aus unserer Perspektive der Fall zu sein, aber nicht aus der Perspektive der Sonne selbst. Sobald die Wolken verschwinden, sehen wir die Sonne, und es wirkt auf uns so, als wäre sie von den Wolken frei geworden. Könnten wir die Sonne jedoch fragen, ob sie sich verschleiert oder in ihrer Helligkeit gemindert gefühlt habe, würde sie nur sagen: »Wovon redest du eigentlich? Ich bin immer schon frei von Wolken gewesen. Es ist dein Problem, wenn du denkst, dass ich verschleiert war.« Ebenso ist die Natur unseres Geistes ihrer Natur nach immer rein und ohne irgendwelche Probleme oder Verschleierungen, aber vom Gesichtspunkt unserer Verwirrung oder Unwissenheit aus scheinen zuerst Verschleierungen vorhanden zu sein und dann scheint es die Freiheit von Verschleierungen zu geben, was die zweite Art von Reinheit ist. Aus der Sicht der Natur des Geistes selbst ist jedoch nichts von alledem jemals geschehen, was die erste Art von Reinheit – natürliche Reinheit – ist.

Die dritte Art von Wohlstand ist »Ruhm«, was sich auf die zwei Form-Kāyas eines Buddha bezieht. Die eben erwähnte Eigenschaft des doppelt reinen Dharmadhātus repräsentiert den Dharmakāya, der für jeden außer einem Buddha völlig unzugänglich und nicht wahrnehmbar ist. »Ruhm« verweist darauf, wie Buddhas in der Welt bekannt sind, nämlich nicht aufgrund des Dharmakāyas, sondern aufgrund der Form-Kāyas. Unter den fünf Weisheiten entspricht diese Qualität der spiegelgleichen Weisheit.

Die vierte Art von Wohlstand oder Reichtum ist »Pracht« und bezieht sich auf die Weisheit der Gleichheit. Die fünfte ist »Weisheit«, was sich konkret auf die unterscheidende Weisheit bezieht. Die sechste schließlich ist »Anstrengung« und steht für die alleserfüllende Weisheit.

Kurz, die sechs Arten von Wohlstand oder Reichtum der Bhagavatī Prajñāpāramitā bestehen aus den fünf Weisheiten eines Buddha und der Freiheit von allen Verschleierungen (die erste Art von Wohlstand). Somit repräsentieren diese sechs Qualitäten eine ausführlichere Version der zwei klassischen Qualitäten der Buddhaschaft – vollkommenes Aufgegebenhaben und vollkommene Erkenntnis, wobei letztere in die fünf Weisheiten unterteilt ist.

Unter diesen fünf Weisheiten ist die Dharmadhātu-Weisheit nichts anderes als die grundlegende Natur des Geistes, so wie sie ist, nämlich untrennbare Geräumigkeit und lichte Klarheit. In dem Ausdruck »Dharmadhātu-Weisheit« steht »Dharmadhātu« für die unendliche Offenheit, in der es nichts gibt, woran wir uns festhalten könnten, während sich »Weisheit« auf die Qualität von klarer Bewusstheit oder Wachheit bezieht.

Spiegelgleiche Weisheit bedeutet, dass die Weisheit eines Buddha in der Lage ist, alles sehr klar und unvermischt zu sehen. Alle Phänomene werden in dieser spiegelgleichen Weisheit wie in einem Spiegel reflektiert. Ähnlich einem Spiegel ist diese Weisheit völlig unvoreingenommen allem gegenüber, was in ihr erscheint, und versucht auch nicht, sich irgendetwas davon anzueignen. Sie denkt nicht: »Das bin ich«, »Das ist mein«, »Das ist etwas anderes«, »Das ist gut« oder »Das ist schlecht«. Spiegelgleiche Weisheit zeigt einfach nur auf, was da ist, sie ist eine panoramische Art reiner Bewusstheit.

Die Weisheit der Gleichheit unterstreicht die Idee des Unvoreingenommenseins noch weiter. In der Weisheit eines Buddha gibt es kein ich oder andere, kein gut oder schlecht und kein Subjekt oder Objekt. Diese Weisheit beinhaltet nicht nur die kognitive Qualität des Unvoreingenommenseins, sondern auch die emotionale oder affektive Komponente von Gleichheit. Dabei geht es darum, gegenüber allen Lebewesen einen gleichwertigen Geisteszustand zu haben, ohne zwischen einem selbst und anderen oder liebenswerten und nicht liebenswerten Wesen zu unterscheiden. Anders gesagt steht dies für ein referenzloses allumfassendes Mitgefühl.

Unterscheidende Weisheit bedeutet, dass es eine kristallklare Unterscheidungsfähigkeit jedes Details aller Phänomene gibt, ohne Voreingenommenheit in Bezug auf das, was in der spiegelgleichen Weisheit erscheint. In der Tat ist es genau jenes Unvoreingenommensein, das diese scharfe Klarheit der Wahrnehmung ermöglicht und verstärkt, was sich auch in unserer gewöhnlichen Erfahrung zeigt. Nehmen wir an, wir haben irgendeine fixe, voreingenommene Idee über jemanden; sobald wir dieser Person begegnen, achten wir noch nicht einmal mehr in angemessener Weise auf die Details ihrer Erscheinung, sondern unser Blickwinkel verengt sich sofort auf unser eigenes voreingenommenes Bild von ihr. Das spiegelt natürlich nicht wirklich wider, wie diese Person tatsächlich ist. Wenn wir jedoch keinerlei Voreingenommenheiten oder fixen Vorstellungen über jemanden oder eine Sache haben, dann können wir klar sehen, was in jeder Situation vor sich geht. Wir erkennen dann auch, was im Geist anderer Lebewesen geschieht und was sie brauchen. Bis zu diesem Punkt können diese vier Weisheiten in die beiden Kategorien von Wissen und Motivation zusammengefasst werden.

Die letzte – die alleserfüllende Weisheit – ist das, was Buddhas dazu veranlasst, tatsächlich etwas gegen das Leiden der Wesen zu unternehmen. Sie sehen alles sehr klar und präzise, ohne jede Voreingenommenheit. Weil sie die Gleichheit zwischen sich selbst und anderen sehen, erkennen sie auch, dass die Lebewesen aufgrund von Unwissenheit über ihren wahren Zustand leiden, was die Buddhas wiederum veranlasst, etwas gegen dieses Leid zu unternehmen. Daher besteht die Weisheit eines Buddha nicht nur darin, alles über alles zu wissen, und sich dann zurückzulehnen und das Leben vorbeiziehen zu lassen. Buddha-Weisheit bedeutet, alles über Glück und Leid einschließlich der Ursachen zu wissen, die Motivation zu haben, anderen durch dieses Wissen zu nutzen, und auch über die Fähigkeit zu verfügen, diesen Nutzen tatsächlich zu bewirken. Diese drei Elemente müssen zusammenkommen, ansonsten würde Buddha-Weisheit nichts Gutes bewirken. Lediglich allwissend zu sein, hilft niemandem. Und selbst wenn wir die Motivation haben, anderen Wesen zu helfen, so hilft ihnen das alleine auch nicht wirklich, sondern wir müssen sowohl das Wissen als auch die Mittel haben, dies in einer kraftvollen und effektiven Art und Weise zu tun. Alle drei zusammen machen einen Buddha aus, und genau dies bedeutet Bhagavat – mit all diesen Qualitäten versehen und zugleich frei von allen Verschleierungen und Hindernissen sein, sodass sie sich manifestieren können.

Es ist wichtig, zu verstehen, dass die fünf Buddha-Weisheiten nicht fünf verschiedene Entitäten oder statische Eigenschaften einer Entität sind, sondern für die verschiedenartigen, miteinander kooperierenden und sich gegenseitig ergänzenden Prozesse stehen, die die funktionellen Hauptaktivitäten der ungeteilten, nichtgedanklichen Weisheit eines Buddha repräsentieren. Die spiegelgleiche Weisheit ist wie ein allumfassender Fernsehschirm, der einfach nur wiedergibt, was da ist, und somit die »Basisinformationen«, die zu verarbeiten und zu nutzen sind, zur Verfügung stellt. Unterscheidende Weisheit blickt dann aufmerksam auf diesen Schirm und erkennt deutlich alle einzelnen Informationen, ohne verwirrt zu werden oder sie durcheinanderzubringen. Die Weisheit der Gleichheit bezieht sich darauf, einfühlsam zu sein, ohne dabei irgendeine Art von Bewertung über die auf dem Schirm wahrgenommenen Informationen abzugeben oder einen Unterschied zwischen Sehendem und Gesehenem zu machen. Die alleserfüllende Weisheit repräsentiert den resultierenden Impuls, altruistisch auf das, was wahrgenommen wird, einzuwirken.

Nichtgedankliche Buddha-Weisheit spiegelt also alle Lebewesen und Phänomene innerhalb des Aktivitätsbereichs eines Buddha ohne Voreingenommenheit und persönliche Interessen wider (spiegelgleiche Weisheit). Gleichzeitig nimmt diese nichtgedankliche Weisheit alle Wesen und Phänomene mit vollkommen klarem Unterscheidungsvermögen und ohne persönliche Projektionen oder Hinzufügungen in jedem noch so kleinen Detail wahr, so wie sie sind (unterscheidende Weisheit). Nichtgedankliche Weisheit ist vollkommen nichtdual, was sich nicht nur auf ihre Wahrnehmungsstruktur (keine Dualität von Subjekt und Objekt) bezieht, sondern auch auf ihre »emotionale Intelligenz«. Sie hält weder Saṃsāra für etwas Schlechtes, was zu meiden ist, noch Nirvāṇa für etwas Gutes, in dem es zu verweilen gilt. Ihr fehlen jegliche Anhaftung an und Abneigung gegen irgendjemanden oder irgendetwas; sie erkennt die Buddha-Natur aller Wesen, die in ihrem Kern nicht verschieden vom ureigenen Zustand eines Buddha ist, und ist somit natürlicherweise liebevoll und mitfühlend gegenüber all jenen, die dies nicht wahrnehmen (die Weisheit der Gleichheit). Die Dharmadhātu-Weisheit stellt den unendlichen Raum zur Verfügung, in dem ein solch ausgedehntes und tiefgründiges Wissen auftaucht und Mitgefühl mit entsprechend erleuchtetem Handeln möglich ist. Aufgrund all dieser Eigenschaften ist nichtgedankliche Weisheit der effektivste geistige Operationsmodus, der überhaupt möglich ist. Sie liegt all dem zugrunde, was aus der Perspektive derer, denen Nutzen zu bringen ist, als die mühelose, endlose und spontane Aktivität eines Buddha-Bereichs erscheint (alleserfüllende Weisheit).

Was die dritte Bedeutung von *Bhagavatī* angeht, so wird die Silbe *vān* in *Bhagavān* (der männliche Nominativ) als das »vāṇ« in »Nirvāṇa« interpretiert. In diesem Sinne hat *Bhagavatī* auch die Qualität von Transzendenz, insbesondere die Qualität, das nichtverweilende Nirvāṇa erlangt zu haben, also weder an Saṃsāra noch an einem begrenzten, persönlichen Nirvāṇa der Arhats festzuhalten. Wenn wir uns jedoch weder in dem einen noch dem anderen befinden, wo sind wir dann? Wir haben uns einfach komplett verlaufen … Im Ernst, Buddhas können überall sein, wo sie wollen, an so vielen Orten und in so vielen Formen, wie sie wollen, denn sie sind weder körperlich noch geistig an einen einzigen Ort gebunden. Arhats sind immer noch an einen Ort gebunden, sie können nicht in Saṃsāra zurückkehren, sondern stecken in ihrem persönlichen kleinen Nirvāṇa fest. Daher können sie nicht aktiv sein für andere Lebewesen, die noch immer in Saṃsāra sind, wohingegen Buddhas zu jeder Zeit ungehindert an jedem Ort in Saṃsāra oder Nirvāṇa erscheinen können. Daher ist das »nichtverweilende Nirvāṇa« nicht das klassische Nirvāṇa, bei dem es einzig und allein um Befreiung zu unserem eigenen Nutzen geht. Es ist viel mehr als das, weil Buddhas nicht nur frei von Saṃsāra sind, sondern auch zum Wohl der Lebewesen aktiv sind. Sie ziehen sich nicht zurück und genießen die Auszahlung ihrer Rentenversicherung.

Diese drei Bedeutungen von *Bhagavatī* – alle Verschleierungen zu zerstören, mit allen Qualitäten versehen zu sein und über Saṃsāra und Nirvāṇa hinauszugehen – machen auch die tibetische Übersetzung (*tschomdende*) dieses Ausdrucks aus. Die beiden Verschleierungen zu überwinden ist die Qualität des Aufgegebenhabens. Die Weisheit des Dharmakāya zu besitzen ist die Qualität der Erkenntnis. Die Qualität der Transzendenz bedeutet, jenseits von Saṃsāra und Nirvāṇa zu sein, aber dennoch überall in ihnen erscheinen zu können, ohne von ihnen berührt zu werden.

Das Herz der Mutter aller Buddhas

Das nächste Wort im Titel ist *hṛdaya*, was sowohl in einem physischen als auch in einem metaphorischen Sinne »Herz« bedeutet, wie auch die Mitte, den Kern oder das Wesen von etwas – also den besten, meist geschätzten oder geheimsten Teil einer Sache. Wir können also sagen, dass dieses Sūtra das Herz der Prajñāpāramitā-Sūtren ist, die dann mit dem übrigen Körper vergleichbar sind. Es ist der wahre Kern der Prajñāpāramitā-Lehren, der Lehren über die Leerheit. Das Herz-Sūtra ist die Herz-Essenz oder die Quintessenz aller Prajñāpāramitā-Sūtren, weil es ihre Botschaft in der destilliertesten Form enthält. Es lehrt die wesentliche Bedeutung dieser Sūtren in einer kurzen, sehr direkten, aber gleichzeitig auch erschöpfenden Art und Weise. Es wird nichts ausgelassen – was die Essenz angeht, werden wir in den längeren Prajñāpāramitā-Sūtren nichts finden, was nicht auch im Herz-Sūtra enthalten ist. Daher ist das Herz-Sūtra wie das Herz in unserem Körper, das sich in seinem Zentrum befindet und als wichtigstes Organ den gesamten Körper am Leben und Funktionieren hält. In Asien heißt es vom Herzen auch, dass in ihm der Geist angesiedelt ist (nicht wie im Westen im Gehirn). Demzufolge befinden sich im Herz sowohl unser Geist als auch unsere Emotionen – es ist das eigentliche Zentrum unserer Existenz. In diesem Sinne ist das Herz-Sūtra die eigentliche Essenz oder der eigentliche Kern von allem, was der Buddha lehrte.

Von den anderen Prajñāpāramitā-Sūtren wird gesagt, dass das Sūtra in einhunderttausend Zeilen dem Rumpf gleicht, die in fünfundzwanzigtausend und achtzehntausend Zeilen den Beinen, die in zehntausend und achttausend Zeilen den Armen, das in zweitausendfünfhundert Zeilen dem Kopf, die Verse des *Prajñāpāramitāsaṃcayagāthā* dem Mund, das Diamantschneider-Sūtra dem Gehirn, die übrigen den Füßen, Händen, Zehen und Fingern und das in einem einzigen Buchstaben einem einzelnen Körperhaar.

Der Prolog

Der eigentliche Text des Sūtra fängt mit dem Prolog (oder dem Rahmen) an, beginnend mit den Worten:

Folgendes habe ich gehört

Dies ist der Standardsatz, mit dem jedes Sūtra beginnt; es ist die einleitende Bemerkung desjenigen, der das Sūtra aufzeichnete, nachdem er es persönlich gehört hatte. Die Worte des Buddha wurden hunderte von Jahren nicht niedergeschrieben, sondern nur mündlich weitergegeben. Im Zeitalter der Multimedien, in dem alles in digitaler Form oder gedruckt aufgezeichnet wird, mag das merkwürdig und unzuverlässig klingen, aber die mündliche Übertragung von Wissen über viele Generationen hinweg war, und ist manchmal noch immer, ein weit verbreitetes Phänomen in vielen Gesellschaften und Kulturen rund um den Globus, selbst nach dem Aufkommen der Schrift. In Indien wurden die Veden zum Beispiel über tausende von Jahren überhaupt nicht niedergeschrieben, sondern mündlich vom Lehrer an den Schüler weitergegeben. Menschen hatten damals nicht nur ein besseres Gedächtnis, sondern sie besaßen unglaublich ausgeklügelte und komplexe Merktechniken. Zum Beispiel prägten sich die Schüler, selbst nachdem die Veden niedergeschrieben worden waren, eine Seite nicht nur Zeile für Zeile von oben nach unten ein, sondern auch rückwärts, von unten nach oben und sogar diagonal. Zu diesem Zweck schrieben sie die Worte in Tabellen mit kleinen Kästchen, fast wie in einem Kreuzworträtsel, sodass sie sie aus jeder Richtung lernen konnten. Das Resultat war eine perfekte Erinnerung der gesamten Seite. Selbst wenn sie ein Wort vergaßen, konnten sie es doch immer wieder auf einem dieser Erinnerungswege wiederfinden. Durch mündliche Überlieferung wurde die Tradition viele tausend Jahre lang erhalten. Somit war das zumindest in Indien nichts Besonderes, sondern völlig normal.

Was die Worte des Buddha betrifft, so pflegten seine Anhänger nach seinem Tod zu bestimmten Zeiten zu Konzilen zusammenzukommen, auf denen die führenden Arhats, die als Experten auf einem bestimmten Gebiet der Lehren des Buddha angesehen wurden, das rezitierten, woran sie sich erinnerten. Die anderen hörten zu und ergriffen gelegentlich das Wort, wenn sie etwas anders erinnerten, und schließlich einigten sich die Anwesenden auf eine offizielle Version. Einer der wichtigsten Arhats, dem die Worte des Buddha anvertraut worden waren und der sich an viele von ihnen erinnerte, war Ānanda, der langjährige Diener des Buddha. Insbesondere heißt es, dass Ānanda derjenige war, dem der Buddha die Bewahrung der Prajñāpāramitā-Sūtren anvertraut hatte. Somit ist der Satz »Folgendes habe ich gehört« ein Hinweis darauf, dass der Sprecher eines Sūtra (wie etwa Ānanda) sagt: »Dies ist das, was ich vom Buddha gehört habe und euch hiermit weitergebe.« Auf diese Art und Weise wurden die Worte des Buddha von einer Person an die andere weitergegeben. Als die Lehren schließlich niedergeschrieben wurden, wurde der Satz »Folgendes habe ich gehört« am Anfang jedes Sūtra beibehalten, um diesen Prozess einer ungebrochenen Überlieferungslinie anzuzeigen.

Die vorzügliche Zeit

Es heißt, dass die Einleitung des Herz-Sūtra »fünf Vorzüglichkeiten« lehrt, die die Zeit, den Lehrer, den Ort, das Gefolge und die Unterweisungen betreffen. »Folgendes habe ich gehört. Einst ...« zeigt die vorzügliche Zeit an. Das ist offensichtlich nicht sehr spezifisch. Die Kommentare besagen, dass sich »Zeit« hier auf den Moment bezieht, an dem die Tugenden im Geist der Zuhörenden soweit gereift waren, dass es dem Buddha möglich war, diese Unterweisungen zu geben. Es gibt durchaus unterschiedliche Auffassungen darüber, wann die Prajñāpāramitā-Sūtren gelehrt wurden. Es wird oft gesagt, dass sie alle gleichzeitig gelehrt wurden, aber dass verschiedene Personen in der Zuhörerschaft unterschiedliche Versionen hörten, wie etwa die in einhunderttausend, fünfundzwanzigtausend oder achttausend Zeilen usw. Andere behaupten, dass einige dieser Sūtren zur gleichen Zeit gelehrt wurden und andere nicht. Einige Kommentatoren sind sogar der Ansicht, dass alle Prajñāpāramitā-Sūtren in einem einzigen Moment gelehrt wurden. Darüber hinaus können wir in den längeren Sūtren erkennen, dass, genau wie heute während eines längeren Lehrkurses, immer neue Personen zur Zuhörerschaft dazukamen. Zum Beispiel begann der Buddha für die ursprüngliche Zuhörerschaft, die aus Menschen bestanden haben mag, zu lehren, aber dann fanden sich plötzlich bestimmte Götter ein, die auch zuhören wollten. Also fing der Buddha im Grunde nochmal ganz von vorne an, aber in einem unterschiedlichen Stil, indem er das gleiche Thema von einem unterschiedlichen Blickwinkel aus erläuterte.

Auf Sanskrit heißt »Folgendes habe ich gehört« *evaṃ mayā śrutam*. Das Wort *evam* ist auf allen Ebenen der buddhistischen Lehren sehr wichtig. Wörtlich bedeutet es nur »so«. Es heißt aber, dass seine zwei Silben *e* und *vam* die Wurzelsilben aller Lehren des Buddha repräsentieren. Sie sind sozusagen die Eltern aller Buchstaben in den Sūtren, das heißt, der Vater und die Mutter all der vierundachtzigtausend Dharmas, die der Buddha lehrte. Es heißt auch, dass *e* und *vam* Prajñā bzw. Geschick in den Mitteln repräsentieren. Anders gesagt: *e* steht für Leerheit und *vam* für Mitgefühl, welche aus dem Gesichtspunkt des Mahāyāna die beiden Hauptprinzipien sind, die alle Lehren des Buddha zusammenfassen.

Der vorzügliche Lehrer

Der vorzügliche Lehrer des Herz-Sūtra*s* ist

der Bhagavān

Der Lehrer ist hier nicht ein gewöhnlicher Vortragender oder Dozent, sondern Buddha Śākyamuni, ein vollkommen erwachtes Wesen, das alle Qualitäten besitzt, die im Hinblick auf die Bhagavatī Prajñāpāramitā bereits erläutert wurden – alle Verschleierungen aufgegeben haben, mit den fünf Weisheiten versehen sein und Saṃsāra und Nirvāṇa transzendiert haben.

Frage: Die Lehren über die Pfade und Bhūmis haben die Tendenz, sehr detailliert zu sein. Es ist mir nie klar geworden, ob alle diese Lehren tatsächlich irgendwo in den Sūtren enthalten sind oder ob sie der Fantasie der Kommentatoren entspringen.
KB: Das ist eine interessante Frage. Ich würde sagen, es hängt von Ihrer Sichtweise ab. Vieles, was wir in den Kommentaren zu den Pfaden und Bhūmis finden, steht nicht explizit in den Sūtren. Die Prajñāpāramitā-Sūtren haben zum Beispiel unterschiedliche Namen für einige der fünf Pfade, und die Namen der zehn Bhūmis werden in keinem dieser Sūtren erwähnt oder beschrieben. Es gibt in diesen Sūtren auch keine systematische Beschreibung der fünf Pfade in ihrer üblichen Reihenfolge, beginnend mit dem Pfad der Ansammlung. Es gibt hier und da kürzere Passagen in den Sūtren, die von den Kommentatoren für Beschreibungen dieser Pfade gehalten werden. Manchmal nehmen sie bloß ein einziges Wort in einem Sūtra zum Anlass und sagen, dass dies zum Beispiel den Pfad des Sehens beschreibt, was jemand wie ich niemals erraten hätte. Bei einem oberflächlichen Lesen der Prajñāpāramitā-Sūtren oder vom Gesichtspunkt eines gewöhnlichen Wesens aus könnten wir also sagen, dass es die Kommentatoren waren, die sich vieles über die Pfade

und Bhūmis, die diese Sūtren angeblich enthalten, einfach ausgedacht haben. Auf der anderen Seite hängt unsere Anschauung aber auch davon ab, wie tief wir die Bedeutung dessen verstehen, was der Buddha zu jener Zeit lehrte und worauf er sich implizit oder in einer verborgenen Weise bezog, was dann wiederum unterschiedliche Dinge im Geist verschiedener Leute ausgelöst haben mag. Natürlich ist es nicht so, dass der Buddha niemals die fünf Pfade, die zehn Bhūmis usw. gelehrt hat, schließlich gibt es dazu viele Passagen in anderen Sūtren, aber in den Prajñāpāramitā-Sūtren selbst ist das Thema Pfade und Bhūmis ganz und gar nicht offensichtlich.

Aus diesem Grund wird dieses Thema auch »die verborgene Bedeutung« der Prajñāpāramitā-Sūtren genannt; dem widmet sich auch Maitreya mit seinem *Schmuck der klaren Erkenntnis*, dessen Bedeutung zwar immer noch ziemlich verborgen ist, aber zumindest ist er ein wenig klarer, was die tatsächlichen Pfade und Bhūmis betrifft. Maitreya führt für gewöhnlich nur bestimmte Schlüsselstellen aus den Sūtren an, sodass wir immer noch die Kommentare brauchen, um die genaue Bedeutung und die vollständigen Implikationen dieser Stellen zu verstehen. Viele Abschnitte im *Schmuck der klaren Erkenntnis* sind ganz und gar nicht einfach verständlich. Oft führt der Text lediglich ein Wort aus fünfzig oder hundert Seiten in den Sūtren an, und das nächste Wort findet man nochmals fünfzig oder hundert Seiten weiter. Somit ist der Text eher so etwas wie ein äußerst verdichteter Auszug, etwa wie *Reader's Digest*, im Hinblick auf die

Prajñāpāramitā-Sūtren. Natürlich, wenn wir ihn als eigenständiges Werk zu lesen versuchen, ohne die Sūtren heranzuziehen, macht er keinerlei Sinn; wir brauchen also sowohl die Sūtren als auch die Kommentare, um zu verstehen, was er sagen will. Aber dann gibt es auch noch ganz unterschiedliche Interpretationen in unterschiedlichen Kommentaren, wobei einige sogar das Gegenteil von anderen sagen. Wir können also sehen, dass das gesamte Projekt, die fünf Pfade und die zehn Bhūmis vor uns auszubreiten, sehr fließend und flüchtig ist. Dies ist in sich selbst natürlich eine vorzügliche Unterweisung über Leerheit, die wir ja schließlich auf diesen Pfaden und Bhūmis erkennen sollen. Mit anderen Worten, wir sollten alle diese Beschreibungen von Pfaden und Bhūmis nicht verfestigen oder sie in dem Sinn zu ernst nehmen, dass sie nur so und nicht anders sind. Sonst sind wir wieder da, wo wir angefangen haben – wir ersetzen unser Festgefahrensein in unseren gewöhnlichen und verschlungenen saṃsārischen Pfaden und Bhūmis mit dem Festgefahrensein in einem gleichermaßen starren Modell von Pfaden und Bhūmis, die uns angeblich von den ersteren befreien. Die Unterweisungen darüber, wie die Leerheit zu erkennen ist, sind dazu gedacht, unseren Geist flexibler, offener, geräumiger und entspannter zu machen und unsere verfestigten Vorstellungen aufzubrechen; sie wurden nicht erfunden, um uns noch mehr Kopfzerbrechen zu bereiten.

Frage: Könnten Sie über den Gebrauch eines Mantra wie das Prajñāpāramitā-Mantra sprechen und wie das Rezitieren von *OṂ GATE GATE PĀRAGATE PĀRASAṂGATE BODHI SVĀHĀ* in der Meditation eingesetzt werden kann?

KB: Das Mantra ist im Grunde das Herz des Herz-Sūtra, und es heißt, dass seine gesamte Bedeutung in diesem Mantra verdichtet ist. Wenn wir das Mantra rezitieren, spielen wir das Herz-Sūtra in einer sehr kurzen Form sozusagen nochmals ab. Es heißt auch, dass das Mantra die fünf Pfade widerspiegelt, aber auf diese Details werden wir später zu sprechen kommen. Rezitieren wir das Mantra, so bietet es unserem Geist im Wesentlichen einen Konzentrationspunkt im Hinblick auf die Leerheit. Wörtlich bedeutet es so etwas wie: »Gegangen, gegangen, darüber hinausgegangen, völlig darüber hinausgegangen, möge da Erleuchtung sein.« Es heißt manchmal, dass Avalokiteśvara dieses Mantra zum ersten Mal am Ende seiner Antwort auf Śāriputra in diesem Sūtra von sich gab; es war also der Augenblick, als er vollkommen losließ. Er stürzte sich von der Klippe, er war gegangen, darüber hinausgegangen, völlig über irgendwelche Bezugspunkte hinausgegangen, indem er von allem, was wir kennen und sind, losgelassen hatte. In diesem Sinn ist das Mantra nicht nur eine Erinnerung an dieses Loslassen, sondern in der Tat ein Tor für uns, um uns mit dieser Erfahrung des völligen Loslassens zu verbinden und, wie Milarepa es in einem seiner Lieder sagt, »dahin zu gehen, wohin kein Geist geht«. Somit ist der erste Teil des Mantra wie der Pfad und *BODHI SVĀHĀ* ist das Ergebnis. Ganz grundsätzlich können wir sagen, dass das Mantra eine Erinnerung und eine freundliche Ermunterung dazu ist, loszulassen (im Gegensatz zu anderen Ermunterungen, die nicht so freundlich sein mögen).

Der vorzügliche Ort

Unter den fünf Vorzüglichkeiten ist die dritte der vorzügliche Ort, nämlich

auf dem Geierscharberg nahe Rājagṛha

Die meisten Übersetzungen des Herz-Sūtra geben die Sanskrit-Worte *gridhrakūṭa parvata* als »Geiergipfelberg« wieder. *Kūṭa* kann jedoch sowohl »Gipfel« als auch »Schar« bedeuten. Die Kommentare erklären für gewöhnlich, dass es sich auf Letzteres bezieht, was sich auch in der tibetischen Übersetzung widerspiegelt, welche das Wort »Haufen« oder »Gruppe« (*phungpo*) statt »Gipfel« verwendet. Somit bezeichnet *gridhrakūṭa* eine Schar von Geiern. Einigen Kommentaren zufolge erhielt der Berg seinen Namen von der Gestalt seiner Felsformationen, die einer dichtgedrängten Schar von Geiern ähneln, was man dort in der Tat sehen kann. Andere besagen, dass der gesamte Berg wie ein Geier aussehe. Wieder andere vertreten, dass der Name von den Geierscharen herrühre, die gewöhnlich auf der Spitze dieses Berges landen und tatsächlich Wesen sind, die die Leerheit verstehen. Schließlich gibt es auch die Ansicht, dass der Name daher kommt, dass Geier den Berg, auf dem viele von ihnen sich von Leichen ernähren, beschützen. Eine weitere Erklärung ist, dass ein Dämon, als der Buddha dort lehrte, dessen Roben in der Form eines Geiers weggeschnappt und dann auf den Berg fallengelassen habe, wo sie sich in vier übereinander liegende Steinflächen verwandelten. Ganz gleich, welche dieser Interpretationen wir vorziehen, der Ort, an dem alle Prajñāpāramitā-Sūtren gelehrt wurden, wird als ein besonderer angesehen.

Das vorzügliche Gefolge

Viertens, das vorzügliche Gefolge besteht aus

> *einer großen Gemeinde vollordinierter Mönche und einer großen Gemeinde Bodhisattvas*

Wie wir aus dem Epilog des Herz-Sūtra ersehen können, wies die Zuhörerschaft sehr viele Wesen auf, Götter, Halbgötter und alle möglichen Elfen, sodass also die beiden Gruppen von Saṅgha, die hier explizit erwähnt werden, auf die bedeutendsten Personen in der Zuhörerschaft hindeuten. »Eine große Gemeinde vollordinierter Mönche (*bhikṣus*)« bezieht sich hier auf den gesamten ordinierten Saṅgha des ursprünglichen Buddhismus, das heißt, Novizen, Novizinnen und vollordinierte Mönche und Nonnen. »Eine große Gemeinde Bodhisattvas« wird nicht nur deshalb gesondert erwähnt, um den Saṅgha der Anhänger des Mahāyāna abzugrenzen, sondern auch, weil Bodhisattvas entweder ein Ordensdasein führen können oder nicht, und wie wir aus den Sūtren erfahren, sind viele unter ihnen in der Tat Laienpraktizierende. Was den ursprünglichen Buddhismus betrifft, so wurde das Ordensdasein stark als das Ideal des buddhistischen Praktizierenden betont. Es heißt immer ganz klar, dass wir nicht angemessen praktizieren können, solange wir kein Ordensdasein führen. Die Rolle der Laienbuddhisten besteht primär darin, Freigebigkeit gegenüber der Ordensgemeinschaft zu praktizieren, was immer noch der traditionelle Rahmen in asiatischen buddhistischen Ländern ist. Im Gegensatz dazu ist im Mahāyāna der Bodhisattva-Pfad für jeden offen und kann sowohl von Ordinierten als auch Nichtordinierten praktiziert werden, egal, ob sie männlich oder weiblich sind. Ursprünglich wurde das Ordensdasein in den Mahāyāna-Lehren nicht so stark betont, aber das änderte sich später.

Somit besteht die menschliche Zuhörerschaft des Herz-Sūtra aus den Saṅghas der Śrāvakas, Pratyekabuddhas und Bodhisattvas. Die Śrāvakas werden »Hörer« genannt, weil sie die Lehren vom Buddha oder anderen Lehrern hören und sie dann wiederum anderen verkünden und somit auch diese die Worte des Buddha hören lassen. Pratyekabuddhas sind »einsame Buddhas« oder »Selfmade-Buddhas«, weil sie ihre Einsichten ohne einen Lehrer erlangen. Während einer Periode von einhundert Äonen stützen sie sich auf Lehrer und hören ihren Unterweisungen zu, wobei sie in der gleichen Weise wie die Śrāvakas studieren und praktizieren. In ihrem letzten Leben aber, in dem sie die Arhatschaft eines Pratyekabuddhas erlangen, werden sie aufgrund ihrer vorherigen Wunschgebete in einer Situation geboren, in der es keine Buddhas gibt. An diesem Punkt haben sie keine Lehrer, aber aufgrund ihres früheren Trainings löst das Sehen eines Knochens oder eines Skeletts sofort die ganze Kette der zwölf Glieder des Abhängigen Entstehens in umgekehrter Reihenfolge in ihnen aus. Das heißt, beim Anblick eines Knochens denken sie sofort: »Oh ja, der kommt vom Tod, und der Tod kommt vom Altern, welches der Geburt entstammt, was wiederum von Werden und Ergreifen herrührt usw.« Auf diese Weise gehen sie rückwärts durch die zwölf Glieder bis hin zur Unwissenheit. Somit besteht ihre Hauptmeditation aus den zwölf Gliedern des Abhängigen Entstehens. Es gibt zwei Arten von Pratyekabuddhas. Die »Nashorngleichen« bevorzugen es, allein zu bleiben und alleine zu praktizieren; sie sind die typischen einsamen Buddhas, die mit niemandem Umgang pflegen. Die zweiten sind von der »Papageien«-Art und praktizieren gemeinsam in kleinen Gruppen in Wäldern und an anderen einsamen Orten. Pratyekabuddhas lehren normalerweise nicht durch Worte, sondern indem sie Wundertaten bewirken, die in anderen Personen Inspiration für den Dharma auslösen.

Bodhisattvas sind diejenigen, die die Mahāyāna-Lehren des Buddha praktizieren. Wenn wir das Wort Bodhisattva zerlegen, bedeutet *bodhi* »Erleuchtung«, »Erkenntnis« oder »Erwachen« und *sattva* kann »Wesen«, »Geist« oder »mutig« bedeuten. Daher werden Bodhisattvas auch hin und wieder als »Erleuchtungshelden oder -krieger« bezeichnet. Kurzum, Bodhisattvas sind Wesen, die nach Erleuchtung streben oder Erleuchtung im Sinn haben, indem sie Bodhicitta, den Erleuchtungsgeist, erzeugen. Wir könnten auch sagen, dass sie diejenigen sind, die den Mut haben, nach Erleuchtung zu streben. Warum brauchen sie dafür Mut? Bodhisattvas haben keine Angst vor drei Dingen – die unendliche Zahl der Lebewesen, die sie zur Erleuchtung führen sollen (da sie ja das Bodhisattva-Gelübde abgelegt haben), die unendliche Zeit, die nötig ist, um sie zur Erleuchtung zu bringen, und die unendlichen Mühen, die sie bewältigen müssen, um all das zu tun (sowohl selbst Buddhas zu werden als auch mit anderen, oftmals schwierigen, Lebewesen zu arbeiten). Wie wir alle wissen, ist es nicht immer ein Zuckerschlecken, wenn wir versuchen, Menschen zu helfen.

In den Einleitungen der längeren Prajñāpāramitā-Sūtren gibt es gewöhnlich ausführlichere Beschreibungen des Rahmens; es werden zum Beispiel alle Qualitäten, die die anwesenden Śrāvakas, Pratyekabuddhas und Bodhisattvas besitzen, beschrieben. Diese Sūtren handeln auch ausführlich davon, was der Buddha tat, bevor er tatsächlich verbal zu lehren begann, und beschreiben seine Wunderkräfte (Licht durch das Universum strahlen zu lassen usw.). Uns müssen diese Beschreibungen aber hier nicht kümmern, weil es um das Herz-Sūtra geht.

Die vorzügliche Lehre

Fünftens, die vorzügliche Lehre wird im speziellen Prolog des Herz-Sūtra umrissen. Die übliche Einleitung, die – in mehr oder weniger großem Detail – allen Prajñāpāramitā-Sūtren gemeinsam ist, endet mit »einer großen Gemeinde

Bodhisattvas«. Der nächste Satz identifiziert die vorzügliche Lehre:

Zu jener Zeit war der Bhagavān vertieft in die meditative Versenkung der Aufzählung der Phänomene, die »Das Aufscheinen des Tiefgründigen« genannt wird.

Der Buddha trat in diesen speziellen Samādhi ein, und aus diesem Meditationszustand heraus oder vor diesem Inspirationshintergrund entfaltet sich das gesamte Herz-Sūtra. Somit kommen die Unterweisungen des Sūtra direkt aus dem Geist des meditierenden Buddha. Was »die meditative Versenkung der Aufzählung der Phänomene, die ›Das Aufscheinen des Tiefgründigen‹ genannt wird« angeht, stellen die meisten Kommentare klar, dass unter den vielen verschiedenen Bedeutungen von »Dharma« der Ausdruck hier nicht im Sinn der Lehre des Buddha verwendet wird, sondern sich auf die Phänomene bezieht.

Das Wort Dharma kommt von der Wurzel *dhṛ* (»halten«). Konventionell gesprochen ist ein Phänomen somit das, was seine eigene Natur hält oder in sich trägt. Die Natur von Feuer zum Beispiel besteht darin, heiß und brennend zu sein. Das ist es, was wir ein Phänomen nennen – etwas, das eine Natur in sich trägt, die verschieden von der anderer Phänomene ist. »Aufzählungen« bezieht sich auf die verschiedenen Arten von Phänomenen, nämlich die wohlbekannten buddhistischen Kategorien der Skandhas, *dhātus*, *āyatanas* usw. (siehe weiter unten für deren Details).

Was bedeutet »das Aufscheinen des Tiefgründigen«? Es

kann viele unterschiedliche Dinge bedeuten, je nachdem, wie wir die Sanskrit-Worte *gambhīrāvasaṃbodha* oder *gambhīrāvabhāsa* in verschiedenen Versionen des Sūtra lesen. *Gambhīra* bedeutet »tiefgründig«. *Avasaṃbodha* bedeutet »perfektes Wissen oder Verständnis«, »Erwachen«, »wahrnehmen«, »beobachten« und »erkennen«, während *avabhāsa* »Licht«, »Erscheinung«, »Manifestation« und »Sehen« bedeutet (was der tibetischen Übersetzung *nangwa* entspricht). Somit bezieht sich dieser Samādhi auf die Wahrnehmung oder Erhellung dessen, was tiefgründig ist – es ist nicht so sehr, dass die Wahrnehmung oder Erhellung selbst tiefgründig ist, sondern das, was wahrgenommen oder erhellt wird, nämlich die Leerheit, die tiefgründige Natur der Phänomene. Die Wahrnehmung in diesem Samādhi besteht aus der nichtgedanklichen, nichtdualen Weisheit, die die tiefgründige Leerheit erkennt. Diese Weisheit ist die einzige Art von Wahrnehmung, der etwas so Tiefgründiges und schwer zu Erkennendes wie die Leerheit tatsächlich in einer unmittelbaren Art und Weise erscheinen kann. Es ist zum Beispiel nicht schwierig, dass die Spiegelbilder der Sonne, des Mondes und der Sterne in einem See erscheinen, aber es ist schwierig, dass die Totalität des Raumes bis hin zu seinen äußersten Grenzen sich in diesem See spiegelt. Ebenso ist es leicht, die Phänomene der konventionellen Wirklichkeit wahrzunehmen, aber es ist schwierig, die letztendliche Wirklichkeit, also die Leerheit, wahrzunehmen.

Wie nichtgedankliche Weisheit die Leerheit erhellt, wird in einem Kommentar durch das Beispiel von Luft, die in ein Feuer geblasen wird, veranschaulicht. Das Feuer lodert dadurch heller, erleuchtet so Dinge und lässt sie somit klar sichtbar werden. Dementsprechend ist dieser Samādhi, als würde Luft in das Feuer von Prajñā geblasen, was die Leerheit für die Zuhörerschaft wahrnehmbar macht. Durch die Kraft dieses Samādhi erlangt die Zuhörerschaft zumindest einen flüchtigen Blick darauf, was Leerheit ist. Eine andere Art und Weise, dies zu verstehen, ist, dass das tiefgründige Licht dieses Samādhi die Dunkelheit der Unwissenheit erhellt. Dieser Samādhi erhellt oder nimmt all die verschiedenen Arten von Phänomenen, die in den buddhistischen Lehren dargestellt werden, dadurch wahr, dass er das erhellt oder wahrnimmt, was tiefgründig an ihnen ist, nämlich die Leerheit. Das heißt, dass diese Phänomene selbst als trugbildgleich erhellt oder wahrgenommen werden – sie erscheinen zwar, sind aber letztendlich unauffindbar und unwirklich.

Ein Kommentar führt an, dass sich die beiden Ausdrücke »Wahrnehmung des Tiefgründigen« (das heißt, die tiefgründige Leerheit wahrnehmen) und »Aufzählung der Phänomene« (das heißt, alle Arten der Phänomene wahrnehmen) auf die zwei Arten von Buddha-Weisheit beziehen. Der erste Ausdruck repräsentiert »die Weisheit der Soheit«, die erkennt, wie die Dinge wahrhaft sind. Der letztere ist »die Weisheit der Vielfalt«, in der alle Phänomene in den unterschiedlichen Arten und Weisen ihres Erscheinens und ihrer Interaktionen wahrgenommen werden. Diese zwei Arten von Weisheit versetzen Buddhas in die Lage, nicht nur die tatsächliche letztendliche Natur aller Phänomene zu kennen, sondern auch mit den komplexen und verwirrten Welten der Lebewesen umzugehen. Ruhten Buddhas die ganze Zeit nur in der Einsicht, wie die Dinge wahrhaft sind, wäre es unmöglich für sie, irgendeine Verbindung mit verwirrten Lebewesen, die zwar Phänomene wahrnehmen, aber nicht, wie die Dinge wahrhaft sind, aufzunehmen oder mit ihnen zu interagieren. Wie das Herz-Sūtra sagt: »In der Leerheit existiert keine Form, kein Gefühl …« Nähmen die Buddhas lediglich diese Leerheit ohne irgendwelche Formen usw. wahr, wie sollten sie dann mit Lebewesen in Interaktion treten können, die Formen und Gefühle usw. haben, diese wahrnehmen und daran anhaften?

Es heißt jedoch, dass »die Weisheit der Vielfalt« sich nicht darauf bezieht, was Buddhas tatsächlich aus der Perspektive ihres eigenen Geistes wahrnehmen, weil alle ihre Verschleierungen – gewöhnliche Phänomene wie etwa die Skandhas, Dhātus und Āyatanas – verschwunden sind. Vielmehr ähnelt diese Weisheit ein bisschen dem, was wir auf einem Fernsehschirm sehen. Wir können sehr weit entfernte Orte wie etwa Afghanistan klar auf diesem Schirm sehen und wir können erkennen, was dort vor sich geht, wenn wir uns die Nachrichten ansehen (nicht CNN oder Fox »News«, sondern echte Nachrichten, wie etwa die britische BBC). Aber wenn wir sehen, was zum Beispiel im Krieg in Afghanistan passiert, bedeutet das nicht, dass wir tatsächlich selbst mitten in diesem Krieg sind und ihn mit all seinen Gräueltaten erleben – wir werden weder erschossen noch zerbombt, wenn wir uns diesen Krieg im Fernsehen anschauen. Trotzdem können wir alle Details dessen, was dort geschieht, sehen, wir reagieren gefühlsmäßig auf sie (idealerweise mit Mitgefühl für alle Opfer wie auch für die Angreifer) und wir können auch etwas dagegen unternehmen (etwa Geld an »Ärzte ohne Grenzen« senden und Petitionen gegen diesen Krieg unterschreiben).

In diesem »Samādhi der Wahrnehmung des Tiefgründigen« geht der Buddha ganz in der Natur des Geistes, die auch als Buddha-Natur bekannt ist, auf oder ruht in ihr. Die Kraft dieses Samādhi hat insofern einen Effekt auf die Zuhörerschaft, als der Buddha die Energie seiner eigenen Buddha-Natur anfacht, damit sie zu den Zuhörern hinausstrahlt, was eine Reaktion in der Buddha-Natur aller Anwesenden auslöst. Um ein etwas simples Beispiel anzuführen: Wenn wir die Saite einer einzelnen Geige inmitten einer Ansammlung von Geigen anzupfen, werden die entsprechenden Saiten aller anderen Geigen auch mitschwingen, obwohl sie nicht einmal berührt werden. Hier spielt der Buddha sozusagen die vollständige Symphonie der Buddha-Natur, und die Buddha-Naturen aller Anwesenden in der Zuhörerschaft stimmen mit ein, so gut sie können.

Außerdem heißt es, dass der einzige Grund für den Buddha, in diesen Samādhi des Herz-Sūtra einzutreten, sein Mitgefühl war. Von seiner eigenen Seite gibt es für den Buddha keinerlei Veranlassung, in irgendeinen Samādhi einzutreten, weil Buddhas sowieso die ganze Zeit in der Natur der Phänomene ruhen. Für sie gibt es keine Trennung zwischen Meditation und Nicht-Meditation. Als der Buddha also in diesen Samādhi eintrat, geschah das im Grunde aus pädagogischen Zwecken, das heißt, um andere zu unterweisen. Dieser Samādhi bewirkt, dass der Geistesstrom der Zuhörer reift, sodass der »Inhalt« oder die erfahrungsmäßige Sphäre dieses Samādhi – die tiefgründige Natur der Phänomene – auch von ihnen wahrgenommen werden kann. Dieser Samādhi stellt eine unmittelbare und direkte Form der Übertragung von Geist zu Geist dar, was sich daran zeigt, dass Avalokiteśvara auch in Samādhi ist. Wir könnten somit sagen, dass es im Herz-Sūtra mindestens zwei Kommunikationsebenen gibt. Die offensichtlichere ist die, dass Śāriputra fragt und Avalokiteśvara antwortet, während der Rest der Zuhörer lauscht. Die letztendliche Energiequelle dieses Gesprächs ist jedoch der Samādhi des Buddha. Er ist das, was diesen Austausch im Geist der Zuhörer tatsächlich zum Leben erweckt. Was Śāriputra fragt und was Avalokiteśvara antwortet, ist daher nichts weiter als der natürliche Ausfluss oder der natürliche Widerhall dieses Samādhi. Ihr Dialog ist das geschickte Mittel, aber seine Quelle ist der Geist Buddhas. Um ein anderes einfaches Bild zu gebrauchen: Avalokiteśvara ist wie ein Radio und sein Eintreten in Samādhi ist, als würde der Stecker in die Steckdose gesteckt, während der Samādhi des Buddha der Sendung eines Nachrichtensprechers entspricht. Mit Hilfe der Sendung und dem eingesteckten Radio kann sich die Zuhörerschaft das anhören, was der Nachrichtensprecher sagt.

Das bringt uns zu Avalokiteśvara und zu dem, was er tat, während der Buddha in Samādhi verweilte. Das Sūtra sagt:

> *Zur gleichen Zeit übte sich der Erhabene Avalokiteśvara, der Bodhisattva Mahāsattva, in der tiefgründigen Prajñāpāramitā und sah dabei das Folgende. Er sah die fünf Skandhas als leer von einer Eigennatur.*

Der Begünstigste dieses Samādhi des Buddha war also Avalokiteśvara, denn er war der Kraftquelle am nächsten. Als der Buddha in seinen Samādhi eintrat, stellte Avalokiteśvara seine Antenne darauf ein und sah, dass die fünf Skandhas leer von einer Eigennatur sind. Er sah im Grunde das, was der Buddha sah.

Wer ist diese Person Avalokiteśvara? Er war einer der acht führenden Bodhisattvas zur Zeit des Buddha und wird als die Verkörperung des Mitgefühls aller Buddhas angesehen, ebenso wie Mañjuśrī die Verkörperung ihrer Weisheit ist. Avalokiteśvara bedeutet wörtlich »der Mächtige (*īśvara*), der herabsieht (*avalokita*)«. Avalokiteśvara schaut nicht im negativen Sinne dieses Ausdrucks auf uns herab, sondern er blickt mit seinen äußerst mitfühlenden Augen von seinem Aufenthaltsort jenseits von Saṃsāra auf uns leidende Wesen in Saṃsāra herab. Sein Mitgefühl ist nicht gewöhnlich, sondern bezugspunktfrei, und umfasst alle Wesen in einer unvoreingenommenen Weise, was die höchste Form von Mitgefühl ist, die wir haben können.

Im Allgemeinen spricht der Buddhismus von drei Arten des Mitgefühls, wobei jede nachfolgende subtiler und gleichzeitig machtvoller als die vorhergehende ist. Die erste ist das Mitgefühl gewöhnlicher Wesen, wie wir es kennen, welches sich auf Lebewesen, die leiden, konzentriert. In diesem Mitgefühl gibt es das klare Gefühl eines Unterschieds zwischen jemandem, der Mitgefühl hat, jemandem, der das Objekt dieses Mitgefühls ist, und der geistigen Aktivität, Mitgefühl zu haben. Wir können diese Art des Mitgefühls durch die Techniken des Geistestrainings (*lojong*) weiterentwickeln, wie etwa *tonglen*, oder andere Methoden in der buddhistischen Tradition, die Mitgefühl in einer systematischen Art und Weise schulen. Dann wird es eine »strukturiertere« Form von Mitgefühl, eine Art der Meditation. Das wird »der Samādhi, sich auf die Lebewesen als diejenigen auszurichten, die nach Glück streben und frei von Leid sein möchten« genannt. An diesem Punkt sind wir uns nicht nur bewusst, dass es »da draußen« Lebewesen gibt, sondern uns ist auch sehr klar, dass sie trotz ihrer Suche nach nichts anderem als Glück tatsächlich leiden. Daher wünschen wir, dass sie frei von Leid sein mögen, was die buddhistische Definition von Mitgefühl ist. Natürlich ist diese Art des Mitgefühls immer noch grob und dualistisch, denn es gibt ein klares Gefühl der Trennung von Subjekt und Objekt und von Interaktion. Daran mag sogar etwas suspekt sein, wenn wir uns vielleicht als die bessere oder höherstehende Person fühlen, die Mitgefühl für diejenigen hat, die sich in einer schlimmen Lage befinden und die Empfänger unseres Mitgefühls sind.

Die zweite und tiefere Art des Mitgefühls ist »das Mitgefühl, das sich auf den Dharma konzentriert«. Dabei geht es darum, erkannt zu haben, dass den Lebewesen ein persönliches Selbst fehlt und wir uns dann auf sie als Wesen konzentrieren, die dadurch charakterisiert sind, dass sie kein wirkliches Selbst haben (was uns selbst einschließt). Diese Art des Mitgefühls konzentriert sich also auf die Lebewesen als verwirrte Wesen, die leiden, weil sie denken, dass sie ein Selbst hätten, wohingegen sie tatsächlich keines besitzen. Mitgefühl, das sich auf den Dharma konzentriert, bedeutet also, dass wir uns mehr auf die primäre Ursache des Leidens, nämlich Ego-Anhaftung, konzentrieren. Wir entwickeln Mitgefühl diesen Aspekt betreffend, weil wir erkannt haben, dass die Lebewesen aufgrund ihrer grundlegend verkehrten Wahrnehmung davon, wer sie sind und wie wahres Glück zu erlangen ist, unnötig leiden. Daher beinhaltet diese Art des Mitgefühls nicht nur den Wunsch, dass die Lebewesen frei von Leid sein mögen, sondern auch den Wunsch, dass sie frei werden von der Hauptursache des Leidens – dem Anhaften an einem Selbst.

Die dritte Art des Mitgefühls ist bezugspunktfreies Mitgefühl; es bedeutet, erkannt zu haben, dass den Lebewesen nicht nur ein persönliches Selbst fehlt, sondern dass sie insgesamt nicht wirklich existieren. Mit anderen Worten, dies ist das Mitgefühl, das auf der Erkenntnis der Leerheit aller Phänomene beruht, sodass wir uns also auf die Lebewesen als diejenigen konzentrieren, die durch ihren Mangel an wirklicher Existenz charakterisiert sind – sie sind lediglich trugbildhafte Erscheinungen. Auf den ersten Blick mag das in sich widersprüchlich klingen – wenn da niemand ist, auf wen konzentrieren wir uns dann und für wen haben wir Mitgefühl? Außerdem, wenn es natürlich auch niemanden gibt, der das Konzentrieren übernimmt oder Mitgefühl hat, worüber reden wir dann eigentlich? Obwohl große Bodhisattvas sehr deutlich sehen, dass es nirgendwo wirkliche Lebewesen oder Bodhisattvas gibt, so sehen die Lebewesen selbst dies nicht und leiden daher. Das Mitgefühl solcher Bodhisattvas rührt also wiederum daher zu sehen, dass die Lebewesen aufgrund einer verkehrten Wahrnehmung leiden. Diese ist sogar noch tiefgehender als diejenige der zweiten Kategorie von Mitgefühl, nämlich die verkehrte Wahrnehmung trugbildgleicher Lebewesen, dass sie und ihr Leiden wirklich existieren. Den Wesen fehlt nicht nur ein persönliches Selbst, sondern ihre Skandhas, an denen sie als »Ich« und »Mein« anhaften, existieren ebenfalls nicht. Daher ist die Erkenntnis der Ursache des Leidens hier sogar noch tiefgründiger – es gibt nichts, woran wir uns festhalten könnten, und jeder Versuch, an irgendetwas festzuhalten, ist genau das, was unser Leiden erzeugt. Wenn wir sehen, dass die Wesen leiden, weil sie dies nicht erkennen, führt dies zu einem allumfassenden aber nicht verfestigenden Mitgefühl als dem Wunsch, diese trugbildhaften Wesen von ihrem trugbildhaften Irrtum und all seinen trugbildhaften Konsequenzen zu befreien.

Die erste Art des Mitgefühls existiert offensichtlich in allen gewöhnlichen Wesen in mehr oder weniger starkem Maße. Man muss kein Buddhist sein, um diese Art des Mitgefühls zu haben – manchmal scheint es sogar zu helfen, kein Buddhist zu sein. Die zweite Art des Mitgefühls, sich auf den Dharma im Sinne der Einsicht in die Selbstlosigkeit der Lebewesen zu konzentrieren, existiert ab dem Pfad der Ansammlung der Śrāvakas. Sobald wir den Śrāvaka-Pfad betreten und ein gewisses Verständnis erlangen, dass die Wesen tatsächlich kein persönliches Selbst haben, wird unser Mitgefühl durch dieses Verständnis vertieft. Die dritte Art des Mitgefühls in ihrer eigentlichen Form existiert nur von der ersten Bhūmi der Bodhisattvas an, aber auf dem Mahāyāna-Pfad im Allgemeinen gibt es einen bloßen Anschein dieses Mitgefühls sogar bereits vor der ersten Bhūmi.

Bei der ersten Art des Mitgefühls nehmen wir an, dass die Lebewesen wirklich sind, dass wir wirklich sind und dass das Leiden wirklich ist, und wir wollen, dass diese wirklichen Lebewesen wirklich von wirklichem Leid frei sind; somit ist alles sehr ernst und schwer. Es ist nichts verkehrt an dieser Art des Mitgefühls – in der Tat ist sie für Anfänger auf dem Pfad sehr notwendig. Vom letztendlichen buddhistischen Gesichtspunkt aus ist dieses Mitgefühl jedoch sowohl in seiner Reichweite als auch in seiner Wirkung sehr begrenzt – es ist noch viel zu starr. Denn letztendlich ist die grundlegende Ursache des Leidens dieses große Missverständnis, Personen und Phänomene für etwas zu halten, was sie nicht sind. Es gibt keine wirklichen Personen und es gibt kein wirkliches Leid. Je besser wir das verstehen, desto mehr geistige Freiheit haben wir, und umgekehrt, je mehr wir uns selbst, andere Lebewesen und Leiden verfestigen, desto begrenzter ist unser Mitgefühl.

Für gewöhnlich denken wir, dass es genau andersherum ist – wir leiden wirklich und diese Menschen leiden wirklich, wir können es doch so intensiv spüren, es ist alles so schrecklich und deprimierend, und erst dann können wir anfangen, wirkliches Mitgefühl zu empfinden. Wir brauchen uns nur die täglichen Nachrichten mit einer Katastrophe nach der anderen anzusehen und sind dann vollkommen überwältigt von der anhaltenden Lawine weltweiten Leidens. Aber dann verdinglichen und verfestigen wir all das und es fehlt uns eine offenere Sicht der Dinge; es gibt keinen Raum in unserem Mitgefühl und es fühlt sich klaustrophobisch und schwer an. Gleichzeitig sollen wir im Mahāyāna unser Mitgefühl auch noch auf alle Lebewesen ausdehnen, nicht nur auf einige wenige. Aber wenn wir unser eigenes Leid und das Leid all dieser Wesen sehr ernst nehmen, ist es nicht sehr wahrscheinlich, dass wir unser Mitgefühl über eine Handvoll von Wesen hinaus ausdehnen können, weil ihr wirkliches Leiden zu überwältigend wird und wir es nicht ertragen können. Wenn wir an all das wirkliche und solide Leid all dieser wirklichen soliden Wesen denken, die unendlich in ihrer Zahl sind, ist es einfach zu viel. Unser Mitgefühl von ganzem Herzen auf alle Wesen auszuweiten und dennoch in der Lage zu sein, als Bodhisattva etwas dagegen zu unternehmen, funktioniert daher nur, wenn wir eine leichte Hand und viel innere Weite in unserer Herangehensweise haben. Daher müssen wir die Leerheit studieren, über sie nachdenken, über sie meditieren, sie erfahren und sie schließlich erkennen. Das ist der Grund, warum Bodhisattvas in der Lage sind, endlos in Saṃsāra zu bleiben, ohne davon im Geringsten beeinträchtigt zu werden. Halten wir uns selbst, andere Wesen und all ihr Leiden für wirklich existent, dann ist es total verrückt, überhaupt nur daran zu denken, das Bodhisattva-Gelübde abzulegen. Wie könnten wir als ein einzelnes, wirklich existentes Lebewesen jemals das wirklich existente Leid unzähliger, wirklich existenter Wesen beseitigen? Das ist eine mehr als entmutigende Aufgabe für ein einzelnes gewöhnliches Wesen, also muss sich hier etwas ändern, nämlich die Anschauung, die wir über dieses ganze Unterfangen haben.

Mitgefühl in Aktion

Der zweite Teil von Avalokiteśvaras Namen bedeutet »mächtig« (*īśvara*). Er ist mächtig, weil er wahrhaft fähig ist, das Leid der Wesen aufzulösen. Bodhisattvas sind nicht nur durch diese drei Arten des Mitgefühls äußerst motiviert, sondern sie sind auch in der Lage, ihr Mitgefühl in nutzbringende Handlungen zu verwandeln. Ikonographisch gibt es mehrere Formen von Avalokiteśvara, mit vier Armen und sogar eine mit tausend Armen und elf Köpfen. Das veranschaulicht, dass Avalokiteśvaras Mitgefühl nicht nur aus einem stillen Wunsch oder irgendwelchen guten Vorsätzen besteht (wie wir wissen, ist der Weg zur Hölle damit gepflastert), sondern dass es Mitgefühl in ständiger Aktion bedeutet.

Es gibt eine Geschichte darüber, als Avalokiteśvara einfach nur zwei Hände und einen Kopf hatte und er eifrig versuchte, die Höllenbereiche ganz alleine zu leeren, da er das

Bodhisattva-Gelübde sehr ernst nahm. Er arbeitete wie ein Verrückter, um die Höllenbereiche zu leeren, und schließlich, ob Sie es glauben oder nicht, hatte er tatsächlich Erfolg. Daraufhin drehte er sich für einen Augenblick um, um eine Pause einzulegen und tief durchzuatmen, aber als er sich umdrehte, waren die Höllenbereiche wieder so voll wie zu Anfang. An diesem Punkt bekam Avalokiteśvaras Bodhicitta einen kleinen Sprung und er hatte eine Motivationskrise. Da erschien ihm Amitābha und sagte: »Mach dir keine Sorgen, von jetzt an werde ich dir mehr Hände und Köpfe geben.« Er gab ihm eintausend Hände mit einem Auge in jeder Hand und auch zehn Köpfe mehr (Amitābhas eigener Kopf inbegriffen), damit er dann in der Lage wäre, mehr zu sehen und mehr zu tun und somit noch effektiver zu sein. Diese Geschichte zeigt, dass es in Anbetracht der unendlichen Zahl von Wesen sehr schwer ist, Saṃsāra jemals wirklich zu leeren. Trotzdem haben Bodhisattvas genau diese Motivation, aber sie sind nur dann fähig, sie wirklich durchzuhalten, wenn die Dinge nicht solide sind, denn sonst würden sie einfach nur verrückt oder ausgebrannte hilflose Helfer werden.

Natürlich heißt das nicht, dass das Bodhisattva-Gelübde und die Bodhisattva-Aktivität nur eine Art von Spiel sind, denn für die Lebewesen ist Leid kein Spiel, sondern etwas, um das man sich dringend kümmern muss. Dennoch ist die ganze Sache für Bodhisattvas viel unbeschwerter, weil sie die trugbildhafte Eigenschaft aller Dinge sehen. Das bedeutet auch, dass das Leid anderer Wesen Bodhisattvas nicht dazu bringt, selbst zu leiden, wohingegen wir gewöhnlich denken, dass wir nicht wirklich mitfühlend sind, wenn wir nicht zumindest ein bisschen mit denen, die wir leiden sehen, mitleiden. Wahres Mitgefühl bedeutet nicht, dass diejenigen, die Mitgefühl spüren, auch leiden müssen. In der Tat heißt es sogar, dass Bodhisattvas erfreut sind, wenn sie jemanden leiden sehen, denn dann haben sie eine Gelegenheit zu helfen. Das ist ganz einfach das, was sie am liebsten tun und die ganze Zeit tun wollen. Sie sind natürlich nicht über das Leid eines Wesens erfreut, sondern sie sind erfreut, weil sie etwas dagegen unternehmen wollen und auch tatsächlich dazu in der Lage sind. Das ähnelt ein bisschen dem, was eine erfahrene Ärztin, die ihre Arbeit wirklich liebt, im Gegensatz zu einer Person mit keinerlei medizinischer Ausbildung fühlt, wenn sie auf eine verletzte Person trifft. Die Ärztin ist erfreut und macht sich sofort daran, sich des Patienten anzunehmen, während sich die andere Person höchstwahrscheinlich von dem Anblick und der Aufgabe überwältigt fühlt und sogar ausflippen oder ohnmächtig werden könnte.

Im Sūtra wird Avalokiteśvara auch als »erhaben« bezeichnet. Im Buddhismus bezieht sich das auf Personen, die sich innerhalb der fünf Pfade auf dem Pfad des Sehens und darüber befinden. Das heißt, alle Śrāvakas, Pratyekabuddhas und Bodhisattvas auf ihren jeweiligen Pfaden des Sehens und darüber werden »Erhabene« genannt, weil sie die wahre Wirklichkeit direkt gesehen haben. Alle unterhalb dieser Pfade werden »gewöhnliche Wesen« genannt. Insbesondere bedeutet Avalokiteśvaras Bezeichnung als ein Erhabener, dass er als ein Bodhisattva auf der zehnten Bhūmi frei von den zwei Verschleierungen (den Verschleierungen der Geistesplagen und der Erkenntnis) ist.

Darüber hinaus ist Avalokiteśvara nicht nur ein Bodhisattva, sondern auch ein »Mahāsattva«. Ein Mahāsattva bedeutet wörtlich jemand, der mit einem großen Geist versehen ist. Somit sind Mahāsattvas diejenigen, deren Geist groß genug ist, darauf abzuzielen, das höchste aller Wesen – ein Buddha – zu werden, und die daran arbeiten, alle anderen auch in diesen Zustand zu versetzen. In einem der Prajñāpāramitā-Sūtren sagt Śāriputra, dass Bodhisattvas »Mahāsattvas« genannt werden, weil sie den Dharma lehren, um tief sitzende falsche Ansichten, wie etwa Anhaftung an einem Selbst, Existenz, Nichtexistenz, Unvergänglichkeit und Auslöschung, aufzugeben. Subhūti erklärt, dass Bodhisattvas Mahāsattvas sind, weil sie auf dem Bodhisattva-Pfad an nichts anhaften (Bodhicitta und die Allwissenheit eines Buddha inbegriffen), noch an irgendetwas innerhalb der Pfade und Ergebnisse der Śrāvakas und Pratyekabuddhas, egal wie großartig diese Pfade auch sein mögen. Dem Kommentator Haribhadra zufolge sind die Gründe, große Bodhisattvas wie Avalokiteśvara sowohl »Bodhisattva« als auch »Mahāsattva« zu nennen, wie folgt: In einem allgemeinen Sinn sind »Bodhisattvas« diejeningen, deren Geist (*sattva*) oder Intention auf die Erfüllung ihres eigenen Wohls gerichtet ist, das heißt, auf Erleuchtung (*bodhi*), die sich im Nichtanhaften an irgendeinem Phänomen ausdrückt. Man könnte jedoch sagen, dass das auch für Śrāvakas gilt. Daher spricht man zusätzlich von »Mahāsattvas«. Doch Mahāsattvas, deren Geist auf die Erfüllung des Wohls anderer gerichtet ist, könnten auch altruistische Personen unter Nicht-Buddhisten sein. Daher wird auch das Wort »Bodhisattva« verwendet.

Die Welt, wie wir sie kennen, nicht sehen

Wie zuvor erwähnt, trat Avalokiteśvara durch den Segen des Samādhi des Buddha auch in Samādhi ein, was im Text folgendermaßen ausgedrückt wird:

> *übte sich Avalokiteśvara ... in der tiefgründigen Prajñāpāramitā*

Das heißt, dass Avalokiteśvara genau wie alle Bodhisattvas auf dem Pfad das erleuchtende Verhalten der sechs Pāramitās praktizierte, während er in der Erkenntnis des Dharmadhātu oder der Leerheit verweilte. Somit übte er sich in der Gleichheit zwischen seiner Erkenntnis, während er sich in meditativer Ausgeglichenheit befand, und dem Verhalten außerhalb formaler Meditation, welches von dieser Erkenntnis unterstützt und durchdrungen wird. Auf diese Weise praktizieren Bodhisattvas die Einheit von Prajñā und geschickten Mitteln – oder die zwei Ansammlungen von Verdienst und Weisheit. Sie tun dies mit Hilfe der zehn Dharma-Aktivitäten: die Buchstaben des Dharma niederschreiben; sowohl den Dharma als auch die, die ihn verkünden, verehren; Freigebigkeit für diese beiden praktizieren; dem Dharma zuhören; ihn lesen; ihn auswendig lernen; ihn anderen erklären; ihn rezitieren; über ihn nachdenken und über ihn meditieren.

Während Avalokiteśvara mit dieser Praxis beschäftigt war, sagt das Sūtra, »sah« er etwas, nämlich:

Er sah die fünf Skandhas als leer von einer Eigennatur.

Das heißt, er sah, dass alle Phänomene weder entstehen noch vergehen, dass sie von vornherein niemals wirklich in die Welt treten noch später aus ihr verschwinden. Das ist wie in einem Trugbild oder einem Film. Eine Person in einem Film ist ganz grundsätzlich ohne Entstehen. Sie hat keine Eltern, wurde nie geboren und hat weder eine Geburtsurkunde noch einen Personalausweis. Es wirkt, als würde diese Person erscheinen, bestimmte Dinge tun und dann an einem gewissen Punkt wieder vergehen. Tatsächlich aber gab es in einem Film noch nie eine Person, die entstand oder geboren wurde, und selbst wenn diese Person in dem Film stirbt, stirbt sie nicht wirklich. Der einzige Ort, an dem sie erscheint und stirbt, ist unser Geist, der Geist des Betrachters. Davon abgesehen bestehen die Filmfiguren lediglich aus sich bewegenden Lichtpunkten auf einer Leinwand, auf die wir alle unsere üblichen Projektionen projizieren, wie etwa, dass diese Figuren geboren wurden, bestimmte Dinge tun, bestimmte Emotionen fühlen, bestimmte Gedanken denken und auf bestimmte Arten und Weisen sterben. Avalokiteśvara durchschaut all dies und sieht, dass die fünf Skandhas nicht entstehen, nicht vergehen, leer von Subjekt und Objekt und ganz allgemein leer von irgendeiner Eigennatur sind.

Im Allgemeinen heißt es, dass es drei Arten und Weisen gibt, in der die fünf Skandhas betrachtet werden. Gewöhnliche Wesen sehen die Skandhas als eine Person, ein Selbst oder ein Lebewesen. Wenn wir jemand durch die Tür kommen sehen, sagen wir: »Das ist Johanna« oder »Das ist Hans«. Aber alles, was wir sehen, ist eine sich bewegende Gestalt und Farben, die wir als eine Person behandeln. Natürlich ist das nicht alles, was diese Person ausmacht, weil es auch ihren Geist gibt, den wir aber nicht wahrnehmen können. Das Einzige, was wir tatsächlich von einer Person wahrnehmen können, ist das, was uns unsere Sinne mitteilen, während der Rest eine komplette Zuschreibung unsererseits ist. Wir können nichts von dem wahrnehmen, was im Geist dieser Person vorgeht. Beruhend auf äußeren Anzeichen ihres Körpers und ihrer Rede sowie aufgrund unserer eigenen Stimmungen und vorgefassten Meinungen stellen wir lediglich Vermutungen und Bewertungen an. Wenn wir jemand durch die Tür kommen sehen und diese Person als »Johanna« oder »Hans« bezeichnen, können wir bereits erkennen, wie viel wir allein zu einer Sehwahrnehmung hinzufügen. Es ist auch klar, dass das Ausmaß unserer Hinzufügungen auf unseren früheren Erfahrungen und unseren emotionalen Verstrickungen in das, was wir wahrnehmen, beruht. Wenn wir jemand hereinkommen sehen, den wir seit langem kennen, taucht sofort ein ganzer Komplex von aus der Vergangenheit stammenden Hinzufügungen auf, wie etwa, diese Person als einen Freund (ein angenehmes und attraktives Objekt) zu betrachten, oder als jemand, den wir nicht mögen und dem wir aus dem Weg gehen sollten (ein unangenehmes Objekt). Wenn wir andererseits einfach ein Meditationskissen ansehen, passiert nichts dergleichen – es ist ein viel neutraleres Objekt. Wir schreiben auch dem Kissen bestimmte Dinge zu, wie etwa, dass es blau, rund und »da draußen« ist, aber normalerweise ist dabei nicht so viel Intensität im Spiel (außer, es ist unser eigenes kostbares Kissen, das von jemand anderem benutzt wird). Viel mehr geschieht in uns in Bezug auf das, was wir als Personen wahrnehmen. Außerdem basieren unsere Reaktionen und unsere Interaktionen mit diesen Personen auf unseren vorangegangenen Sinneswahrnehmungen, aber in einem noch größeren Ausmaß auf unseren Zuschreibungen, was jemand denken und fühlen und wie er oder sie reagieren mag usw.

Dies ist die Sichtweise, die gewöhnliche Wesen in Bezug auf die fünf Skandhas haben und die nicht nur für die Skandhas anderer gilt, sondern auch für unsere eigenen, abgesehen davon, dass wir unseren eigenen Geist in einem gewissen Ausmaß betrachten können. Wir können unsere eigenen geistigen Skandhas bemerken, nicht nur unseren Körper, und es ist hauptsächlich weil wir unsere eigenen geistigen Skandhas erfahren, dass wir denken, wir wüssten, was im Geist anderer Menschen vor sich geht. Denn wenn wir ein bestimmtes Gefühl oder einen bestimmten Gedanken haben, haben wir oft eine entsprechende körperliche und/oder verbale Reaktion, die durch das, was in unserem eigenen Geist vor sich geht, ausgelöst werden. Nehmen wir einen körperlichen oder verbalen Ausdruck in jemand anderem wahr, der unserem eigenen in einer bestimmten emotionalen Verfassung ähnelt, dann nehmen wir sofort an, dass diese

Person das gleiche Gefühl oder den gleichen Gedanken haben muss. Manchmal haben wir recht und manchmal nicht, und das nennen wir dann »Kommunikation«. Es funktioniert manchmal, aber selbst wenn es funktioniert, tut es das nur wegen dieser impliziten Annahme auf beiden Seiten, weil beide Seiten den gleichen systemischen Fehler machen, auf andere zu projizieren.

Daher kann es sehr schwierig sein, mit Personen zu kommunizieren, die dieses Spiel nicht spielen, wie etwa verwirklichte Wesen. Deren Art der Kommunikation ist entweder sehr verschieden von unserer oder sie geschieht einfach nicht in der Art und Weise, an die wir gewöhnt sind. Von diesem Gesichtspunkt aus ist das, was wir »Kommunikation« nennen, nichts weiter als eine gemeinsame Übereinkunft über denselben Schlamassel, nämlich unsere gegenseitigen Projektionen und die Tatsache, dass wir bestimmten Lauten, die wir »Sprache« nennen, bestimmte Bedeutungen zuschreiben. Somit funktioniert sowohl unsere verbale als auch unsere nichtverbale Kommunikation innerhalb der Parameter dessen, dass unser gedanklicher Geist den sichtbaren Formen, Lauten, Gerüchen, Geschmäckern und spürbaren Objekten, die unsere Sinne wahrnehmen, Bedeutungen zuschreibt. Schließlich erzeugen wir dann auch noch weitere gedankliche Zuschreibungen in Bezug auf diejenigen Gedanken, die sich aus den ursprünglichen Sinneswahrnehmungen ableiten. Natürlich ist das, was wir gerade jetzt tun, keine Ausnahme davon.

Wie aber sehen Śrāvakas und Pratyekabuddhas die fünf

Skandhas? Sie sehen die fünf Skandhas nicht wirklich als Lebewesen oder reale Personen, weil sie verstehen, dass es kein persönliches Selbst gibt. Aus unserer gewöhnlichen Perspektive haben sie eine etwas deprimierende Sichtweise auf die Skandhas, weil sie diese als die ersten zwei Edlen Wahrheiten – die Wahrheiten des Leidens und des Ursprungs des Leidens – betrachten. Für sie ist das alles, was die Lebewesen sind – einfach nur fünf Skandhas ohne ein Selbst, welche aus den drei Arten von Leiden (das Leiden des Leidens, das Leiden des Wandels, und das allgegenwärtige Leiden) und den Ursachen für weiteres Leiden (Geistesplagen und karmische Handlungen) bestehen.

Bodhisattvas sehen die fünf Skandhas als leer von irgendeiner ihnen innewohnenden Existenz und betrachten sie wie Trugbilder, Filme oder Träume. Gleichzeitig aber sind sich Bodhisattvas sehr wohl darüber bewusst, dass das Leid aus der Perspektive derjenigen Lebewesen, die an ihren Skandhas als wirklich existent und ein Selbst besitzend anhaften, vollkommen real ist. Außerdem sind die Ursachen für dieses Leid auch vollkommen real, denn diese sind ja der Grund dafür, dass sie leiden. Daher hat die Betrachtungsweise von Bodhisattvas zwei Aspekte. Was ihre eigene Erkenntnis oder Weisheit betrifft, sehen sie, dass die Lebewesen trugbildgleich sind, aber das ist nur eine Seite der Medaille. Die andere Seite ist Mitgefühl. Die Lebewesen leiden genau deshalb, weil sie nicht erkennen, dass ihre Skandhas nicht real sind, und daher damit fortfahren, nach trugbildhaften und flüchtigen Phänomenen zu greifen. Bodhisattvas erkennen ganz deutlich, dass dies die Ursache des Leidens der Lebewesen ist; sie empfinden spontanes Mitgefühl für sie und wünschen, dass sie ihre irrtümlichen und selbstzerstörerischen Ansichten und Verhaltensweisen aufgeben.

Wie der Dalai Lama immer wieder betont, ist die »altruistische Logik« eines Bodhisattva nichts Persönliches, aber sie ist viel machtvoller im Hinblick darauf, Leiden tatsächlich zu beenden. Wenn Bodhisattvas Leid sehen, so fragen sie nicht: »Wessen Leid ist das?« Sie unterscheiden nicht zwischen »meinem Leid«, »deinem Leid« oder »ihrem Leid«. Leid ist ganz einfach Leid, und Leid ist etwas, das immer beseitigt werden muss, egal wessen Leid es ist oder in welcher Form es erscheint. Wann immer Bodhisattvas daher Leid bemerken, nehmen sie es, anders als wir, nicht persönlich und machen ein großes Getue darum; ihr Hauptaugenmerk liegt einfach darauf, wie sie es loswerden. Im Kontrast dazu ist unsere eigene Anschauung, was das Leiden betrifft, extrem persönlich und wir verschlimmern es gewöhnlich nur noch, indem wir selbst wegen kleiner Dinge, die uns ärgern, einen Riesenaufstand machen. Obendrein unterscheiden wir zwischen unserem eigenen Leid und dem Leid anderer Wesen, wobei wir unser eigenes Leid immer für viel schlimmer halten, egal was es ist. Bodhisattvas haben insofern eine gleichwertigere Anschauung des Leidens, da es nicht wirklich eine Rolle spielt, wer leidet – solange es Leiden ist, sollte es beendet werden. Das ist die Logik der Bodhisattvas, die darauf beruht, keinen Unterschied zwischen uns selbst und anderen zu machen – denn sie haben erkannt, dass es innerhalb der

Skandhas keine wahre Person oder ein wahres Selbst gibt, die oder das »die/der/das Leidende« ist.

Dies beendet die Einleitung oder den Prolog des Sūtra.

Der Hauptteil des Sūtra

Śāriputras unschuldige Frage

Der eigentliche Hauptteil des Sūtra besteht aus Śāriputras Frage und Avalokiteśvaras Antwort. Das Sūtra sagt:

> *Da sprach der Ehrwürdige Śāriputra durch die Macht des Buddha zu dem Erhabenen Avalokiteśvara, dem Bodhisattva Mahāsattva: »Wie sollten ein Sohn aus edler Familie oder eine Tochter aus edler Familie, der oder die die tiefgründige Prajñāpāramitā zu praktizieren wünschen, sich üben?«*

Śāriputra fragt Avalokiteśvara im Grunde: »Sag mir, was siehst du aufgrund der Macht des Samādhi des Buddha und was muss ich tun, um dorthin zu gelangen?« Anders gesagt möchte Śāriputra wissen, worin der Pfad eines Bodhisattva besteht und was sein Ergebnis ist. Das Sūtra sagt hier explizit, dass alles, was auf dem Pfad passiert, »durch die Macht des Buddha« geschieht – es verweist also auf den Samādhi des Buddha, die »Wahrnehmung des Tiefgründigen«. »Ein Sohn oder eine Tochter aus edler Familie« bezieht sich nicht auf eine gewöhnliche Familie oder eine Art weltlicher Aristokratie, sondern der Ausdruck beschreibt die spirituelle

»Aristokratie« der Bodhisattvas, die der edlen Familie der Buddhas angehören. Die Söhne und Töchter aus edler Familie sind die Bodhisattvas, die in die Familie der Buddhas geboren sind. Wenn wir das Bodhisattva-Gelübde mit der üblichen Formel ablegen, erfreuen wir uns am Ende mit den folgenden Worten daran:

Heute bin ich in die Familie des Buddha geboren.
Jetzt bin ich ein Kind Buddhas.
Von nun an werde ich die Handlungen,
Die meiner Familie anstehen, ausführen.
Ich werde nicht als Makel auf dieser
Fehlerlosen, edlen Familie liegen.

Hier bezieht sich »Kind Buddhas« auf die Söhne und Töchter des Buddha. Im Allgemeinen heißt es, dass der Buddha drei Arten Kinder hatte. Sein biologischer Sohn war Rāhula. Die Kinder seiner Rede sind die Arhats der Śrāvakas und Pratyekabuddhas, weil sie ihre Erkenntnisse durch die Rede des Buddha erlangen. Die Söhne und Töchter seines Geistes oder seines Herzens sind die Bodhisattvas, die Bodhicitta in sich erwecken (den Geisteszustand, der das eigentliche Herz der Erleuchtung ist) und sich wünschen, die Leerheit zu erkennen.

Sobald wir das Bodhisattva-Gelübde abgelegt haben, sind wir also ein Mitglied der Familie aller Buddhas, weil dies das entscheidende Merkmal der Buddhas ist. Gemäß diesem Gelübde zu handeln ist das, was Buddhas tun. In einem tiefgründigeren Sinn bezieht sich »Familie« auf unsere Buddha-

Natur, die grundlegende Veranlagung in unserem Geist, ein vollkommen erwachter Buddha zu werden. Im Allgemeinen heißt es, dass Menschen auf dem buddhistischen Pfad verschiedene Veranlagungen haben und sie deshalb dazu tendieren, entweder dem Śrāvaka-Pfad, dem Pratyekyabuddha-Pfad oder dem Bodhisattva-Pfad zu folgen. Doch aus der Perspektive des Mahāyāna sind diese verschiedenen Veranlagungen lediglich zeitweilige Unterschiede. Grundsätzlich haben alle Wesen die gleiche Veranlagung oder das gleiche Potential, ein Buddha zu werden, und dies wird eben »Buddha-Natur« genannt. Dies ist, mit anderen Worten, die grundlegende Natur des Geistes aller Lebewesen. Wenn wir Bodhisattvas werden, ist diese Natur des Geistes die »Familie«, in die wir »hineingeboren« werden. Wir beschäftigen uns dann in der gleichen Art und Weise aktiv und vollständig mit unserer Buddha-Natur, in der es alle Buddhas tun. Wir treten sozusagen unser natürliches Erbe von ganzem Herzen an.

Sobald wir uns dieser Familie durch das Bodhisattva-Gelübde angeschlossen haben, wollen wir natürlich das »Familiengeschäft« erlernen, also die Sichtweise, Meditation, das Verhalten und das Ergebnis des Bodhisattva-Pfades. Daher fragt Śāriputra, wie sich Personen, »die die tiefgründige Prajñāpāramitā zu praktizieren wünschen«, üben sollten. »Die tiefgründige Prajñāpāramitā zu praktizieren« bedeutet, dass wir in jedem Moment versuchen, das, was wir tun, mit der tiefgründigen Sichtweise der Leerheit zu verbinden. Auf der Stufe eines Anfängers bedeutet das im Grunde, bei allem, was wir tun, entspannter zu sein, ein Gefühl von mehr

Raum zu haben und nicht so klaustrophobisch zu sein, das heißt, nicht alles so eng, superwirklich und schrecklich ernst zu sehen. Es bedeutet auch, uns einen gewissen Sinn für gutmütigen Humor über uns selbst, andere und die ganze Situation, auf diesem Pfad zu sein, zu bewahren. Wenn wir über uns selbst und unsere eigene Situation lachen können, ist dies bereits eine gute Dosis Leerheit, weil es die Solidität, die Ernsthaftigkeit und die klaustrophobische Engstirnigkeit unseres gewöhnlichen Verhaltens aufbricht. Alles, was dazu beiträgt, eine leichtere Hand im Umgang mit unserem Leben zu haben, ist ein sehr praktisches Eintauchen in Leerheit. Es muss nicht immer dieses große und hochfliegende Konzept der »Leerheit« sein. Manchmal kann eine Erfahrung der Leerheit sehr simpel sein. Natürlich ist Leerheit an sich immer sehr simpel, aber wenn wir sehen, dass sie simpel ist, wenn wir aus unserer gewöhnlichen Einzelhaft des Ego-Geistes ausbrechen und etwas Licht und frische Luft in unseren muffigen, düsteren und komplexen Kokon der Verstrickung in unsere eigenen Fesseln hineinkommt, dann ist das Leerheit und es fühlt sich ziemlich gut an.

Normalerweise hat Leerheit keinen so guten Ruf. Wenn sie »Leerheit« hören, denken die meisten Menschen an so etwas wie eine leere Flasche, ein leeres Haus, eine leere Brieftasche oder einfach an ein Nichts. Aber das ist ganz und gar nicht das, was der Buddha mit Leerheit meinte. Als ein philosophischer Ausdruck oder ein Fachbegriff bezieht sie sich auf das Fehlen jedweder innewohnenden Natur oder das Fehlen jedweder auffindbaren wirklichen Existenz in allen

Phänomenen. Aber wenn es um die Erfahrung der Leerheit geht, bedeutet sie Freiheit, Offenheit, Geräumigkeit, jede Menge frische Luft, jede Menge Raum und jede Menge Leichtigkeit, und darüber kann sich schließlich niemand wirklich beschweren.

Avalokiteśvaras nicht ganz so unschuldige kurze Antwort

Avalokiteśvaras kurze Antwort auf Śāriputras Frage, wie Bodhisattvas Prajñāpāramitā praktizieren sollten, besteht darin, kurz zu berichten, was er selbst in seinem Samādhi sah und was die Bodhisattvaschaft anstrebenden Praktizierenden auch sehen müssen. Dabei bezieht er sich sowohl auf die Sichtweise als auch die Meditation des Mahāyāna. Daher sagt er zu Śāriputra:

> *Ein Sohn aus edler Familie oder eine Tochter aus edler Familie, die die tiefgründige Prajñāpāramitā zu praktizieren wünschen, sollten in der folgenden Weise sehen: Sie betrachten die fünf Skandhas als leer von einer Eigennatur.*

Somit beantwortet Avalokiteśvara Śāriputras Frage »Was tust du, wenn du Prajñāpāramitā praktizierst?«, indem er im Grunde sagt: »Du tust nicht wirklich was.« Weiter oben wurde bereits gesagt, dass die Wurzel von *śūnyatā* »anschwellen« ist, also sind die fünf Skandhas wie fünf vom Ego-Geist aufgeblasene Luftballone. Was Avalokiteśvara sah und alle Bodhisattvas sehen müssen, ist, dass die fünf Skandhas leer von einer Eigennatur sind, das heißt, sie müssen die Hohlheit dieser Luftballone erkennen und sie zerplatzen lassen. Genauer gesagt, wenn wir die trugbildhafte Natur eines Trugbilds sehen, so bedeutet das ja nicht, dass es verschwindet, sondern wir sind uns bewusst, dass es nicht wirklich ist. Wenn wir zum Beispiel zur Vorstellung eines Zauberkünstlers wie David Copperfield gehen, ist das, was wir dort erleben, nicht mehr so kraftvoll und übt nicht mehr so viel Macht über uns aus, sobald wir den Trick erkannt haben. Genauso ist es darum bestellt, wenn wir herausfinden, dass die fünf Skandhas ein Trugbild sind, denn dann sind wir nicht länger von ihnen hypnotisiert. Oder wenn wir aus einem Albtraum aufwachen, erkennen wir, dass all diese furchterregenden Dinge nicht wirklich passiert sind, und können uns entspannen. Dies zeigt die subjektive Seite der Erkenntnis der Leerheit. Es geht nicht nur darum, die Dinge als trugbildhaft zu sehen – was soll das schon? Das Wichtige und Befreiende an der Leerheit ist der Unterschied, wie wir auf Dinge reagieren, die wir als solide und wirklich existent sehen, im Gegensatz zu Dingen, von denen wir wissen, dass sie nicht wirklich real sind. Diese Reaktion ist es, die bestimmt, wie ernst wir die Dinge nehmen und ob wir unter ihnen leiden oder nicht. Je ernster wir die Dinge nehmen, desto stärker leiden wir. Je solider wir die Dinge wahrnehmen, desto enger wird unsere Welt, und unsere gesamte Lebenssituation ist dann festgefahren und unpraktikabel. Somit liegt der praktische Nutzen der Leerheit nicht wirklich auf der Seite des Objekts (die Tatsache, dass allen Dingen wirkliche Existenz fehlt), sondern er liegt auf der

Seite des Subjekts. Es geht also darum, unser Anhaften an wirklichen Dingen loszulassen und dadurch nicht mehr unter ihrer Macht zu stehen, sondern uns stattdessen in die wahre Natur der unendlichen Offenheit, Freiheit und Wachheit dieser Erfahrung zu entspannen.

Wenn wir über Leerheit reden, ist die große Frage, was diese Leerheit eigentlich ist? Es ist wahrscheinlich einfacher zu sagen, was sie nicht ist, und das ist normalerweise genau das, was die Texte tun. Sie sagen nie, dass Leerheit dieses oder jenes ist. Das wäre, als würden wir uns in unseren eigenen Fuß schießen, denn Leerheit bedeutet ja gerade, dass wir nichts festlegen können, einschließlich der Leerheit. Wenn wir sie daher als »etwas« beschreiben, sind wir wieder da, wo wir angefangen haben. Lassen Sie uns also schauen, was die Leerheit *nicht* ist.

Erstens, die Leerheit ist keine spirituelle Atombombe, die alles, was wir kennen, zerstört (obwohl es manchmal so scheinen mag, weil sie die Festplatte unseres Ego-Geistes mit all seinen gespeicherten Glaubenssystemen abstürzen lässt). Zweitens, Leerheit bedeutet nicht, dass die Phänomene nicht leer sind, solange wir sie nicht analysieren, und sie erst durch unsere Analyse leer werden. Leerheit ist keine Eigenschaft, die durch Analyse eingeführt wird. Sie bedeutet zum Beispiel nicht, dass ein Tisch, den wir nicht analysieren, absolut real ist, und er, sobald wir ihn entweder durch Quantenphysik oder Madhyamaka-Beweisführungen analysiert haben, leer wird. Mit anderen Worten, die Leerheit ist nicht etwas, was zuerst nicht existiert und dann später existent wird. Drittens, wir meditieren nicht darüber, dass Phänomene, die eigentlich nicht leer sind, leer sind, indem wir uns eine gedanklich fabrizierte Leerheit ausdenken, was eine mehr oder weniger ausgeklügelte Form der Gehirnwäsche wäre. Offensichtlich würde das sowieso nicht wirklich funktionieren. Wären die Dinge in der Tat wirklich existent, würden wir ihnen bloß irgendein Leerheitskonzept überstülpen, das nicht das Geringste ändern würde. Egal wie sehr und wie lange wir zum Beispiel einem Kohlenstück die Vorstellung »werde weiß« einreden wollen, wird dies nichts an seiner Schwärze ändern. Viertens, es ist nicht der Fall, dass die Phänomene nicht leer sind, solange die Weisheit der Erhabenen nicht entstanden ist, und sie dann erst leer werden. Mit anderen Worten, es ist nicht so, dass alles leer wird, sobald wir auf dem Pfad des Sehens sind, während es davor nicht so ist.

Fünftens, Leerheit bedeutet nicht, dass etwas vorher existiert und dann später nichtexistent wird, wie etwa eine Kerzenflamme, die ausgeht. Sie bedeutet nicht, dass die Dinge zuerst da sind und dann verschwinden, wenn wir erkennen, dass sie leer sind. Anders gesagt, Leerheit bedeutet nicht Auslöschung. Sechstens, Leerheit steht nicht für gänzliche Nichtexistenz, wie etwa die Hörner eines Hasen oder die Haare einer Schildkröte. Siebtens, an sich ist Leerheit nichts Heiliges, Kostbares, eine Art von universellem Gesetz oder irgendein göttliches Prinzip, das anzubeten wäre. Die Erkenntnis der Leerheit ist jedoch etwas sehr Kostbares und Bereicherndes, weil sie Verwirrung und Leid beseitigt. Achtens, Leerheit ist nicht etwas, was in einer anderen Dimension getrennt von den Phänomenen existiert. Sie ist nicht noch ein weiteres Ding, das über allem schwebt, oder noch eine weitere über allem schwebende Vorstellung. Das heißt, wenn wir über die zwei Wirklichkeiten reden, bedeutet das nicht, dass die scheinbare Wirklichkeit etwas auf dieser Seite und die letztendliche Wirklichkeit etwas anderes dort drüben wäre, denn dann könnten wir niemals über die Untrennbarkeit der beiden Wirklichkeiten sprechen. Weiterhin, wenn wir zum Beispiel von der Leerheit eines Glases sprechen, wo ist die Leerheit des Glases, wenn wir es zerstören? Sie ist nicht mehr da, was bedeutet, dass Leerheit immer die Leerheit von *etwas* ist. Die einzige Ausnahme davon ist die Leerheit der Leerheit, aber das ist ein gänzlich anderer Fall. Wenn wir also über die Einheit von Erscheinung und Leerheit sprechen, bedeutet dies, dass es ohne Erscheinung keine Leerheit gibt. Mit anderen Worten, Leerheit ist nichts anderes als die wahre Natur dessen, was erscheint, und kann daher nicht etwas sein, was getrennt oder außerhalb von dem, was erscheint, existiert. Schließlich muss auch noch erwähnt werden, dass Leerheit sich nicht darauf bezieht, dass ein Ding leer von einem anderen ist, wie etwa, dass eine Vase leer von Wasser ist, unsere Hosentasche leer von Geld oder ein Pferd leer davon, eine Kuh zu sein. In der Tat sagte der Buddha, dass dies die schlimmste Art und Weise ist, Leerheit misszuverstehen.

Was ist das Problem bei all diesen fehlerhaften Sichtweisen von Leerheit? Sie sind entweder eine Art von begrenzter

Leerheit, geistig fabrizierter Leerheit oder Leerheit im Sinne von Auslöschung. Keine von ihnen bezieht sich auf Leerheit als das völlige Fehlen von jeglichem Grund und Boden in unserem Dasein, dessen Erkenntnis die alleinige Chance für Befreiung ist. Mit Fachbegriffen ausgedrückt, bedeutet wahre Leerheit, dass alles leer von einer ihm eigenen Natur ist. Mit anderen Worten, Leerheit bedeutet nicht, dass ein Glas leer von etwas anderem ist wie etwa Wasser oder davon, ein Tisch zu sein, sondern das Glas ist leer davon, ein Glas zu sein. Suchen wir sozusagen nach der »Glasheit« des Glases, können wir sie nicht finden. Wir brauchen noch nicht einmal den Buddhismus dafür; die Quantenphysiker erzählen uns dasselbe – es gibt kein Glas, das irgendwo zu finden wäre. Was wir als ein Glas wahrnehmen, ist lediglich etwas, was sich unser Augenbewusstsein zurechtlegt; wir könnten sagen, es ist eine Form von verdichteter Energie, die unser Augenbewusstsein als eine bestimmte Farbe und Gestalt wahrnimmt. Darüber hinaus ist unsere Wahrnehmung eines Glases sehr bedingt, weil andere Lebewesen dieses »Glas« in einer völlig unterschiedlichen Art und Weise wahrnehmen. Die Augen von Fliegen oder Fischen zum Beispiel zeigen ein sehr anderes Bild dessen, was wir wahrnehmen, und manche Tiere können bestimmte Farben noch nicht einmal erkennen.

Daher ist es selbst auf einer relativen Ebene höchst fragwürdig, ob es wirklich ein Glas »da draußen« gibt, etwas Solides und Reales, was wir tatsächlich identifizieren können. Je näher wir uns das ansehen, desto klarer wird es, dass es

»da draußen« wirklich nichts gibt. Da wir nicht aus unserem Geist heraustreten können, können wir noch nicht einmal überprüfen, ob außerhalb von ihm etwas ist oder nicht. Wir müssten dazu unsere eigene Art und Weise, die Welt wahrzunehmen, zurücklassen und sie mit irgendeiner anderen hypothetischen Wahrnehmungswelt vergleichen, was natürlich die Frage »Wer würde diese Welt wahrnehmen?« aufwirft. Wir haben ja nur unseren begrenzten Geist und können ihn nicht mit dem Geist von jemand anderem vergleichen. Selbst wenn wir dies versuchten, wäre das von unserer Seite aus immer noch subjektiv, denn wir können einen solchen Vergleich von keiner anderen Warte aus anstellen als von der unseres eigenen Geistes. Eine Art Schiedsrichter wäre dazu notwendig, mit einer »objektiven« Wahrnehmung davon, wie die Welt da draußen wirklich ist, aber so jemanden gibt es natürlich nicht. Selbst wenn es ihn gäbe, könnte keiner von uns diese »objektive Wahrnehmung« nachvollziehen, da wir ja auf unsere eigenen subjektiven Wahrnehmungen beschränkt sind. Wir müssten den Geist dieser anderen Person annehmen, was natürlich nicht funktioniert.

Wenn wir daher alle diese Dinge, die so wirklich scheinen, analysieren, finden wir, dass sie nicht nur weniger wirklich sind, als sie scheinen, sondern sie sind völlig unwirklich. Damit ist nicht nur gemeint, dass verschiedene Personen dieselbe Sache auf unterschiedliche Art und Weise wahrnehmen. Es geht also nicht nur darum, dass ein tatsächlich existierendes äußeres Glas oder eine Person auf unterschiedliche Art und Weise wahrgenommen wird. Natürlich, wir alle haben unseren eigenen Film, der in unserem Geist abläuft und unsere eigene kleine private Realität zeigt. Doch es gibt kein einzelnes Ding, das lediglich auf unterschiedliche Art und Weise gesehen wird – dieses Ding gibt es von vornherein nicht. Aus der Perspektive des Mahāyāna erscheint alles, was wir wahrnehmen, nur in unserem Geist, und der Grund, warum Menschen im Allgemeinen die gleichen Dinge wahrzunehmen scheinen, besteht darin, dass sie übereinstimmende Gewohnheitstendenzen für ähnliche Wahrnehmungen besitzen. Wenn wir uns die Sache aber genauer ansehen, hat niemand jemals die exakt gleiche Wahrnehmung wie irgendein anderes Wesen. Selbst wenn wir annehmen, dass wir denselben Tisch vor uns sehen, sehen wir doch in der Tat alle etwas Verschiedenes. Einige sehen die Vorderseite des Tisches, einige seine Rückseite, einige seine linke, einige seine rechte, einige seine Oberseite und einige seine Unterseite. Tatsächlich sieht niemand jemals den ganzen Tisch gleichzeitig. Doch wir alle ergänzen unsere unterschiedlichen und partiellen Sehwahrnehmungen gedanklich mit denjenigen Teilen des Tisches, die wir nicht sehen, und nennen dieses Gemisch von Wahrnehmungen und Vorstellungen dann einen »Tisch«, was uns dazu veranlasst, anzunehmen, dass wir alle wirklich dieselbe Sache wahrnehmen. Beschränkten wir uns auf die Informationen, mit denen uns unsere unmittelbaren Sinneswahrnehmungen versorgen, würden wir es die ganze Zeit nur mit Ausschnitten von dem, was wir als einen Tisch usw. ansehen, zu tun haben, was das Kommunizieren sehr schwierig machen würde.

Basierend auf unseren früheren Erfahrungen nehmen wir darüber hinaus ständig viele Dinge vorweg, wenn wir etwas sehen. Wenn wir eine köstliche Pizza einfach nur sehen, nehmen wir ihren Geschmack und Geruch vorweg und uns läuft das Wasser im Mund zusammen. Selbst wenn wir einen Tisch nicht berühren und hochheben, gehen wir dennoch davon aus, dass er eine bestimmte Konsistenz und ein bestimmtes Gewicht hat. Sehen wir ein Glas, wissen wir um seine Zerbrechlichkeit, und wenn uns jemand dieses Glas zuwirft, ist unsere Reaktion darauf, es entweder zu fangen oder uns zu ducken. All diese Hinzufügungen zu unserer reinen Sehwahrnehmung einer bestimmten Farbe oder Gestalt werden sofort ein Teil dessen, was wir »ein Glas« oder »einen Tisch« nennen, und im Vergleich zu dem, was wir tatsächlich sehen, ist dieser Anteil immens. Unsere Sehwahrnehmung sagt uns nichts über all das, sondern es ist unser gedanklicher Geist, der diese Details hinzufügt, indem er frühere Erfahrungen auf neue Objekte überträgt. Fragen wir nur unsere Augen, was sie sehen, ist die Antwort sehr simpel – Farben und Formen. Fragen wir aber unseren gedanklichen Geist, was wir gesehen haben, ist die Antwort ganz und gar nicht simpel und wir bekommen stattdessen dieses ganze Blabla. Im Gegensatz dazu befassen sich kleine Kinder mit Objekten, ohne irgendetwas vorwegzunehmen oder nur sehr wenig, was der Grund dafür ist, warum sie diese Objekte gewöhnlich umwerfen, auf den Boden knallen oder alle möglichen Dinge damit tun, die aus unserer Perspektive merkwürdig sind. Werfen wir einem kleinen Kind einen Ball zu, gibt es keine Reaktion, bis der Ball das Kind tatsächlich trifft (ich schlage nicht vor, das zu tun …). Das Kind sieht lediglich eine sich bewegende Farbe und Gestalt, aber es hat keinerlei Vorstellungen über das, was es wahrnimmt, wie etwa, dass dies ein Ball ist und es weh tut, wenn es davon getroffen wird.

Dieser Prozess fortlaufender gedanklicher Hinzufügung macht es auch so wunderbar leicht, alles Mögliche auf das, was wir als das »andere« wahrnehmen, zu projizieren. Wir projizieren normalerweise nicht so viel auf Gegenstände wie Gläser (außer wenn wir ein sehr teures besitzen und es zerbricht), aber wir wissen natürlich, wie viel wir auf Personen projizieren. Verschiedene Menschen projizieren verschiedene Dinge, aber keine dieser Projektionen hat viel oder überhaupt irgendetwas mit dieser Person zu tun. Gäbe es wirklich eine unabhängig existierende Person, sollte zumindest die Wahrnehmung irgendeiner anderen Person richtig sein, aber unsere eigene Wahrnehmung dieser Person ändert sich dauernd und die Person ändert sich auch dauernd. Somit gibt es nicht wirklich viel, woran wir uns festhalten können, und dies ist die grundlegende Botschaft der Leerheit – dass die Dinge leer von einer Eigennatur und unauffindbar sind, aber gleichzeitig dennoch erscheinen. Daher sagt das Herz-Sūtra: »Form ist Leerheit. Leerheit ist Form.« Es sagt nicht nur, dass Leerheit Leerheit ist, sondern dass Leerheit und Form nicht zu trennen sind – Form ist nicht verschieden von Leerheit und Leerheit ist nicht verschieden von Form. Beide sind immer vereint.

Streng genommen ist es sogar noch verzwackter, weil es von vornherein keine »zwei« gibt. Letztendlich gesprochen sind relative Erscheinungen von vornherein nicht wirklich da, denn sie sind lediglich Trugbilder. Somit ist die Einheit von Erscheinung und Leerheit so etwas wie eine Luftspiegelung, das heißt etwas, das wie Wasser aussieht und an einem heißen sonnigen Tag auf einer Straße erscheint. Es ist aber kein Wasser auf der Straße, es erscheint nur aufgrund einer Anzahl von Bedingungen, wie etwa heißer Luft, Sonnenlicht und dass wir in einem bestimmten Winkel auf die Straße schauen, wodurch sich der klare Himmel in dieser heißen Luft vor uns spiegelt.

Gewöhnliche Wesen nehmen nur dualistische Erscheinungen wahr und haften an ihnen, übersehen aber ihre Leerheit. Erhabene Wesen sehen in ihrer meditativen Ausgeglichenheit nur die Leerheit, in welcher es überhaupt keine dualistischen Erscheinungen gibt. Zumindest als gewöhnliche Wesen können wir nicht zwischen Erscheinung und Leerheit hin und her wechseln. Unglücklicherweise können wir keine vergleichende Perspektive einnehmen, indem wir sagen: »Jetzt sehe ich die scheinbare Wirklichkeit, und jetzt sehe ich die letztendliche Wirklichkeit.« Auf der anderen Seite, sobald wir die letztendliche Wirklichkeit wahrnehmen, sehen wir die dualistische, scheinbare Wirklichkeit nicht mehr, zumindest nicht in unserer eigenen Wahrnehmung.

Warum ist es also so wichtig zu verstehen, was Leerheit ist und was nicht? Der einzige Grund, warum der Buddha

Leerheit lehrte, war, die Lebewesen von Leid zu befreien und sie in die Lage zu versetzen, allwissende Buddhaschaft zu erlangen. Der Buddha führte die Leerheit nicht als eine Art schlauer Theorie, Sprachspiel, ausgeklügelter philosophischer oder metaphysischer Vorstellung oder als eine Meta-Sprache ein. Es war sein einziges Anliegen, sie als etwas zu lehren, das den Wesen hilft, frei zu werden und dauerhaftes Glück zu erfahren. Daher ist die Leerheit ein pädagogisches Werkzeug, abgesehen davon hat sie keinen ihr innewohnenden Wert oder ihr innewohnende Existenz. Sie ist ein Mittel, um Menschen aufzuzeigen, wie die Dinge wirklich sind, weil sie aufgrund ihrer Verwirrung nicht erkennen, wie die Dinge wirklich sind, und deshalb leiden. Wenn Leerheit richtig verstanden wird, so wie sie vom Buddha gelehrt wurde, dient sie als die einzige geeignete Grundlage des Pfades zur Befreiung und Allwissenheit; sie ist das Gegenmittel gegen alle Verschleierungen der Geistesplagen und der Erkenntnis, während die obigen Arten falscher Leerheit nicht diese befreienden Funktionen erfüllen. Das ist der Grund, warum es sehr wichtig ist, genau zu verstehen, was der Buddha mit Leerheit meinte, und nicht bloß eine weitere Theorie oder schlaue Idee anzunehmen, die wir unserer bereits überquellenden Tonne geistigen Müll hinzufügen können.

Wir müssen uns inmitten all der Details, Beweisführungen und Gedankengänge, die wir in den Darstellungen der Leerheit finden, an diesen wesentlichen Punkt erinnern: Leerheit ist ein Werkzeug, um unseren Geist zu befreien. Das ist ihr grundlegender Zweck. Wenn wir über Leerheit sprechen, ist es leicht, dies zu vergessen und sich zu fragen: »Was machen wir hier eigentlich?« Dann ist es gut, auf das grundlegende Ziel des buddhistischen Pfades zurückzukommen, nämlich die Befreiung aus Saṃsāra und seinem Leid. Anders gesagt hat die Leerheit einen sehr praktischen Nutzen. Sie ist nicht nur etwas, was es zu verstehen gilt, und dann machen wir in Saṃsāra genauso weiter wie zuvor. Wie die Erfahrung jener Arhats, die Herzinfarkte erlitten, zeigt, ist die Leerheit wirklich dazu gedacht, Saṃsāra nicht nur in einem intellektuellen Sinn zu untergraben, sondern in einer sehr greifbaren, erfahrungsmäßigen Weise. Dazu müssen wir uns auf die fundamentale Tatsache, dass unsere Existenz keinerlei Grund und Boden hat, einlassen.

Natürlich macht die Idee der Bodenlosigkeit Angst, aber das ist nur eine Seite der Medaille der Befreiung. Leerheit ist ohne Grund und Boden, was Saṃsāra oder unsere gewöhnliche, auf einem Ego beruhende Existenz angeht, aber auf dem Grund oder dem Boden dieser saṃsārischen Bodenlosigkeit gibt es einen fundamentaleren Grund und Boden, der Buddha-Natur genannt wird. Wir müssen es wagen, das Fehlen jeglichen Grund und Bodens unserer trugbildhaften Existenz anzusehen, sonst ist es sehr schwer, zum tatsächlichen und verlässlichen Grund unserer Existenz vorzudringen. Das Verzwackte daran ist, dass ein großer Teil dieses verlässlichen Grundes genau im Fehlen jeglichen Grund und Bodens besteht. Solange wir uns diesem Fehlen nicht stellen und es in unseren Geist integrieren, wird es überhaupt keinen festen Grund und Boden geben. Der einzig verlässliche

Grund und Boden besteht darin, mit und innerhalb dieses Fehlens jeglichen Grund und Bodens zu leben, nicht in einem Zustand andauernder Panik oder Furcht, sondern voll und ganz akzeptierend, dass die Dinge genau so sind. Dann können wir uns einfach dem Tanz der flüchtigen Erscheinungen überlassen und verspüren keine Notwendigkeit, uns diesem Tanz dadurch zu widersetzen, dass wir versuchen, seine sich dauernd wandelnden Erscheinungen zu verfestigen. Das ist ganz und gar nicht angsterregend. Es ist eine ungeheure Erleichterung und ein großes Vergnügen, unseren schon lange andauernden Druck, verzweifelt zu versuchen, die Dinge zusammenzuhalten, von uns zu werfen. Es klingt nur deswegen angsterregend, weil wir immer versuchen, an etwas festzuhalten, und uns davor fürchten, loszulassen. Aber sobald wir uns an nichts festhalten, ist das die letztendliche Freiheit, weil wir überall hingehen und alles machen können, ohne steckenzubleiben oder blockiert zu sein.

Wenn wir in einem Flugzeug sitzen, bevor wir unseren ersten Fallschirmsprung machen, wollen wir nicht wirklich springen und halten uns an unserem vertrauten Grund und Boden fest, welcher zu diesem Zeitpunkt das Flugzeug ist. Aber sobald wir loslassen und den Sprung tatsächlich wagen, ist das eine totale Freiheit. Wir können im Raum umherfliegen, wohin auch immer wir wollen und auf welche Art und Weise wir wollen. Während wir fliegen, hegen wir keinerlei Gedanken, dass wir uns an etwas festhalten müssen, dass wir die Bremse ziehen oder ins Flugzeug zurückkehren sollten. Es gibt dann nur die Erfahrung unbegrenzter Freiheit, Offenheit und Freude. Es hängt wirklich nur von unserer geistigen Anschauung ab. Zwei Sekunden bevor wir sprangen, hatten wir Angst und versuchten uns an allem festzuhalten, was wir in die Finger bekamen, aber sobald wir in der Luft sind, ist unser Zögern vorbei und die Kraft der Erfahrung des Fliegens prägt uns vollständig. Ebenso hängt es von unserem Geist ab, davon, ob wir uns weiterhin an etwas festhalten wollen oder nicht, was das Fehlen jeglichen Grund und Bodens furchterregend oder wie Freiheit wirken lässt.

Es ist wie in Janice Joplins Song: »Freiheit ist nur ein anderes Wort dafür, dass es nichts mehr zu verlieren gibt.« Das ist genau der Punkt in den Lehren über die Leerheit. Solange wir denken, dass es etwas zu verlieren gibt, egal, was es ist, sind wir immer noch gefesselt und geknebelt. Nichts mehr zu verlieren haben mag deprimierend klingen, aber sobald das tatsächlich erfahren wird, ist es total befreiend. Es gibt dann überhaupt nichts mehr, was uns einschränken kann, und was immer wir in diesem weiten Raum erfahren, ist wie ein Geschenk, das wir nur empfangen können, wenn wir vollkommen offen sind. Wir müssen den Dingen weder hinterherjagen, um etwas zu bekommen, noch müssen wir irgendetwas meiden, denn alles, was auftaucht, ist dann gut, so wie es ist. In dem Film *Kung Fu Panda* spricht der Meister, der eine alte Schildkröte ist, über die Vergangenheit, die Zukunft und die Gegenwart und sagt:

> Die Vergangenheit ist Geschichte, die Zukunft ist ein Geheimnis, aber das Heute ist ein Präsent – und deshalb wird es »präsent« genannt.

Wenn wir genau in diesem Augenblick sind, ist, was auch immer geschieht, ein Präsent. Wenn wir das verstehen, müssen wir noch nicht einmal das Herz-Sūtra studieren; es ist alles schon da.

Der Ort, an dem die Leerheit auf ihren eigenen Grund und Boden – oder vielmehr ihr eigenes Fehlen jeglichen Grund und Bodens – trifft, wird »die Leerheit der Leerheit« genannt. Wenn wir uns mit Leerheit befassen, gibt es immer noch die Gefahr oder Tendenz, diese zu verfestigen. Obwohl sie als das endgültige Gegenmittel gegen Anhaften oder Verfestigen gedacht ist, versucht unser Geist immer noch, selbst das schiere Fehlen jeglicher Festigkeit zu verfestigen, weil dies eine so alte Gewohnheit von uns ist. Daher lehrte der Buddha die Leerheit der Leerheit, denn wir müssen auch jegliches Verständnis der Leerheit, das wir haben mögen, loslassen, denn auch das ist nicht wirklich. Wir müssen jedes Gefühl der Einsicht, Erkenntnis oder Weisheit, jedes Gefühl von »Ich hab's kapiert«, loslassen, weil so etwas immer noch Dualität, Verfestigung und Bezugspunkte beinhaltet. Da Leerheit bedeutet, dass es nichts zu verfestigen und nichts festzuhalten gibt, verkehrt es den Zweck in sein Gegenteil, wenn wir die Leerheit zu einer Art Prinzip, einem universellen Gesetz oder höherer Wahrheit machen, denn dann halten wir uns immer noch an etwas fest.

Das zu tun mag geringfügig besser sein, aber es könnte auch viel schlimmer sein, sich an der Leerheit festzuhalten, weil wir dadurch vielleicht den Aspekt des Mitgefühls übersehen. Wir denken dann unter Umständen: »Oh ja, alles ist leer, nichts ist wirklich von Bedeutung.« Das ist jedoch ganz und gar kein Verständnis der Leerheit; es bedeutet lediglich, in Nichtexistenz und Nihilismus festzustecken. Die Lehren über die Leerheit besagen immer sehr klar, dass Leerheit nicht Nichtexistenz oder ein schieres Nichts ist. Nichtexistenz ist bloß ein weiteres Konzept, über das wir uns den Kopf zerbrechen; es ist lediglich eine weitere Sache, die wir uns ausdenken. Nichtexistenz hängt immer noch von Existenz ab; wir können nicht einmal an Nichtexistenz denken, wenn wir nicht zuvor an Existenz gedacht hätten. Anders gesagt muss es für jede Negation zunächst einmal etwas geben, was wir negieren können. Wir können nichts negieren, wenn da erst einmal nichts ist; wir müssen etwas haben und dann können wir es negieren und sagen: »Ich bin bei nichts gelandet.« Aber dieses »nichts« funktioniert eben nur in Abhängigkeit von »etwas«, das vorher da war. Leerheit besagt, dass sowohl Existenz als auch Nichtexistenz lediglich Zuschreibungen sind, die obendrein noch voneinander abhängen. Wir müssen über Existenz und Nichtexistenz hinausgehen. Über Existenz und Nichtexistenz hinauszugehen bedeutet jedoch nicht, dass die Phänomene sowohl existent als auch nichtexistent sind, und es bedeutet auch nicht, dass sie weder existent noch nichtexistent sind. Keine dieser theoretischen Möglichkeiten befreit uns aus dem

Kerker des dualistischen Geistes. Existenz ist ein Extrem und Nichtexistenz ist ein anderes, wie sollte es demnach unsere Situation in irgendeiner Weise verbessern, wenn wir sie zusammenfügen? Es ist sogar noch schlimmer, zwei sich gegenseitig ausschließende Möglichkeiten zu vermischen und zu denken, dies sei ein kluger Standpunkt (obwohl es extrem populär ist, so etwas zu tun). Wenn wir »weder Existenz noch Nichtexistenz« sagen, mag das vielleicht schlau klingen, aber »weder … noch« beruht eben immer noch auf den beiden vorhergehenden fälschlichen Anschauungen von Existenz und Nichtexistenz.

Natürlich könnten wir immer so weiter machen, aber wir kommen dadurch jedes Mal wieder in eine Sackgasse, weil wir weiterhin davon abhängig sind, was wir uns zuvor ausgedacht haben, und bloß versuchen, uns irgendwie aus der letzten Möglichkeit, die auch nicht funktioniert hat, herauszuwinden. Daher bedeutet Leerheit, komplett aus diesem Kreislauf des dualistischen Geistes mit all seinen Konsequenzen herauszutreten und alles fallenzulassen, was wir jemals gedacht haben. Natürlich ist das sehr schwer, denn uns Vorstellungen zu machen ist ja genau das, was wir die ganze Zeit tun. Es ist das Wesen des dualistischen Geistes, schwarz-weiße Kategorien aufzustellen und sie dann immer wieder neu zu arrangieren und zu kombinieren. Leerheit bedeutet schlicht: »Hör einfach auf damit, lass es sofort sein.« Aber das ist schwierig, weil uns niemand sagt, was wir stattdessen tun sollen. Da wir so daran gewöhnt sind, immer etwas zu *tun*, geht es uns völlig gegen den Strich, überhaupt nichts zu tun. Es *sein zu lassen, etwas zu tun* kann nicht getan werden; es ist nicht eine andere Art von *Tun*, noch nicht einmal das Gegenteil von Tun. Wir stehen dann sozusagen vor dem Nichts. Keine frühere Erfahrung oder Strategie hilft uns hier weiter; wir müssen von allem, was wir kennen, loslassen und dann sehen, was passiert.

Die vierfache tiefgründige Leerheit

Das, was Avalokiteśvara im Folgenden im Herz-Sūtra sagt, stellt seine ausführlichere Antwort auf Śāriputras Frage dar und ist auch ein Kommentar dazu, was es bedeutet, die fünf Skandhas als leer von einer Eigennatur zu sehen. Die ersten vier Sätze dieser längeren Antwort werden oft als das eigentliche Herz des Herz-Sūtra angesehen:

> *Form ist Leerheit. Leerheit ist Form. Leerheit ist nichts anderes als Form. Form ist nichts anderes als Leerheit.*

Diese etwas detailliertere Antwort ist auch als die »vierfache tiefgründige Leerheit« oder die »vierfache Tiefgründigkeit« bekannt (etwas später werden wir auch der »achtfachen Tiefgründigkeit« begegnen). Dies ist die Schlüsselaussage des Herz-Sūtra wie auch der Prajñāpāramitā-Sūtren im Allgemeinen. Es klingt so, als ob Form und Leerheit genau dasselbe sind, aber das ist mit Vorsicht zu genießen. Bei dieser Textstelle geht es um die Einheit der zwei Wirklichkeiten, wobei »Form« die scheinbare Wirklichkeit und »Leerheit« die letztendliche Wirklichkeit repräsentiert. Warum ist Form leer? Weil sie leer von einer Eigennatur ist. Warum ist Leerheit Form? Weil das, was als Form erscheint, nichts anderes als Leerheit ist. Suchen wir nach irgendeiner Form, die in unabhängiger Weise getrennt von der Leerheit existiert, finden wir keine, und wenn wir nach irgendeiner Leerheit getrennt von Form suchen, finden wir diese auch nicht. Solange zum Beispiel eine Blume da ist, ist die Leerheit der Blume auch da. Ist aber keine Blume mehr da, gibt es auch keine Leerheit der Blume mehr. Grundsätzlich ist die Leerheit aller Phänomene dieselbe, aber relativ gesehen gibt es verschiedene Leerheiten in Bezug auf unterschiedliche relative Objekte. Die längeren Prajñāpāramitā-Sūtren listen zwanzig Leerheiten in Abhängigkeit von verschiedenen Trägern der Leerheit oder von verschiedenen Objekten auf, die leer sind. Somit können wir über die Leerheit einer Blume, die Leerheit eines Glases usw. sprechen.

Natürlich macht das alles nur Sinn von einem relativen Standpunkt aus – wir beziehen uns auf das, was erscheint, was auch immer es ist, und dann sprechen wir über die wahre Natur dessen, was erscheint. Wenn aber gar nichts erscheint, dann können wir auch nicht über dessen wahre Natur sprechen. Wir müssen also etwas haben, wie dürftig es auch sein mag, was wir als unser Objekt oder unseren Bezugspunkt nehmen, und nur dann können wir über die wahre Natur dieses Objekts sprechen. Wir sprechen nicht über die wahre Natur eines Nichts, sondern wir sprechen über die wahre Natur von »etwas«, weil »etwas« das ist, was wir in der Welt erfahren. Wir machen niemals die Erfahrung von überhaupt nichts, noch befassen wir uns mit nichts; wir erfahren und befassen uns immer mit *etwas*.

Somit bedeutet die Stelle »Form ist Leerheit«, dass Form keine Eigennatur besitzt. Anders gesagt ist Form leer davon, Form zu sein. »Leerheit ist Form« bedeutet, dass das, was als Form erscheint, untrennbar von Leerheit ist. In der Tat ist die Leerheit genau der Grund, warum überhaupt irgendetwas erscheinen kann, denn die Leerheit ist der grundlegende Raum, das grundlegende Fehlen von Festigkeit und die grundlegende Offenheit, in der Erscheinung, Bewegung, Funktionalität und Wandel erst möglich sind. Wären die Dinge in einer soliden und unabhängigen Art und Weise existent, könnte niemals etwas neu erscheinen oder sich ändern. Wenn die Welt überhaupt entstünde, würde sie immer dieselbe sein wie im ersten Moment, als sie in Erscheinung trat. Wären die Dinge unabhängig in sich selbst existent, könnten sie überhaupt nicht funktionieren oder in Interaktion treten. Sobald Dinge in Interaktion treten, zum Beispiel, indem sie als Ursachen und Resultate funktionieren, werden sie von anderen Dingen abhängig. Daher sagte Nāgārjuna, dass es gerade die Leerheit möglich macht, dass Dinge erscheinen und funktionieren. Die Phänomene können sich genau deswegen ändern, weil sie nicht solide und unabhängig sind; sonst wäre alles komplett statisch und eingefroren.

Das Sūtra fährt fort: »Leerheit ist nichts anderes als Form. Form ist nichts anderes als Leerheit.« Warum sind Form und Leerheit nicht verschieden? Leerheit existiert nicht außerhalb von Form, und Form existiert nicht außerhalb von Leerheit. Wir können keine Leerheit eines Glases finden, die getrennt von diesem Glas ist, noch können wir die Leerheit des Glases extrahieren und neben das Glas stellen. Wenn wir über die Leerheit eines Glases sprechen, ist sie an die Erscheinung des Glases gebunden; das eine kann nicht ohne das andere erscheinen oder existieren. Auf der anderen Seite sind Form und Leerheit aber auch nicht dasselbe. Die Leerheit des Glases ist nicht das Glas selbst, sonst würden wir die Leerheit sehen, wenn wir das Glas betrachten. Leerheit ist die Natur der Form und Form ist das, was Leerheit als seine Natur in sich trägt. Wir können nicht sagen, dass die Natur von etwas dieses Etwas ist. Sonst macht es keinen Sinn, von zwei Dingen zu sprechen – dieses Etwas und seine Natur. Somit schließen sich Form und Leerheit gegenseitig in dem Sinne aus, dass es keinen gemeinsamen Ort für sie gibt. Das heißt, es gibt nichts, worüber wir sagen können, dass es sowohl Form als auch Leerheit ist. Da es aber für das eine unmöglich ist, ohne das andere zu existieren, können wir sagen, dass Form und Leerheit dieselbe Natur haben.

Sind Form und Leerheit zwei Dinge?

Letztendlich gibt es jedoch nur die Leerheit oder die letztendliche Wirklichkeit, also ist die Frage, ob Form und Leerheit dasselbe oder verschieden sind, belanglos, weil es von vornherein keine zwei Dinge gibt, die zu vergleichen wären. Wir können nicht fragen, ob ein einzelner Finger dasselbe oder verschieden ist. Trotzdem können wir aus der Perspektive der konventionellen oder scheinbaren Wirklichkeit darüber sprechen, dass Form und Leerheit zwei sind, aber selbst dann kann man nicht sagen, dass sie dasselbe oder verschieden sind.

Gemäß dem *Saṃdhinirmocanasūtra* gibt es vier Fehler, die folgen würden, wenn die beiden Wirklichkeiten – also Erscheinung und Leerheit – ein und dasselbe wären. (1) Genauso wie gewöhnliche Wesen die Phänomene der scheinbaren Wirklichkeit wahrnehmen, würden sie gleichzeitig die letztendliche Wirklichkeit sehen. Wir würden die Leerheit zum Beispiel bereits dadurch erkennen, dass wir eine Blume betrachten. Leerheit wäre etwas, was unseren gewöhnlichen Sinneswahrnehmungen zugänglich ist, wenn sie dasselbe wie die Formen usw. wäre, die unsere Sinne wahrnehmen. Wir würden in diesem Fall auch ohne Anstrengung oder Praxis befreit sein und Nirvāṇa oder Buddhaschaft erlangen, und zugleich wären wir immer noch gewöhnliche Wesen. Das würde den gesamten buddhistischen Pfad überflüssig machen. (2) Die definierenden Merkmale der scheinbaren Wirklichkeit und der letztendlichen Wirklichkeit würden sich gegenseitig einschließen. Daraus würde aber folgen, dass die Leerheit eines begehrenswerten Objekts zugleich ein Objekt der Begierde ist und somit eine Ursache für Leid anstatt sein Gegenmittel. (3) Die Leerheit oder letztendliche Wirklichkeit besitzt keine Vielfalt, wohingegen sich die Erscheinungswelt der scheinbaren Wirklichkeit durch eine große Vielfalt auszeichnet. Wäre nun die formhafte Erscheinungswelt dasselbe wie Leerheit, dann gäbe es entweder Vielfalt in der Leerheit oder keine Vielfalt in den Phänomenen. (4) Yogische Praktizierende müssten nicht nach einer letztendlichen Wirklichkeit jenseits der bedingten Phänomene, wie sie den Sinnen erscheinen oder wie der gedankliche Geist sie erfasst, suchen.

Wären die zwei Wirklichkeiten verschieden, zöge das ebenfalls vier Fehler nach sich. (1) Diejenigen, die die letztendliche Wirklichkeit sehen, wären nicht von Saṃsāra befreit und könnten weder Nirvāṇa noch Buddhaschaft erlangen. Denn die Erfahrung der scheinbaren Wirklichkeit würde nicht im Geringsten durch die Erkenntnis der letztendlichen Wirklichkeit beeinträchtigt, weil sie überhaupt keinen Bezug zueinander hätten. Etwa so, wie das Sehen einer Blume nicht das Sehen eines Tisches beseitigt. Oder so, als ob man Antibiotika nähme, um hohen Blutdruck zu heilen. (2) Die letztendliche Wirklichkeit wäre nicht die wahre Natur der bedingten Phänomene der scheinbaren Wirklichkeit, wenn sie zwei völlig getrennte Dinge darstellten, so wie eine Vase nicht die wahre Natur eines Stücks Stoff ist. (3) Die bloße Leerheit oder das schiere Fehlen einer Natur der bedingten Phänomene wäre nicht ihr letztendlicher Charakter, weil die letztendliche Wirklichkeit und die scheinbare Wirklichkeit keinerlei Bezug zueinander hätten. Wenn die beiden Wirklichkeiten wirklich verschieden wären, könnte das Fehlen einer Natur oder die Leerheit eines Glases, also die Tatsache, dass es nicht wirklich eigenständig existiert, nicht die wahre Natur des Glases sein. Wenn wir über das Fehlen der Natur eines Glases sprechen, ist dieses Fehlen doch immer noch auf das Glas bezogen, sonst könnten wir es nicht die

Natur des Glases nennen. Wäre diese Natur etwas völlig Verschiedenes, könnten wir nicht sagen, dass es die Natur des Glases ist, genauso wie wir nicht sagen können, dass eine Blume die Natur eines Glases ist. (4) Leidvolle Phänomene und gereinigte Phänomene – das heißt, Geisteszustände grundlegender Unwissenheit mit ihren täuschenden Erscheinungen und die nichtgedankliche Weisheit, die die Leerheit erkennt – könnten gleichzeitig im Geistesstrom erhabener Wesen, wie etwa der Buddhas, existieren, weil die Erkenntnis der Leerheit die Unwissenheit nicht beseitigen würde, genauso wie ein Tisch nicht einen Stuhl beseitigt, wohl aber Gift durch sein Gegenmittel eliminiert werden kann.

Darüber hinaus dient die Aussage »Form ist Leerheit und Leerheit Form« dazu, die Extreme von Zuschreibung und Verneinung zu vermeiden – also der scheinbaren Wirklichkeit reale Existenz zuzuschreiben bzw. Erscheinungen ganz und gar zu verneinen. Manche Menschen mögen denken, dass das, was unseren Sinnen und unserem gedanklichen Geist erscheint, alles ist, was es gibt; sie gehen davon aus, dass die einzige Realität das ist, was vor ihren Augen erscheint. Damit schreiben sie aber den flüchtigen Erscheinungen der scheinbaren Wirklichkeit zu viel an Existenz zu, indem sie sich nur auf diese beziehen. Auf der anderen Seite mögen einige Menschen behaupten: »Es gibt überhaupt nichts, weil alles leer ist.« Dadurch werden selbst bloße trugbildhafte Erscheinungen verneint und die Leerheit fälschlicherweise mit einem totalen Nichts gleichgesetzt.

»Form ist Leerheit. Leerheit ist Form« wirkt sowohl dem

einseitigen Anhaften an erscheinenden Formen als auch der Leerheit entgegen, d. h. der Tatsache, einer Art von Ewigkeitsglauben bzw. einem Nihilismus anzuhängen. Daher verweist diese Textstelle auf den mittleren Weg zwischen diesen Extremen. Auf die Sichtweise bezogen, bedeutet der berühmte Mittlere Weg, nicht darin zu verfallen, allein an Erscheinungen oder allein an Leerheit anzuhaften, sondern zu erkennen, dass Erscheinung und Leerheit untrennbar sind. Auf diese Weise bleiben wir in keinem von beidem stecken. Wir machen die Dinge nicht solider, als sie sind, und wir verneinen auch nicht, dass es flüchtige und sich ständig wandelnde trugbildhafte Erscheinungen gibt. Das nennt man »die Einheit der zwei Wirklichkeiten«. Um es noch einmal zu betonen: Dies ist nicht nur eine Art logischer oder philosophischer Übung, sondern es bezieht sich auf die Erfahrung, wie unser Geist auf Dinge reagiert, die wir für wirklicher halten, als sie es tatsächlich sind. Wenn wir zum Beispiel einen Film für real halten, werden wir völlig von der Handlung mitgerissen. Wir weinen dann vielleicht sogar oder schreien: »Bring ihn um!« All das rührt daher, bloßen Erscheinungen zu viel zuzuschreiben, denn alles, was tatsächlich da ist, sind sich bewegende Lichtpunkte auf einer Leinwand. Die eigentliche Geschichte des Films passiert wirklich nirgendwo anders als in unserem Geist. Das bedeutet, dass wir zwei Filme sehen – den Film außen auf der Leinwand, für den wir bezahlt haben, und den inneren Film in unserem Geist, der umsonst und für gewöhnlich viel unterhaltsamer ist. Hätten wir keinen Geist, in dem die eigentliche Vorstellung stattfindet, dann wäre alles, was sich auf der Leinwand ereignet, völlig witzlos.

Dies zeigt, wie unser Geist mit Erscheinungen umgeht, die wir zu wichtig nehmen. Wir schreiben ihnen mehr Wirklichkeit zu, als sie tatsächlich haben, und dann sind wir in ihnen gefangen und investieren in sie emotional, finanziell und in vielen anderen Arten und Weisen. Im Grunde ist es ein abgekartetes Spiel, weil schon unser Ausgangspunkt verkehrt ist, sodass, egal, was wir dann tun, uns nichts wirklich zu einem angemessenen Ergebnis im Rahmen dessen, wie die Dinge tatsächlich sind, führen wird. Verlieben wir uns zum Beispiel in einen der Charaktere in einem Film und versuchen, dieser Leidenschaft nachzugehen, wird das niemals klappen. Sagen wir aber auf der anderen Seite bloß: »Es passiert überhaupt nichts«, wollen wir es schlicht nicht wahrhaben, dass im Rahmen der scheinbaren Wirklichkeit bestimmte Dinge tatsächlich *geschehen* und wir ihnen unterworfen sind. Offensichtlich können wir nicht einfach so tun, als ob nichts passiert, wenn wir aus unserer Wohnung geworfen werden, unsere Rechnungen und Steuern nicht bezahlen, weiterfahren, wenn die Ampel rot ist, usw. Natürlich können wir all das vergessen, sobald wir wie Avalokiteśvara die Leerheit erkannt haben, aber so lange wir relative Ursachen und ihre Auswirkungen erfahren, können wir diese Art von Realität nicht ignorieren und müssen mit ihr in angemessener Art und Weise arbeiten.

»Form ist Leerheit. Leerheit ist Form« verweist auch auf meditative Ausgeglichenheit ohne Erscheinungen einerseits und ohne die Perioden zwischen den formalen Meditationssitzungen, die Erscheinungen beinhalten, andererseits. Der Satz bezieht sich aber auch auf die letztendliche Einheit des Zustandes, in meditativer Ausgeglichenheit zu sein und sich zugleich nicht darin zu befinden, wie sie ein Buddha erfährt. Was tatsächlich geschieht, ist, dass Leerheit und Erscheinung zur selben Zeit zusammen erscheinen, aber die Frage ist, ob wir in der Tat lediglich die eine oder die andere oder beide wahrnehmen. Unser Sehbewusstsein erkennt auf der Ebene bloßer Erscheinung, die ja unsere gewöhnliche Erfahrung darstellt, nichts weiter als Farbe und Gestalt, aber Leerheit ist nichts, was unseren Sinnesbewusstseinen erscheinen könnte. Wenn Bodhisattvas auf den Bhūmis in meditative Ausgeglichenheit eintreten und die Leerheit direkt wahrnehmen, verschwinden gewöhnliche Erscheinungen in diesem Zustand. Für Anfänger wie auch für jene Bodhisattvas schließen sich die Wahrnehmung von Erscheinungen und Leerheit gegenseitig aus – entweder wir nehmen die Erscheinung wahr oder wir nehmen die wahre Natur dieser Erscheinung wahr. Sobald Bodhisattvas jedoch ihre Meditation verlassen, tauchen die Erscheinungen erneut auf, jedoch nicht mehr in einer so soliden Weise wie für gewöhnliche Wesen, da ihre Meditation auf ihre Erfahrungen ausstrahlt, wenn sie sich mit anderen Aktivitäten beschäftigen.

Das Fazit ist, dass sich »Form ist Leerheit« auf die Leerheit der Erscheinungswelt bezieht, was dem Extrem des Glaubens an eine absolut reale Existenz flüchtiger Phänomene entgegenwirkt. »Leerheit ist Form« weist darauf hin, dass es nichts anderes als Leerheit ist, die als Abhängiges Entstehen erscheint. Dies beendet das Extrem des Glaubens, dass überhaupt nichts existiert. »Leerheit ist nichts anderes als Form« drückt die Einheit von Erscheinung und Leerheit oder die Untrennbarkeit von Leerheit und Abhängigem Entstehen aus und widerlegt so das Extrem, sowohl existent als auch nichtexistent zu sein (anders gesagt: es beseitigt zugleich die zwei Extreme von Nihilismus und existentiellem Absolutismus). »Form ist nichts anderes als Leerheit« besagt, dass Erscheinung und Leerheit nicht unvereinbar sind, sondern sich notwendigerweise gegenseitig in vollkommener Harmonie ergänzen, und negiert so das Extrem, die Dinge als weder existent noch nichtexistent zu betrachten. Auf diese Weise werden alle Möglichkeiten, wie wir uns die Phänomene fälschlicherweise als existent, nichtexistent, beides oder keins davon denken, transzendiert, was die totale Freiheit von allen Begriffen, Gedanken und Bezugspunkten darstellt.

Der Mittlere Weg ohne eine Mitte

Wie bereits erwähnt, macht die Erkenntnis der Leerheit alles viel unbeschwerter. Daher nehmen Bodhisattvas ein Glas nicht in genau derselben Weise wahr wie wir und haften auch nicht mehr an seiner Existenz. Es ist eher wie ein luzider Traum. Es ist nicht so, dass Bodhisattvas überhaupt nichts erscheint, aber sie sind in zunehmendem Maße in der Lage, ihre Erkenntnis der Leerheit in allem, was auftaucht, aufrechtzuerhalten, egal wie intensiv die Erfahrung auch sein mag. Was erscheint, wird genauer und genauer wahrgenommen, und schließlich macht es keinen Unterschied mehr, ob sie sich in Meditation befinden oder nicht, weil sich die meditative Erkenntnis vollständig auf alle anderen Aktivitäten und Erfahrungen überträgt.

Das ist es, was der Mittlere Weg im Rahmen von Sichtweise und Praxis bedeutet. Streng genommen beschreibt dieser Begriff im Rahmen der Sichtweise noch nicht einmal die Mitte zwischen zwei Dingen. Wenn wir zum Beispiel über Existenz und Nichtexistenz sprechen, so gibt es keine wirkliche Mitte zwischen ihnen, wie etwa, dass etwas halb existent und halb nichtexistent ist. Wenn wir von irgendeiner Mitte ausgehen, haben wir lediglich ein anderes Ding gefunden, auf das wir uns stürzen können. Im Rahmen des Verhaltens gibt es jedoch definitiv einen Mittleren Weg, denn dabei geht es ja immer noch darum, etwas zu tun. Was der Buddha ursprünglich als den Mittleren Weg lehrte, war der Mittlere Weg zwischen Askese und Hedonismus, der Mittlere Weg dazwischen, uns selbst zu quälen und uns übermäßig in Sinnesfreuden zu ergehen. Aber im Rahmen der Sichtweise können wir nicht wirklich über einen Mittleren Weg oder selbst eine Mitte sprechen, denn das würde bedeuten, dass wir etwas identifizieren. Doch jedes Mal, wenn wir etwas identifizieren, ist es nicht die Leerheit oder die letztendliche Wirklichkeit, denn wir haben dann immer noch irgendeine Art von Bezugspunkt oder einen Grund, auf dem wir stehen. Das ist noch nicht das Fehlen jeglichen Grund und Bodens oder die Freiheit von allen Bezugspunkten.

Daher interpretieren einige tibetische Meister das tibetische Wort *uma* für Mitte oder Madhyamaka so, dass es »noch nicht einmal eine Mitte« bedeutet. Mit anderen Worten, der Mittlere Weg beschreibt im Rahmen der Sichtweise, dass es noch nicht einmal eine Mitte gibt, ganz zu schweigen von irgendwelchen Extremen oder Gegenpolen. Halten wir zum Beispiel unsere zwei Zeigefinger vor uns hoch, können wir die Mitte des Raumes zwischen den beiden Fingerspitzen identifizieren, aber wenn wir diese beiden Finger wegnehmen, wo ist dann diese Mitte? Sind also die Bezugspunkte, die eine Mitte definieren, weg, können wir diese ebenfalls nicht mehr finden oder über sie reden. Wenn wir dann jedoch insistieren und weiter auf den Punkt im leeren Raum starren, den wir zuvor als die Mitte identifiziert haben, halten wir lediglich stur an einem bedingten Bezugspunkt fest, der nicht mehr da ist, sobald sich die Bedingungen geändert haben. Das ist so, als würden wir darauf bestehen, dass New York im Osten liegt, wenn wir irgendwo in Europa sind, bloß weil es im Osten liegt, wenn wir uns in Seattle aufhalten. Von einem Madhyamaka-Gesichtspunkt aus ist alles, was wir als eine Mitte identifizieren könnten, lediglich ein anderes Extrem oder ein anderer Bezugspunkt, also ist »Mitte« bloß ein Kürzel für die Tatsache, dass es überhaupt keine Bezugspunkte gibt, seien sie Extreme, eine Mitte oder irgendetwas anderes.

Das ist auch der Grund, warum die Prajñāpāramitā-Sūtren und andere Texte oft sagen: »Nichts zu sehen ist das höchste Sehen.« Das bedeutet nicht wörtlich, nichts zu sehen wie etwa Blinde oder Menschen, die schlafen. Wie der Buddha sagte:

> Die Wesen sprechen gewöhnlich davon, »den Himmel zu sehen«.
> Untersuche diesen Punkt, wie du den Himmel siehst!
> Der Buddha lehrte, dass das Sehen der Phänomene genauso ist.

Was sehen wir denn wirklich, wenn wir sagen: »Ich sehe den Himmel.«? Wir könnten vielleicht sagen: »Er ist diese blaue Weite.« Wir halten ihn also für etwas Blaues hoch über uns, aber wir wissen, dass es dort oben kein blaues Ding gibt. Wir schauen in eine Leere, die uns auf der Erde aufgrund bestimmter Bedingungen als blau erscheint. Sobald wir die Erde vom Weltall aus betrachten, gibt es keinen blauen Himmel. In diesem Sinne ist der Himmel ein Beispiel für etwas, was in einer bestimmten Weise erscheint, während das, was wir tatsächlich betrachten, etwas völlig Verschiedenes davon ist. Denken wir darüber nach, was es heißt, »den Himmel zu sehen«, so bedeutet es, Erscheinung und Leerheit in Vereinigung zu sehen. Worauf wir tatsächlich blicken, wenn wir den Himmel sehen, ist Raum, aber wir können Raum nicht sehen, weil Raum die Abwesenheit von allem ist. Wenn wir etwas sehen, nennen wir das nicht Raum, sondern wir nennen es »etwas«. Wenn etwas da ist, gibt es an diesem Platz keinen Raum, sondern der Raum ist buchstäblich besetzt. Im Fall des Himmels erscheint Raum meistens blau, aber manchmal erscheint er auch rot, orange, gelb oder lila (zur

Abend- oder Morgendämmerung), weiß oder grau (mit Wolken) oder sogar grün (mit Nordlicht). Trotzdem ist es immer derselbe Raum. Wenn wir einen Tisch betrachten, ist es genauso; zwar beruht seine Erscheinung auf etwas stärkeren, gewohnheitsmäßigen Tendenzen der Verdinglichung, aber wenn wir Quantenphysiker fragen, sagen sie ebenfalls, dass wir im Grunde nur Raum erblicken, wenn wir einen Tisch betrachten.

Frage: Wenn der Tisch vor uns leer ist, wie kann dann trotzdem ein Glas auf ihm stehen?
KB: Wir können dieselbe Sache vom letztendlichen und vom relativen Gesichtspunkt aus betrachten, aber es wird sehr verwirrend, wenn wir diese zwei Perspektiven vermischen. Wir können nicht ein wirklich existierendes Glas auf einen leeren Tisch stellen. Betrachten wir das Glas und den Tisch vom letztendlichen Gesichtspunkt aus, sind beide gleichermaßen leer und es gibt nichts, was als Unterlage dient, und nichts, was darauf steht könnte. Betrachten wir sie aber vom relativen Gesichtspunkt aus, so kann sehr wohl ein trugbildhaftes Glas auf eine trugbildhafte Art und Weise auf einem trugbildhaften Tisch stehen, etwa so, wie wir sehen, dass ein Glas in einem Film auf einem Tisch steht. Wir können jedoch nicht einen Beweisgrund, der sich auf die letztendliche Wirklichkeit bezieht, verwenden, um die relative Wirklichkeit zu widerlegen oder umgekehrt. Wir können nicht sagen: »Die Dinge sind nicht leer, weil ich dieses Glas sehen und berühren kann.« Wir können aber auch nicht sagen: »Es ist

überhaupt kein Glas da, weil alle Phänomene leer sind.« Dadurch würden wir die beiden Ebenen der Wirklichkeit miteinander verwechseln, was offensichtlich nicht das ist, was mit der Einheit der zwei Wirklichkeiten gemeint ist. Ein Hauptgrund, warum der Buddha diese zwei Wirklichkeiten lehrte, war, damit wir uns klar darüber sein können, auf welcher Ebene der Realität wir über die Phänomene sprechen. Das heißt, ob wir aus der Wirklichkeitserfahrung gewöhnlicher Wesen sprechen oder aus der Perspektive dessen, was diejenigen, die sehen, wie die Dinge wirklich sind, als die letztendliche Wirklichkeit wahrnehmen. In der Tat stammt die Mehrzahl aller Missverständnisse über die buddhistische Sichtweise daher, dass der Unterschied zwischen scheinbarer und letztendlicher Wirklichkeit nicht verstanden wird.

Die Wahrnehmung von Menschen mit grauem Star ist ein häufig verwendetes Beispiel für die Beziehung zwischen dualistischer Erscheinung und Leerheit. Diese Menschen sehen vielerlei seltsame Dinge, die tatsächlich nicht existieren, wie etwa kleine schwarze Punkte, wenn sie auf eine weiße Oberfläche blicken, oder zwei Monde am Himmel. Sobald der graue Star beseitigt ist, sehen sie die weiße Oberfläche ohne Punkte und den Himmel wieder nur mit einem Mond. Genau so sind vom Gesichtspunkt der letztendlichen Wirklichkeit aus Form oder auch die Verschleierungen im Allgemeinen ebenso trugbildhaft wie diese Punkte oder die beiden Monde. Sprechen wir über die Einheit von Erscheinung und Leerheit, so ist dies für gewöhnliche Wesen wie diese Punkte im Raum. Es ist nicht wirklich so, dass sie den Raum um die Punkte herum nicht sehen, sondern sie sind total auf diese Punkte fixiert. Wenn wir mit unserer gewöhnlichen Wahrnehmung auf irgendetwas blicken, konzentrieren wir uns nicht auf den Raum um die Dinge herum, sondern es sind die Dinge innerhalb dieses Raums, an denen wir immer hängenbleiben. Unsere Aufmerksamkeit ruht nicht wirklich auf dem Raum, sondern wir befassen uns immer mit den Erscheinungen im Raum. So ist es auch mit der Leerheit. Es ist nicht so, dass sie für gewöhnliche Wesen nicht erscheint, sondern wir übersehen sie, weil wir völlig von den Erscheinungen innerhalb der Leerheit mitgerissen werden.

Solange wir unter dem Einfluss der »Krankheit« der Unwissenheit und des Dualismus stehen, sind wir uns nicht darüber bewusst, dass die Erscheinungen nicht wirklich existieren und wir mit ihnen umgehen, als ob sie wirklich wären. Im Falle des grauen Stars denken wir dann vielleicht, dass tatsächlich schwarze Punkte auf der weißen Spüle sind, und wir versuchen, sie wegzuwischen, was offensichtlich nicht funktioniert. Also muss uns zunächst ein Arzt sagen, dass diese Punkte lediglich etwas sind, was durch den grauen Star in unseren Augen verursacht wird, und sie nicht wirklich da draußen vorhanden sind. Aber selbst wenn wir verstehen, dass die Punkte nicht wirklich außerhalb unserer Augen sind, erscheinen sie doch immer noch. Daher ist der nächste Schritt, einen Operationstermin zu vereinbaren, um den grauen Star zu entfernen, sodass wir danach keine Punkte mehr sehen. Durch die Operation werden jedoch nicht alle visuellen Objekte oder unser gesamtes Auge entfernt, sondern wir gewinnen so unsere klare Sehkraft wieder. Ebenso beginnt der Prozess, die »Krankheit« der Unwissenheit mit ihren vielen Symptomen dualistischer Erscheinungen effektiv zu beseitigen, damit, die Lehren Buddhas zu studieren und über sie nachzudenken. Aber ein bloßes Verständnis der Leerheit in all ihren Auswirkungen führt nicht dazu, dass dualistische Erscheinungen verschwinden, denn sie basieren auf sehr starken Gewohnheitstendenzen. Die »Krankheit« der Unwissenheit kann nur durch Meditation oder ein gründliches Vertrautwerden mit der Leerheit beseitigt werden, woraufhin dualistische Erscheinungen nicht wieder entstehen. Anders ausgedrückt muss unser gedankliches Verständnis der Leerheit tiefer in unser Bewusstsein vordringen und zu einem untrennbaren Bestandteil des Gewebes unseres Geistes werden. Für uns als gewöhnliche Wesen ist es aufgrund unserer tief eingeprägten Gewohnheitstendenzen völlig natürlich, alle Dinge für solide und wirklich zu halten, aber wir können uns doch auch in gleichem Maße mit der Leerheit vertraut machen, sodass es genauso natürlich für uns wird, in allem das Fehlen wirklicher Existenz zu erkennen.

Frage: Menschen scheinen unterschiedliche Vorstellungen darüber zu haben, was Raum ist. Können Sie den Begriff des Raums etwas ausführlicher erläutern und ob dieser Raum auch leer ist?
KB: Im Buddhismus wird Raum als die Abwesenheit von allem definiert. Dieser Begriff »Raum« ist aber im Grunde nur eine Vorstellung, weil wir eine Abwesenheit nicht wirklich

mit unseren Sinnen erfassen können. Wir können ein Glas sehen, aber wir können nicht wirklich die Abwesenheit eines Glases sehen. Wir sagen vielleicht: »Ja, ich sehe den Raum«, aber wir sehen nicht den eigentlichen Raum, sondern wir sehen einfach kein Objekt innerhalb dieses Raums. In der Tat sehen wir immer etwas, aber wir können niemals »nichts« sehen. Wir mögen zum Beispiel zwei Stühle betrachten und sagen: »Ich sehe den Raum zwischen diesen Stühlen«, aber was wir tatsächlich zwischen diesen beiden Stühlen sehen, ist der Boden oder die Wand. Wir behandeln Raum normalerweise als ein eigenständiges Phänomen und denken sogar, dass er Funktionen hat, wie etwa Raum zu bieten. Im Buddhismus jedoch ist Raum als die Abwesenheit von allem kein Phänomen, und er kann auch keine Funktionen erfüllen. Es ist nicht so, dass Raum aktiv Raum zur Verfügung stellt, wie etwa jemand, der ein überfülltes Zimmer verlässt, sodass wir eintreten können. Raum öffnet auch nicht die Tür und sagt: »Willkommen, Phänomene, kommt rein und spaziert herum, seid meine Gäste.« Egal ob wir nun Raum für eine Vorstellung oder eine bloße Abwesenheit halten, so ist er doch in jedem Fall genauso leer wie alles andere, das heißt, er existiert nicht mit einer ihm innewohnenden Eigennatur. Es ist weder der Fall, dass die Vorstellung von Raum eigenständig existiert, noch dass die schiere Abwesenheit von allem eigenständig existiert. Mit anderen Worten, wenn wir analysieren, wo dieser Raum ist oder was genau er ist, so ist es sogar noch offensichtlicher als bei einem Tisch, dass wir ihn nicht finden können. Beim Tisch können wir zumindest konventionellerweise sagen, wie lang, breit und hoch er ist und welche Farbe er hat, aber beim Raum können wir nichts davon bestimmen.

Es scheint, dass es immer gewisse Probleme mit der Vorstellung von Raum gibt, was sehr aufschlussreich ist. Im Buddhismus wird Raum als die Abwesenheit eines Widerstandes verstanden, in dem sich Dinge, die Widerstand erzeugen, bewegen und in Interaktion treten können. Wäre der gesamte Raum mit Dingen gefüllt, könnte niemals etwas geschehen, vergleichbar einem Zimmer, das bis unter die Decke mit Dingen vollgestopft ist. In einem solchen Zimmer gibt es keinen Raum, um einzutreten, geschweige denn, sich darin zu bewegen. Es scheint, dass unser Geist manchmal wie ein Zimmer voller Dinge ist, was es ziemlich schwer macht, dass sich überhaupt irgendetwas bewegt – alles scheint statisch und fixiert zu sein. Wenn wir dann auch noch versuchen, eine Sache herauszuziehen, könnte uns der Rest wie eine Lawine überrollen. Also lassen wir entweder einfach alles, wie es ist, oder wir müssen sehr vorsichtig damit anfangen, die Dinge herumzubewegen.

Frage: Bezieht sich das Beispiel von Wasser und Eis darauf, dass die zwei Wirklichkeiten weder dasselbe noch verschieden sind, aber dennoch eine gewisse Art von Beziehung haben?

KB: Ja, sehr sogar. Wenn wir ein Stück Eis haben, können wir nicht sagen, dass seine »Eisigkeit« und seine »Wässrigkeit« dasselbe oder verschieden sind. Wenn sich Wasser in Eis verwandelt hat, ist es kein Wasser mehr, weil es nicht so aussieht wie Wasser und nicht die gleichen Funktionen erfüllt. Zum Beispiel können wir es nicht trinken oder unsere Wäsche damit waschen. Aber gleichzeitig können wir nicht sagen, dass Wasser und Eis zwei völlig unterschiedliche Dinge sind, weil Wasser die Natur des Eises ist. Wir können das Wasser auch nicht wirklich aus dem Eis herausziehen und es neben das Eis legen. Entweder gibt es eine Erscheinung von Wasser oder es gibt eine Erscheinung von Eis; wir können die beiden nicht zur selben Zeit als getrennte Phänomene haben. Ebenso können wir die Leerheit nicht aus einem Tisch herausziehen und neben den Tisch legen, aber so, wie Leerheit und Tisch sich darstellen, können wir auch nicht sagen, dass sie genau dasselbe sind.

Frage: Was die Ausdrücke »relative Wirklichkeit« und »letztendliche Wirklichkeit« angeht, so scheint sich »relative Wirklichkeit« auf Erscheinungen zu beziehen und »letztendliche Wirklichkeit« auf Leerheit. Aber manchmal wird »relative Wirklichkeit« als die Art und Weise erklärt, in der gewöhnliche Wesen die Dinge wahrnehmen, und »letztendliche Wirklichkeit« als die Art und Weise, in der Bodhisattvas und Buddhas die Dinge wahrnehmen. Somit scheint es zwei Möglichkeiten zu geben, diese Ausdrücke zu verstehen.
KB: Die erste Erklärung ist aus der Perspektive der Objekte, während die letztere aus der Perspektive der Subjekte ist, die diese Objekte wahrnehmen. Der Achte Karmapa sagte, dass die letztendliche Wirklichkeit nirgendwo anders existiert als im Geist derjenigen, die sie wahrnehmen. Die letztend-

liche Wirklichkeit ist kein Objekt, das irgendwo da draußen existiert, und dann stolpern wir über sie. Es gibt keine letztendliche Wirklichkeit oder relative Wirklichkeit unabhängig von den Wahrnehmenden. Ob wir die letztendliche oder die scheinbare Wirklichkeit erleben, ist vielmehr eine Frage dessen, ob wir unsere gesamte geistige Anschauung transformiert haben. Diese komplette Transformation dessen, wie wir uns selbst und die Welt sehen, wird dann »letztendliche Wirklichkeit« genannt, weil ein Wandel des wahrnehmenden Subjekts einen Wandel des Objekts, das es wahrnimmt, nach sich zieht. Denn solange es Unwissenheit im Geistesstrom gibt, herrscht Verblendung, die täuschende Formen von Objekten erzeugt, so wie bei jenen schwarzen Punkten, die jemand mit grauem Star sieht. Vom Gesichtspunkt einer Person, die keinen grauen Star hat, ist die Wahrnehmung von schwarzen Punkten verkehrt, denn diese Punkte erscheinen nicht, wenn jemand diese Krankheit nicht hat. Um unsere unverfälschte Wahrnehmung wiederzugewinnen, können und brauchen wir die Punkte nicht zu beseitigen, sondern wir müssen mit dem Auge als dem Wahrnehmenden arbeiten. Ebenso müssen wir auch keine Erscheinungen beseitigen, sondern wir müssen damit arbeiten, wie wir sie wahrnehmen und wie wir an ihnen anhaften. Wie Tilopa zu Nāropa sagte:

> Es sind nicht die Erscheinungen, die dich fesseln, sondern dein Haften an diesen Erscheinungen. Lass daher von deinem Anhaften los, Nāropa!

Genauso ist es, wenn wir über »reine Bereiche« und ähnliche Dinge sprechen; wir erhalten dann keine verbesserte Version der Erscheinungen, checken auch nicht aus bestimmten Erscheinungen aus und treten in keine andere, bessere Gruppe von Erscheinungen ein. Was sich ändert, ist unsere Wahrnehmung.

Ein Beispiel, um zu veranschaulichen, dass der Unterschied zwischen relativer und letztendlicher Wirklichkeit sozusagen im Auge des Betrachters liegt, können wir in Büchern wie *Magic Eye* finden, die ein paar Jahre im Umlauf waren. Diese Bücher enthalten zweidimensionale Abbildungen, doch wenn man diese aus einer bestimmten Perspektive betrachtet, kann man plötzlich ein anderes, dreidimensionales Bild statt des zweidimensionalen sehen. Offensichtlich hat sich das zweidimensionale Bild nicht physisch verändert, aber wir sehen jetzt etwas, was vorher nicht da war, weil sich unsere Art und Weise des Schauens verändert hat. Aus diesem Beispiel können wir ersehen, wie dramatisch sich unsere Anschauung selbst auf einer simplen, konventionellen Ebene wandeln kann. Daraus können wir schließen, wie umfassend wir uns selbst und die Welt in einer völlig verschiedenen Art und Weise in Bezug auf die letztendliche Wirklichkeit wahrnehmen können. In diesem Beispiel stehen die zweidimensionalen Abbildungen für die Erscheinungen ohne jedwede Leerheit, wohingegen die dreidimensionalen Bilder das Sehen der Einheit von Erscheinung und Leerheit veranschaulicht.

Es ist auch interessant, uns anzuschauen, wie wir auf diese zweidimensionalen Bilder blicken müssen, um die dreidimensionalen zu sehen. Je mehr wir uns auf die existierenden zweidimensionalen Bilder konzentrieren und versuchen, etwas anderes zu sehen, desto weniger funktioniert es tatsächlich. Entspannen wir stattdessen unsere Augen und schauen im Grunde durch den zweidimensionalen Vordergrund hindurch, ohne uns überhaupt auf ihn zu konzentrieren, so taucht plötzlich der dreidimensionale Hintergrund auf. In ähnlicher Weise sprechen die Prajñāpāramitā-Sūtren immer darüber, sich auf die Phänomene »nicht zu konzentrieren« und »sie nicht zu beobachten«, und bezeichnen dies als die höchste Form des Sehens, das heißt, das Sehen der letztendlichen Wirklichkeit. Vielleicht sind Bücher wie *Magic Eye* die modernen »Prajñāpāramitā-Sūtren für Dummies«.

Frage: Die Erfahrung der letztendlichen Wirklichkeit, selbst wenn sie flüchtig ist, geschieht spontan oder augenblicklich; entsteht also das Mitgefühl, das auf dieser Erfahrung beruht, in ebenso natürlicher Weise? Anders gesagt, entspringt die Erfahrung großen Mitgefühls oder großer Fürsorge für alle Wesen aus der Erkenntnis der Leerheit?
KB: Eine Erkenntnis von Leerheit ohne Mitgefühl ist unmöglich. Es ist aber nicht so, dass wir, sobald wir die Leerheit erkennen, plötzlich von einem Zustand, in dem wir keinerlei Mitgefühl haben, zu unendlichem Mitgefühl für alle Lebewesen springen, da diese Erkenntnis definitiv davon abhängt, vorher bereits Mitgefühl kultiviert zu haben. Einfach nur über das Letztendliche – die Leerheit – zu meditieren

und sie zu erkennen, ist leider nicht genug; der Pfad zur Buddhaschaft umfasst viele andere Praktiken auf der Ebene der relativen Wirklichkeit, um Mitgefühl zu kultivieren, es zu verstärken und in Handlungen umzusetzen. Mitgefühl wird oft insofern mit der befeuchtenden Eigenschaft des Wassers verglichen, da es unseren Geistesstrom befeuchtet und ihn so geschmeidig, flexibel und empfänglich macht. Mangelt es uns an Mitgefühl, ist unser Geist wie ein sehr altes, trockenes Stück Leder. Er ist dann sehr steif und fast leblos, egal wie viel Einsicht in die Leerheit wir haben mögen. Wenn wir Prajñā oder die Erkenntnis der Leerheit zu sehr betonen, kann unser Geist wie dieses steife Leder oder wie ein scharfes Schwert werden, das sehr gut schneidet, aber kein Herz hat. Daher sprechen wir von »Leerheit mit einem Herz aus Mitgefühl«. Sobald Leerheit vollkommen erkannt wird, ist auch vollständiges Mitgefühl da, und zwar genau deswegen, weil es kein Gefühl eines Selbst mehr gibt. Das heißt, dass die gesamte Energie unseres Geistes, die in dieses schwarze Loch des Ego-Anhaftens gesaugt wurde, freigesetzt wird. Was macht sie dann? Sie geht einfach nach außen zu anderen. Die gesamte Energie unseres Geistes, die freigesetzt wird, strahlt nach außen und geht auf andere zu, denn das ist es, was der Geist natürlicherweise tut, wenn er nicht durch das Anhaften an einem Selbst und der wirklichen Existenz der Phänomene behindert wird.

Wir könnten sagen, dass unser Anhaften an einem Selbst wie kochendes Wasser in einem Druckkochtopf mit einem festschließenden Deckel ist. Das Wasser kann in diesem Topf nirgendwo hin, es wird einfach nur zu sehr heißem Dampf, der schnell herumwirbelt. Die ganze Situation da drinnen ist klaustrophobisch und schmerzhaft. Aber sobald wir den Topf öffnen, verbreitet sich der Dampf in alle Richtungen, kühlt sich ab und befeuchtet alles. Es gibt keinen Druck, kein Eingesperrtsein und keinen Schmerz mehr; stattdessen wirbelt er ganz natürlich und spielerisch umher und genießt seine Freiheit. Wir könnten also sagen, dass sich unser Geist wie Wasser verhält. Wir können ihn aufheizen und unter Druck setzen, aber sobald wir sein Eingesperrtsein durch Ego-Anhaftung und die Hitze unserer Geistesplagen beenden, kühlt er sich ebenso wie Wasser ab und verbreitet sich überall auf ganz natürliche Art und Weise. Genauso passen Leerheit und Mitgefühl zusammen. Leerheit zu erkennen bedeutet, wirklich zu sehen, dass es kein Eingesperrtsein gibt und unser Geist sich frei bewegen kann. Wenn er sich dann frei bewegt, ist das, was er tut, mitfühlend auf andere zuzugehen und zu sehen, dass es keine Trennlinien zwischen uns und anderen gibt. Das ist, wie auf die anderen Druckkochtöpfe zuzugehen und ihnen zu helfen, ihre Deckel zu öffnen.

Frage: Gibt es irgendetwas anderes, als unseren gedanklichen Geist zu transformieren, um die letztendliche Wirklichkeit direkt wahrzunehmen?
KB: Unser gedanklicher Geist ist die oberflächlichste Ebene all der Schichten unseres Geistes, die transformiert werden müssen. Im Buddhismus sprechen wir von sechs oder acht verschiedenen Arten von Bewusstsein. Die oberflächliche-

ren Bewusstseinsebenen sind die fünf Sinnesbewusstseine und das gedankliche Bewusstsein, während die subtileren aus dem »geplagten Geist« und dem »Ālaya-Bewusstsein« bestehen. Letzteres ist die grundlegende Ebene unseres dualistischen Geistes und repräsentiert die Gesamtsumme unserer Unwissenheit darüber, wie die Dinge wirklich sind, welche aus den latenten Tendenzen für alles besteht, was als Objekte und die sie wahrnehmenden Bewusstseine erscheint. Die anderen sieben Bewusstseinsebenen und ihre Objekte tauchen aus dem Ālaya-Bewusstsein auf und sinken dorthin zurück, so wie sich Wellen aus dem Meer erheben und wieder in es hineinsinken. Der geplagte Geist ist der Teil unseres Geistes, der das Ālaya-Bewusstsein mit unserem Selbst verwechselt, an ihm in dieser Weise anhaftet und somit all unsere Wahrnehmungen, Gedanken und Emotionen aus der Perspektive unseres Egos befleckt. Zusätzlich zu diesen acht Primärbewusstseinen gibt es auch noch jede Menge Geistesfaktoren wie Gefühl, Unterscheidung, Ärger, Begierde, Unwissenheit, Prajñā usw. Auf dem Pfad arbeiten wir mit ihnen allen; sie werden alle transformiert oder erfahren eine Zustandsänderung. Viele Texte erklären im Detail, wie die acht Bewusstseinsebenen als ihre wahre Natur zutage treten, nämlich als die fünf Arten der Buddha-Weisheit, die weiter oben besprochen wurden. Kurz gesagt werden dabei das Ālaya-Bewusstsein zur spiegelgleichen Weisheit, der geplagte Geist zur Weisheit der Gleichheit, der gedankliche Geist zur unterscheidenden Weisheit und die Sinnesbewusstseine zur alleserfüllenden Weisheit. Die Dharmadhātu-

Weisheit ist die grundlegende Weite des Geistes, in der sich all dies ereignet.

Obwohl der gedankliche Geist die oberflächlichste Bewusstseinsebene ist, ist er doch das, womit wir uns normalerweise am meisten befassen. Daher empfehlen viele buddhistische Unterweisungen, dass wir mit unseren Gedanken in einer geschickten Art und Weise arbeiten, statt zu versuchen, sie loszuwerden, was sowieso nicht klappt. Daher heißt es auch in der Mahāmudrā-Tradition, dass »Gedanken der Dharmakāya sind«, was dasselbe wie »Form ist Leerheit« besagt. Es bedeutet nicht wörtlich, dass unsere Gedanken einfach so, wie sie erscheinen, der Dharmakāya *sind*, denn dann würden wir da stehenbleiben. Es bedeutet vielmehr, dass die Natur unserer Gedanken der Dharmakāya ist. In unserem Beispiel von Wasser und Eis können wir nicht wirklich sagen, dass Eis Wasser *ist*, aber die Natur des Eises ist Wasser. Das heißt, dass sich das Eis zu Wasser wandeln kann, aber nicht dadurch, dass es sich auf wundersame Weise transformiert, sondern weil dies bereits in seiner Natur liegt. Wir müssen das Eis nicht manipulieren, damit es zu Wasser wird – seinem Wesen nach ist es bereits Wasser. Ebenso tragen Gedanken oder einfach alles, was in unserem Geist erscheint, die wahre Natur des Geistes in sich, also geht es vor allem darum, diese Natur hervortreten zu lassen.

Frage: Wenn wir daran arbeiten, die Grenze zwischen uns selbst und anderen zu durchbrechen, ist das Prajñā oder Mitgefühl?

KB: Es ist beides. Aus einer mahāyāna-buddhistischen Perspektive können wir die Grenze zwischen uns selbst und anderen nicht wirklich durch Mitgefühl oder Leerheit allein auflösen. Beide müssen zusammenkommen. Versuchen wir es nur durch Mitgefühl, wird es immer noch ein gewisses Anhaften an uns selbst und an wirklicher Existenz geben, was uns davon abhält, alle Grenzen vollständig aufzulösen. Versuchen wir es mit Leerheit allein, haben wir das Problem, dass dieser Ansatz zu kalt und klinisch ist und nicht genug Herz besitzt. Es ist ja nicht nur ein technischer Prozess wie der, eine Mauer zwischen uns und anderen einzureißen, denn es gibt in diesem Prozess eben auch eine affektive gefühlsmäßige Qualität. Fehlt sie, funktioniert er nicht. Wir könnten sagen, dass es nicht genug ist, lediglich die Mauern zwischen uns und anderen niederzureißen, sondern dass wir auch auf diese anderen zugehen und mit ihnen sprechen müssen. Reißen wir nur die Mauern nieder und bleiben auf unserer Seite stehen, während sie auf ihrer Seite bleiben, dann ignorieren wir diese anderen Menschen immer noch und es gibt keine Verbindung, so wie zwischen Nachbarn, die sich zwar jeden Tag sehen, aber nie miteinander reden und nichts übereinander wissen. Leerheit oder Prajñā kann also sehr gut Mauern zum Einstürzen bringen, aber um uns tatsächlich in andere hineinzuversetzen, brauchen wir Mitgefühl oder die aus sich herausgehende Energie unseres Geistes. Prajñā ist nicht das, was dies tut, weil Prajñā nur die Hindernisse durchschneidet, damit wir aufrichtig auf andere zugehen können. Daher brauchen wir beides – Prajñā und Mitgefühl; sie kommen im Paket.

Gleichzeitig ist es wichtig, zu verstehen, dass Prajñā und Mitgefühl einander verstärken. Wenn wir zum Beispiel eine überwältigende Empfindung von Mitgefühl haben, lösen sich die Grenzen zwischen uns und anderen zeitweise ganz natürlich auf. In der Tat vergessen wir uns selbst komplett und es gibt kein Gefühl der Trennung mehr, sondern nur grenzenlose Empathie. Haben wir dann auch noch ein gewisses Gefühl für die Unwirklichkeit oder die trugbildgleiche Qualität der Phänomene, werden die Grenzlinien zwischen uns und anderen noch transparenter und wir können besser erkennen, wer diese anderen tatsächlich sind und dass sie genauso leiden wie wir.

Wenn wir alle diese Dinge über Leerheit hören, fragen wir uns vielleicht, wo das Herzgefühl dabei eigentlich bleibt. Wenn wir die Leerheit lediglich von einem intellektuellen Gesichtspunkt aus betrachten, so klingt das oft sehr analytisch und trocken. Wenn wir aber darüber nachdenken, was Mitgefühl ist, so bedeutet es wirklich, kein Selbst zu haben, was sehr schön durch das deutsche Wort »Selbstlosigkeit« veranschaulicht wird. Was macht unser Geist, wenn wir kein Ego und kein Selbstinteresse mehr haben? Wir schlafen dann nicht ein oder stumpfen ab, sondern es wird eine Menge Energie freigesetzt, mit der wir uns ganz natürlich um andere bemühen. Ich denke, wir alle haben solche Erfahrungen schon gemacht.

Dies beendet unsere Betrachtung über die vierfache Tiefgründigkeit von »Form ist Leerheit. Leerheit ist Form. Leerheit ist nichts anderes als Form. Form ist nichts anderes als Leerheit«. Diese vierfache Tiefgründigkeit gilt jedoch nicht nur für Form und Leerheit, sondern auch für die restlichen vier Skandhas, also Gefühl, Unterscheidung, Wirkkräfte und Bewusstsein. Daher fährt das Herz-Sūtra fort:

> *Ebenso sind Gefühl, Unterscheidung, Wirkkräfte und Bewusstsein leer.*

Richtig und vollständig verstanden gilt die kurze Erklärung »Form ist Leerheit und Leerheit ist Form« bereits für alle Phänomene. Für alle, die detailliertere Erläuterungen brauchen, kann dasselbe Prinzip jedoch auch auf die anderen Skandhas angewendet werden, wie etwa auf das des Gefühls (was wahrscheinlich das für westliche Menschen bei weitem bedeutendste Skandha ist, wohingegen es im Osten ziemlich unbedeutend ist). Unterscheidung bezieht sich hauptsächlich auf die gedankliche Ebene, darauf, Unterschiede zwischen Dingen zu machen, indem man ihre Merkmale unterscheidet, wie etwa groß und klein oder gut und schlecht. Das Skandha der Wirkkräfte schließt alle Geistesfaktoren ein, die nicht im zweiten, dritten und fünften Skandha enthalten sind, wie etwa diejenigen, die jeden Geisteszustand immer begleiten, die primären und die sekundären Geistesplagen und die tugendhaften Geistesfaktoren. Das Skandha des Bewusstseins besteht aus den oben erwähnten sechs oder acht Bewusstseinsebenen. Alle diese Skandhas sind darin gleich, dass sie untrennbar von Leerheit sind.

Der Buddha stellt uns die fünf Skandhas als eine Checkliste der Phänomene zur Verfügung, sodass wir keines von ihnen übersehen. Wir stimmen vielleicht zu, dass Form Leerheit und Leerheit Form ist, aber wie ist das mit Gefühlen, die doch so viel lebhafter und wirklicher zu sein scheinen? Oder wir denken, dass unser Bewusstsein nicht leer ist. Jedes Skandha hat wiederum viele weitere Unterteilungen, sodass sie einer detaillierten Checkliste für unsere gesamte Existenz, sowohl den Körper als auch den Geist betreffend, gleichen. Im ursprünglichen Buddhismus wurden die Skandhas hauptsächlich benutzt, um zu überprüfen, ob es tatsächlich irgendwo in unserem Körper oder Geist ein wahrhaft existierendes Selbst gibt. Um dies nicht nur auf einer groben Ebene zu tun, sondern auf einer subtilen Ebene, können wir alle Unterteilungen der fünf Skandhas durchgehen und lassen so keinen Bestandteil unserer Existenz außer Acht.

Dieser Prozess ist ein bisschen so, als würden wir in unserem Haus nach einem Schlüssel suchen. Unser Haus hat viele Zimmer, die wie die fünf Skandhas sind, also laufen wir durch all diese Zimmer und suchen. Finden wir den Schlüssel nicht, laufen wir nochmals durch diese Zimmer und sehen auch in allen Schränken, allen Schubladen, unter dem Bett usw. nach, welche wie die Unterteilungen der fünf Skandhas sind. Sobald wir jeden kleinsten Fleck in unserem Haus mehrere Male gecheckt und unseren Schlüssel immer noch nicht gefunden haben, können wir sicher sein, dass er nicht im Haus ist. Ebenso suchen wir in unseren fünf Skandhas nach unserem Selbst, und wenn wir es nirgendwo finden, müssen wir daraus schließen, dass es ein solches Selbst ganz und gar nicht gibt, weil sich unser Selbst oder Ego nirgendwo anders als in unserem Körper oder Geist befinden kann – es kann zum Beispiel nicht in unserem Auto sein. Obwohl, ich glaube, das Selbst einiger Menschen könnte sich tatsächlich in ihrem Auto befinden … Der springende Punkt an den fünf Skandhas ist, dass uns damit eine erschöpfende Liste der Orte, an denen wir nach unserem Selbst suchen sollten, an die Hand gegeben ist. Anders als bei dem Beispiel des Schlüssels, der sich immer noch in unserem Auto oder irgendwo anders außerhalb unseres Hauses befinden könnte, beinhalten die Skandhas alle möglichen Orte, an denen unser Selbst zu finden sein könnte. Von unserer Erfahrung her und nicht bloß im Sinne einer philosophischen Vorstellung (wie etwa der von Ātman) gibt es wahrscheinlich niemanden, der denkt, dass sich sein Selbst tatsächlich irgendwo außerhalb seines eigenen Körpers und Geistes befindet.

Dies ist also der ursprüngliche buddhistische Ansatz im Hinblick darauf, dass es in den Skandhas kein persönliches Selbst gibt, aber das Herz-Sūtra geht sogar noch weiter. Es sagt nämlich nicht nur, dass es in diesen Skandhas kein persönliches Selbst gibt, sondern dass die Skandhas selbst ebenfalls nicht wirklich existieren. Wenn wir unser gesamtes Haus Stück für Stück auseinandernehmen und unseren Schlüssel immer noch nicht finden, können wir absolut sicher sein, dass er nicht im Haus ist. Hier aber suchen wir nicht nur nach dem Schlüssel des Selbst, der nicht im Haus der Skandhas existiert, sondern wir zerstören dieses Haus ganz und gar, was die gründlichste Art und Weise ist, nach unserer Existenz zu suchen.

Die achtfache Tiefgründigkeit

Um das wirklich klarzumachen, fährt das Herz-Sūtra mit dem fort, was die »achtfache Tiefgründigkeit« genannt wird:

> *Daher, Śāriputra, sind sämtliche Phänomene Leerheit, ohne Merkmale, ohne Entstehen, ohne Vergehen, ohne Makel, ohne Freiheit von Makel, ohne Abnahme und ohne Zunahme.*

Dies bedeutet, dass alle Phänomene nicht nur leer von irgendeiner ihnen innewohnenden Natur oder wirklichen Existenz sind, sondern dass ihnen auch die restlichen sieben Merkmale fehlen.

Keine Ausnahmen in der Leerheit

Was »sämtliche Phänomene sind Leerheit« betrifft, so beinhalten die fünf Skandhas alle bedingten saṃsārischen Phänomene, welche auch »Phänomene des Geplagtseins« genannt werden. Es gibt aber noch weitere Phänomene, nämlich nichtbedingte Phänomene (wie etwa Raum) und reine Phänomene. Die Prajñāpāramitā-Sūtren besagen, egal welches Phänomen wir betrachten, es ist leer. Diese Sūtren listen 108 Gruppen von Phänomenen auf, 53 Phänomene des Geplagtseins und 55 reine Phänomene. Augenscheinlich versuchen die Prajñāpāramitā-Sūtren, die 75 Dharmas des Abhidharma loszuwerden, aber dann bringen sie sogar noch mehr Phänomene ins Spiel. Sie erwähnen diese Phänomene aber nicht, um zu sagen, dass sie besser als diejenigen des Abhidharma sind, sondern um zu zeigen, dass diese Phänomene uns auch nicht weiterhelfen. Und nachdem sie all die abhidharmischen Phänomene ausgehoben haben, bringen die Prajñāpāramitā-Sūtren sogar noch alle Phänomene des Mahāyāna-Pfades ins Spiel und sagen: »Vergiss auch die.«

Streng genommen empfehlen uns die Sūtren nicht, diese Phänomene auf der Stelle zu vergessen. Sie fordern uns auf, zuerst mit ihnen vertraut zu werden, zu sehen, was sie bedeuten und sie in unserer Praxis einzusetzen, aber wir sollen auch erkennen, was sie tatsächlich sind, nämlich leer von irgendeiner Eigennatur. Dies betrifft nicht nur alle saṃsārischen Phänomene, sondern alle Phänomene des Mahāyāna-Pfades und dessen Ergebnisse, angefangen mit Bodhicitta, den Bodhisattvabhūmis, allen Meditationen, Erfahrungen und Erkenntnissen auf dem Pfad und auch der Allwissenheit eines Buddha. Es erscheint sinnvoll, dass selbst die Weisheit eines Buddha keine Ausnahme davon ist, leer zu sein, denn es gibt nichts festzulegen, sobald die Leerheit vollständig erkannt ist; wie sollte also die Buddha-Weisheit etwas sein, was festgelegt werden könnte? Außerdem würde, wenn diese Weisheit wirklich existent wäre, etwas Statisches die unendliche Sicht der Dynamik der Unendlichkeit

Abhängigen Entstehens besitzen, was unmöglich der Fall sein kann. Anders gesagt müssen der letztendliche Wahrnehmende und das letztendliche Objekt im Einklang sein – die einzige Art und Weise, die Freiheit von allen Bezugspunkten wahrzunehmen, besteht darin, keinerlei Bezugspunkte zu haben oder sich keinen hinzugeben. Das heißt, dass der Geist eines Buddha eine panoramische Reichweite und Offenheit besitzt, ohne in irgendetwas steckenzubleiben. Solange wir uns in unserem wahrnehmenden Geist an irgendetwas festhalten, bedeutet dies, dass wir keine weitreichende Sicht der Dinge haben, sondern an einem trugbildhaften Bezugspunkt kleben.

Wir mögen uns trotzdem fragen: »Was bringt es, alle Arten von Dingen einzuführen, wie etwa die Pfade und Bhūmis, an die wir zuvor noch nicht einmal gedacht haben, und dann zu sagen, dass sie sowieso nicht wirklich existieren? Warum die Dinge nicht einfach so lassen, wie sie sind?« Das ist tatsächlich genau das, was der Buddha am liebsten tun würde, aber leider funktioniert es nicht als ein Pfad zur Freiheit. Es ist wie in dieser Zen-Redensart: »Zuerst sind die Berge Berge. Dann sind die Berge keine Berge. Schließlich sind die Berge Berge.« Das klingt seltsam, aber so ist es. Zuerst gehen wir unhinterfragt davon aus, dass Berge Berge sind, was bedeutet, dass wir eine Menge gedanklicher Überlagerungen haben. Dann nehmen wir all diese Überlagerungen auseinander, was heißt, dass es keine Berge, wie wir sie bis dahin sahen, mehr gibt. Schließlich sehen wir einfach nur das, was tatsächlich da ist, nämlich die Erscheinung dessen, was wir einen Berg nennen, ohne irgendwelche gedanklichen Überlagerungen. Selbst wenn wir versuchen, ganz simpel zu sein, ist es sehr schwer, einen Sprung auf diese dritte Stufe zu machen, außer wenn wir alle unsere gedanklichen Überlagerungen und Zuschreibungen auseinandergenommen haben.

Das Abhidharma versucht, seine Version der Wirklichkeit als eine Vielheit zu beschreiben, indem es die Welt kartiert und sagt, dass alles in ihr wirklich ist. Das Mahāyāna präsentiert die gesamte Erscheinungsvielfalt, die sich auf einer konventionellen Ebene zeigt, aber sagt dann: »Letztendlich existiert keines dieser Phänomene wirklich.« Die Prajñāpāramitā-Sūtren geben uns all diese langen Listen nur, um sicherzugehen, dass wir nicht irgendein Phänomen übersehen und denken, dass dieses eine tatsächlich existieren muss, während all die anderen es nicht tun. Wie Wittgenstein sagte: »[Philosophie] sollte doch *ganz* einfach sein.« Nun, das Ergebnis ist ganz einfach, aber der Prozess ist es leider nicht, weil wir mit unserem komplizierten Geist arbeiten müssen. Haben wir einen sehr einfachen Geist, reichen einfache Methoden aus, aber die meisten Menschen haben keinen einfachen Geist. Wir können prüfen, welcher Kategorie wir selbst angehören, indem wir zählen, wie oft wir »warum« fragen. Fragen wir sehr oft »warum«, gehören wir definitiv nicht zur Kategorie derjenigen mit einem einfachen Geist. Solange wir immer wieder »warum« fragen, suchen wir immer noch nach neuen Antworten und sind nicht bereit loszulassen.

In einem zeitgenössischen Kommentar zum Herz-Sūtra

aus der Perspektive der Quantenphysik heißt es, dass die Betrachtung aller Phänomene in den Sūtren sehr den momenthaften Punkten in der Quantenmechanik oder der Dualität von Welle und Teilchen gleicht. Das heißt, wie diese Phänomene erscheinen und wie sie sich verhalten, hängt davon ab, aus welcher Perspektive wir sie betrachten. In der Quantenphysik werden alle diese Phänomene als sehr schwer fassbar beschrieben, sodass sie nicht einmal in einer strikt materiellen Art und Weise existieren. Im Grunde werden sie lediglich als flüchtige Erscheinungsmomente angesehen, und je klarer das wird, desto offensichtlicher ist es auch, dass sie leer von irgendeiner soliden oder dauerhaften Existenz sind. Die Quantenphysik besagt, dass diese Wellenteilchen, subatomaren Partikel oder wie auch immer wir sie nennen wollen, nichts sind, was wir wirklich finden können, weil sie als ein Komplex von Beziehungen definiert werden. Das ist natürlich eine sehr dynamische und immaterielle Vorstellung davon, was ein »Teilchen« ist. Wenn wir uns normalerweise ein Teilchen oder ein Objekt vorstellen, halten wir es für etwas Statisches, weil unsere »low-tech« Wahrnehmung es dazu gefriert. Tatsächlich aber ist alles, was wir wahrnehmen, ein dynamischer Prozess. Nicht nur ist unser wahrnehmender Geist dynamisch, da er sich von Moment zu Moment verändert, sondern die Objekte sind es auch. Vom Gesichtspunkt der Leerheit aus oder, positiver gesagt, von Seiten des Abhängigen Entstehens können die Phänomene nicht durch sich selbst definiert werden, sondern wir können über sie nur als Komplexe wechselseitiger Beziehungen mit anderen Phänomenen sprechen, die selbst wiederum Komplexe von Beziehungen mit anderen Komplexen von Beziehungen darstellen. Sowohl die Quantenphysik als auch der Buddhismus besagen, dass die Phänomene wie das sich ständig verändernde Kreuz und Quer einer endlosen Anzahl von Wellen auf einem Ozean oder wie flüchtige Fluktuationen in einem unermesslichen Feld frei fließender Energie sind.

Natürlich nehmen wir die Phänomene nicht so wahr. Sehen wir uns zum Beispiel einen Spielfilm an, betrachten wir ja nicht wirklich all die einzelnen Bilder auf dem Film, denn es sind mehr, als wir wahrnehmen können, sondern unsere Wahrnehmung verschmilzt sie. Zweiunddreißig Bilder pro Sekunde finden sich auf einem Film, aber wir halten sie für ein einziges Objekt. Vielleicht sollten wir uns Spielfilme ansehen, indem wir anstelle der Leinwand den Film betrachten.

Das Aussehen der Tochter einer unfruchtbaren Frau

Wenn es im Herz-Sūtra heißt, dass alle Phänomene »ohne Merkmale« sind, bezieht sich das darauf, dass der Buddhismus gewöhnlich von allgemeinen und spezifischen Merkmalen spricht. Ein allgemeines Merkmal des Klangs einer Glocke zum Beispiel ist, dass er vergänglich ist. Das Merkmal der Vergänglichkeit ist allen bedingten Phänomenen wie etwa Klängen gemeinsam, aber wir können auch die spezifischen Merkmale des Klangs einer spezifischen Glocke zu einer spezifischen Zeit identifizieren, wie etwa seine Dauer, seine Tonhöhe, seinen Rhythmus usw., welche ihn nicht nur von jedem anderen Klang unterscheiden, sondern auch von jedem anderen Phänomen. Im Abhidharma heißt es, dass sowohl allgemeine als auch spezifische Merkmale wirklich existent sind. Aber hier heißt es von beiden, dass sie leer sind, da sie nicht in einer ihnen selbst innewohnenden Art und Weise existieren.

Verstehen wir Leerheit, impliziert das, dass es keine Merkmale gibt. Wenn alle Phänomene leer von einer Eigennatur sind, dann sind sie auch leer von Merkmalen. Bleiben wir immer noch an den Merkmalen hängen, bedeutet das, dass wir die Leerheit der Phänomene nicht wirklich verstanden haben. Wenn zum Beispiel eine Blume von vornherein nicht wirklich existiert, ist es witzlos, über ihre Merkmale zu reden – das ist, wie über das Aussehen der Tochter einer unfruchtbaren Frau zu diskutieren. Dennoch spricht das Herz-Sūtra über das Fehlen von Merkmalen, denn obwohl die Leerheit logisch gesehen das Fehlen von Merkmalen impliziert, bedeutet das nicht notwendigerweise, dass dieses Fehlen vollständig erkannt wird. Selbst wenn wir verstehen, dass eine Blume als solche leer ist, könnten wir immer noch an einigen ihrer beeindruckenden Erscheinungsmerkmalen, wie etwa ihren lebhaften Farben oder ihrem wunderbaren Duft, hängenbleiben und dann bei genauerem Nachdenken Zweifel über ihren Mangel an wirklicher Existenz haben. Manchmal verfestigen wir die Merkmale einer Sache sogar noch mehr als die Sache selbst. Wir haben vielleicht ein sehr schönes Auto, das sehr teuer war. Wir schätzen es und hängen total an all seinen wunderbaren Eigenschaften. Es ist noch nicht einmal mehr so wichtig, ob es ein Auto oder eine

Kuh oder irgendetwas anderes ist, weil es *unser* Auto ist, so kostbar, so cool und so beeindruckend, wenn wir es anderen zeigen. Das ist auch ein Grund, warum das Herz-Sūtra sagt, dass alle Phänomene »ohne Merkmale« sind. Wir können dies als eine Erinnerungshilfe nutzen, wenn wir von den Merkmalen einer Sache, egal ob guten oder schlechten, mitgerissen werden. Das bedeutet auch, dass es keine Merkmale des Geplagtseins und der Reinheit gibt, das heißt, es gibt keine Merkmale in dem Sinne, dass uns einige Phänomene in Saṃsāra fesseln und andere uns daraus befreien. Es gibt keine Merkmale von oder Unterschiede zwischen Saṃsāra und Nirvāṇa, sie sind alle nur etwas, was leeren Erscheinungen zugeschrieben wird.

Alle Phänomene sind ohne Geburt und ohne Vergehen

Die nächsten zwei Eigenschaften der »achtfachen Tiefgründigkeit« sind

ohne Entstehen, ohne Vergehen

Wir könnten auch sagen: »Es gibt keine Geburt der Phänomene und somit auch kein Ende.« Das ist es, worüber die Madhyamaka-Texte die ganze Zeit reden – »kein Entstehen« ist eines ihrer großen Themen. Wenn Madhyamaka-Texte die Leerheit aller Phänomene durch Beweisführungen untersuchen, verwenden sie zwei Hauptansätze. Der eine besteht darin, direkt die Natur eines Objekts zu analysieren; bei dem anderen werden seine Merkmale analysiert. Diese zwei Ansätze entsprechen den beiden genannten Stellen des

Herz-Sūtra, dass »alle Phänomene Leerheit sind« bzw. »ohne Merkmale«. Jeder dieser Ansätze allein funktioniert, aber der eine mag für manche Menschen besser funktionieren als für andere. Wie oben erwähnt, ergänzen sie sich und stellen sicher, dass wir das gesamte Ausmaß der Leerheit verstehen. Analysieren wir zum Beispiel die Natur einer Blume, so ist die klassische Beweisführung zu untersuchen, ob die Blume wirklich eine oder viele ist, und dann zu sehen, dass sie weder das eine noch das andere ist. Wenn wir nichts finden können, was die »Blumen-Natur« der Blume ist, also die eine Sache, die ihr Wesen ist oder sie ausmacht, dann ist das, was als eine Blume erscheint, auch keine Vielheit, weil jegliche Vielheit aus vielen »Einen« bestehen muss. Konventionell gesprochen oder was ihre bloße Erscheinung betrifft, können wir natürlich sagen, dass eine Blume »viele« ist, weil sie aus vielen Teilen besteht. Das ist aber nicht der Punkt, denn sobald wir jedes einzelne Detail der Blume analysieren, finden wir nur noch kleinere Teile, die in einer unendlichen Abfolge noch weiter aufgespalten werden können. In dieser Beweisführung wird untersucht, ob die Blume etwas ist, was wahrhaft und unabhängig als ein einzelnes Ding existiert, als etwas, was wir als seine finale, unteilbare Essenz identifizieren, festlegen, isolieren, extrahieren oder festnageln können, ähnlich wie moderne Physiker nach »dem finalen kleinsten Teilchen« als der letztendlichen und unveränderlichen wahren Natur der Phänomene suchen. Aber wenn wir noch nicht einmal ein wahrhaft existierendes »Eines« finden können, können wir auch kein wahrhaft existierendes »Vieles« finden.

Verstehen wir das wirklich, reicht es aus, um die Leerheit einer Blume zu erkennen, und wir brauchen uns keine Sorgen um ihre Merkmale zu machen. Sind wir aber mit der Beweisführung des Fehlens von Einem und Vielem nicht zufrieden, können wir auch den zweiten Ansatz wählen und die Sache doppelt überprüfen, indem wir die Merkmale einer Blume untersuchen, wie etwa, ob sie wirklich zu einem gewissen Zeitpunkt entsteht oder nicht. Konventionell gesprochen oder was ihre bloße Erscheinung betrifft, wachsen Blumensamen natürlich zu Keimlingen heran und blühen schließlich, aber wenn wir uns diesen Wachstumsprozess genauer anschauen, finden wir nirgends irgendein wirkliches Entstehen. Gewöhnlich wird Entstehen im Madhyamaka durch die Betrachtung von Ursache und Resultat analysiert. Das heißt, wir analysieren, ob es überhaupt irgendeine wirkliche Beziehung zwischen Ursache und Resultat gibt. Damit etwas entstehen kann, muss im Allgemeinen die Ursache dem Resultat vorausgehen, sonst sprechen wir nicht wirklich von Kausalität. In der modernen Physik scheint es gewisse Ausnahmen dahingehend zu geben, dass das Resultat der Ursache vorausgehen kann, aber was unsere Erfahrung angeht, über die wir hier ja sprechen, müssen Ursachen vor ihren Resultaten kommen. Wenn wir denken, dass eine Blume wirklich entsteht, muss es irgendeine Beziehung zwischen ihrer Ursache und dem Resultat geben. Die Beweisführung im Madhyamaka bringt dies auf eine momenthafte Ebene, was bedeutet, dass in dem Moment, in dem eine gegebene Ursache existiert, ihr Resultat noch nicht da ist. Im nächsten Moment, wenn das Resultat da ist, existiert die Ursache nicht mehr. Das ist das Prinzip der Kausalität. Ursache und Resultat können nicht gleichzeitig existieren, sonst würden wir sie von vornherein nicht als Ursache und Resultat ansehen. Wenn sie gleichzeitig existierten, würden wir keine Ursache benötigen, da das Resultat ja bereits vorhanden ist. Die Tatsache, dass zwei Dinge gleichzeitig existieren, zeigt, dass sie nicht als Ursache und Resultat gelten können, denn das Resultat kann nicht zusammen mit seiner Ursache existieren, so wie eine Blume nicht mit ihrem Samen koexistiert.

Betrachten wir diese zeitliche Abfolge von Ursache und Resultat und erkennen, dass in jedem gegebenen Moment immer nur entweder die Ursache oder ihr Resultat vorhanden ist, wird deutlich, dass die Ursache niemals ein Resultat hervorbringt. Wie sollte sie ein Resultat erzeugen, da sich beide ja niemals begegnen oder Kontakt haben? Welche Art von Interaktion könnte es zwischen ihnen geben? Nehmen wir zum Beispiel ein Zimmer mit zwei Türen, in dem eine Person in genau dem Moment durch die eine Tür tritt, in dem eine andere Person das Zimmer durch die andere Tür verlässt, dann sehen oder treffen sie sich nicht einmal, ganz zu schweigen davon, dass irgendeine Interaktion stattfände. Daher heißt es, dass es kein wahres Entstehen gibt. Konventionell gesprochen scheint es zu funktionieren, aber wenn wir analysieren, wie Resultate aus ihren Ursachen entstehen müssen, liegt es auf der Hand, dass sie nicht wirklich aus ihnen hervorgehen.

Die klassische Madhyamaka-Beweisführung des Entstehens aufgrund von Ursache und Resultat wird »die Vajrasplitter-Beweisführung« genannt. Wenn die Dinge wirklich entstehen, müssen sie entweder aus sich selbst, aus etwas anderem, aus beidem oder aus keinem von beiden (das heißt, ohne irgendeine Ursache) entstehen. Zumeist denken wir, dass die Dinge aus etwas anderem entstehen, indem wir der gewöhnlichen Vorstellung von Kausalität folgen, bei der die Ursache verschieden vom Resultat ist. Aber wie wir gerade gesehen haben, treffen sich in diesem Fall Ursache und Resultat nie, und sie treten auch nicht in irgendeine Interaktion miteinander. Entstünden die Dinge aus sich selbst, würden sie nie aufhören zu entstehen, denn solange ein betreffendes Phänomen da ist, muss es als seine eigene Ursache funktionieren und sich somit beständig selbst reproduzieren; somit wäre es keine Ursache, die etwas erzeugt. In diesem Fall hätten wir ein Universum voller sich selbst erzeugender Dinge. Doch wenn etwas aus sich selbst entsteht, ist jegliche Ursache nutzlos oder sinnlos, weil diese Sache ja bereits existiert. Kombinieren wir beide Möglichkeiten und sagen, dass die Dinge sowohl aus sich selbst als auch aus anderen entstehen, mag das wie eine schlaue Lösung klingen. Konventionell gesprochen könnte man von einem Tontopf natürlich sagen, dass er insofern aus sich selbst entsteht, als er aus einem ziemlich formlosen Tonklumpen gemacht ist, während er auch aus anderem entsteht, weil er mit den Händen eines Töpfers, einer Töpferscheibe, Wasser usw. gemacht ist. Aber wenn, wie wir gerade gesehen haben, jede der beiden Möglichkeiten – aus sich selbst und aus anderen zu entstehen – einer Untersuchung nicht standhält, wie sollte die Sache dadurch besser werden, dass wir zwei unplausible Möglichkeiten addieren? Das Ganze wird dadurch nur doppelt unplausibel.

Schließlich gehen manche Menschen davon aus, dass die Dinge einfach spontan, ohne jegliche Ursache oder durch Zufall entstehen. Das ist eine sehr praktische Vorstellung, die wir ja immer benutzen, wenn wir etwas nicht erklären können oder wollen, indem wir einfach sagen: »Ach ja, das ist eben einfach so passiert.« Aber das klappt auch nicht, denn entstünden die Dinge ohne irgendeine Ursache, wäre das gesamte Universum etwas völlig Zufälliges und alles könnte zu jeder Zeit passieren. Wenn wir morgens aufwachen, hätten wir keine Ahnung, was im nächsten Moment passieren wird – es könnte sein, dass unser Bett oder unser Haus plötzlich verschwinden und stattdessen irgendein Dschungel mit wilden Tieren auftaucht. Dass die Dinge ohne jegliche Ursache entstehen, widerspricht auch unserer täglichen Erfahrung, denn jede zielorientierte Aktivität, mit der wir uns beschäftigen, basiert darauf, bestimmte Ursachen anzusammeln, um bestimmte Resultate zu bewirken. Sonst wären Aktivitäten wie etwa Ackerbau betreiben oder eine Mahlzeit zubereiten völlig sinnlos, weil wir niemals wüssten, was als Nächstes passiert und keine der Ursachen, die wir setzen, jemals ein Resultat hätte.

Was nun? Wenn keine dieser vier Möglichkeiten erklärt, wie die Dinge entstehen (aus sich selbst, anderen, beidem oder keinem von beidem), wo stehen wir dann? Wir stehen dann buchstäblich nirgendwo. Diese Herangehensweise ist typisch für die Prajñāpāramitā-Sūtren und für Madhyamaka. Beide erwägen alle möglichen Arten und Weisen, wie etwas geschehen oder existieren könnte, und haken sie dann eine nach der anderen als nicht funktionierend ab. Durch diese vier Arten des Entstehens haben wir jede Möglichkeit des Entstehens erschöpfend betrachtet. Wir könnten versuchen, eine fünfte oder sechste Möglichkeit zu finden, aber das macht die Sache auch nicht besser, denn alle nur denkbaren Variationen sind in diesen vier enthalten. Sobald wir wirklich verstehen, dass keine dieser vier funktioniert, können wir deprimiert oder ärgerlich werden oder wir können unseren Geist betrachten, was genau die Absicht ist. Indem wir alle vier Möglichkeiten, wirkliches Entstehen zu begreifen, ausschließen, erschöpft sich unser gedanklich-dualistischer Geist, der am Entstehen anhaftet; wir haben ihn sozusagen mit seinen eigenen Waffen geschlagen. Wir denken ja immer: »Ist etwas nicht A, dann muss es B sein, und wenn es nicht B ist, muss es A sein.« Wir springen dauernd zwischen sich gegenseitig ausschließenden Möglichkeiten hin und her. Funktioniert keine davon, werden wir noch komplizierter: »Vielleicht ist es ja sowohl A als auch B« oder »Vielleicht ist es weder A noch B«. Solange wir das tun, befinden wir uns immer noch auf dem Spielfeld des dualistischen Geistes. Die einzige Lösung ist, ganz und gar aus diesem Spielfeld herauszugehen und davon loszulassen, von einem zum nächsten Bezugspunkt zu springen.

Somit sind diese Untersuchungen, ob die Phänomene eins oder viele sind und ob und wie sie entstehen, im wahrsten Sinn des Wortes ein Prozess, um unseren gedanklichen und dualistischen Geist zu erschöpfen. Das ist auch genau das, was ein Koan bewirkt. Obwohl Madhyamaka-Beweisführungen viel wortreicher und komplizierter sind, ist ihr gewünschter Effekt genau derselbe wie der eines Koan, nämlich uns an einen Punkt zu bringen, an dem wir den Sprung wagen und aus dem Käfig unseres dualistischen Geistes herausspringen. Da wir das jedoch normalerweise niemals tun, brauchen wir oft eine Weile, bis wir bereit sind, diesen Sprung zu tun. Arbeiten wir mit einem Koan, dauert es eine Weile, bevor wir erkennen, dass es die eine richtige Antwort sowieso nicht gibt. Bei den Madhyamaka-Beweisführungen geht es ebenfalls nicht um die Antwort; sie versuchen nicht, uns zu sagen, wie die Dinge wirklich sind. Sie versuchen uns zu sagen: »Das ist es nicht, jenes ist es nicht und dieses ist es auch nicht.« An dem Punkt, an dem wir alle gedanklichen Möglichkeiten erschöpft haben, müssen wir schließlich nach innen blicken, zurück auf unseren Geist schauen und betrachten, was er in dieser Situation macht. Was erfährt derjenige, der diese Analyse gemacht hat, gerade jetzt? Was fühlt diejenige, die all diese Bezugspunkte abgestreift hat, gerade jetzt? Unser Geist ist immer noch da und macht Erfahrungen. Wenn wir diese Beweisführungen abschließen, fallen wir noch lange nicht tot um oder lösen uns einfach in Luft auf. Es gibt dann immer noch die Erfahrung desjenigen, der diese Analyse gemacht und alle Arten von verkehrten Vorstellungen abgestreift hat.

Daher sprechen die Mahāmudrā- und Dzogchen-Traditionen vom »nackten Geist«. Wir legen alle gedanklichen Verkleidungen eine nach der anderen ab. Aber wenn wir unseren nackten Geist am Ende dieses Prozesses des Entkleidens nicht betrachten, ist das Ganze natürlich witzlos. Uns bleibt dann einfach nur ein großer Haufen nutzloser, abgelegter Kleidungsstücke, aber wir bekommen nie zu sehen, was sie verdeckten. Das Ganze verkommt dann bloß zu mentaler Gymnastik oder im schlimmsten Fall landen wir bei einer Art von Nihilismus. An diesem Punkt kommt die Idee der Freiheit ins Spiel, wenn wir solche Beweisführungen durchgehen oder das Herz-Sūtra rezitieren. Sobald sich unser gedanklicher Geist erschöpft, entsteht eine Lücke und es besteht die Chance, dass diesmal etwas anderes passiert. Natürlich sagen uns weder das Madhyamaka noch das Herz-Sūtra, was das sein könnte, und sie tun das auch aus gutem Grund nicht, denn wir würden sofort nach diesem »Etwas« greifen und somit das Spiel wieder von vorn beginnen. Wir können nicht nackt sein, wenn wir alle unsere normalen Kleidungsstücke ablegen und dann dieses wirklich schicke neue Kleid anziehen. Anders gesagt: Wir können nicht gekünstelt ungekünstelt sein.

»Ohne Entstehen« bedeutet auch, dass es kein Entstehen aus Unwissenheit gibt. Die einzige Art und Weise, wie Phänomene auf der Ebene der konventionellen Wirklichkeit scheinbar entstehen können, ist aufgrund unserer Unwissenheit darüber, wie die Dinge tatsächlich sind. Sobald wir überzeugt sind, dass es kein wirkliches Entstehen gibt, gibt es natürlich auch kein wirkliches Vergehen. Das ist der einfache Teil der Geschichte. Was nirgendwo herkommt, geht auch nirgendwo hin. Oder was niemals zu irgendeinem Zeitpunkt entstanden ist, kann auch nicht zu irgendeinem Zeitpunkt vergehen. Mit anderen Worten, es gibt kein Entstehen von etwas, was vorher nicht existierte, und es gibt kein Vergehen von etwas, was existiert hat. Wenn wir von Entstehen sprechen, denken wir für gewöhnlich, dass etwas nicht existiert hat und dann plötzlich irgendwie existent wird. Nachdem es eine Weile existiert hat, vergeht es und wird damit nichtexistent. Aber wenn wir die Kausalität akzeptieren, ist es selbst auf einer konventionellen Ebene nie der Fall, dass etwas von nichts kommt oder dass etwas zu nichts wird und komplett verschwindet. Ein Baum zum Beispiel stammt von einem Samen ab und dieser Same stammt von einem anderen Baum ab usw. Selbst wenn der Baum verrottet, ist es nicht so, dass seine Substanz ganz und gar verschwindet, sondern sie wird zu Erde und dann wachsen andere Pflanzen aus dieser Erde. Ein Baum besteht aus vielen verschiedenen Substanzen oder chemischen Molekülen, und wenn er zerfällt, heißt das nur, dass die makroskopische Form des Baumes verschwindet. Seine Moleküle hingegen verschwinden nicht, sondern werden einfach nur umarrangiert; sie werden zuerst zu Erde und dann zu Bestandteilen einer neuen Pflanze. Es ist sozusagen immer die gleiche Suppe, die nur auf verschiedene Arten und Weisen umgerührt wird.

»Ohne Vergehen« kann auch bedeuten, dass es kein wirkliches Vergehen der Unwissenheit gibt, weil Unwissenheit von vornherein nicht wirklich entsteht. Somit müssen wir auf dem Pfad nicht wirklich irgendeine tatsächlich existierende Unwissenheit zerstören oder loslassen, weil sie im Grunde lediglich eine verkehrte Wahrnehmung ist, so wie wenn man einen Schlauch mit Zickzack-Muster mit einer Schlange verwechselt. Sobald wir uns diese »Schlange« näher anschauen, sehen wir, dass es keine Schlange ist, und somit löst sich unsere Unwissenheit auf ganz natürliche Weise auf. Wenn wir erkennen, dass es von vornherein niemals eine Schlange gab, können wir sehen, dass unsere Wahrnehmung der »Schlange« auch niemals wirklich existierte.

Phänomene und Leerheit sind weder rein noch unrein

Das nächste Begriffspaar der »achtfachen Tiefgründigkeit« ist

ohne Makel, ohne Freiheit von Makel

Egal wie verwirrt oder gewöhnlich die Dinge auch wirken mögen, da sie nicht verschieden von Leerheit sind, gibt es keine wirklich existenten Makel, die zu beseitigen sind, genau wie es auch keine wirklich existente Unwissenheit zu eliminieren gibt. Die Phänomene sind nicht wirklich mit Makeln behaftet, noch sind sie selbst ein Makel, noch ist es so, dass sie die Leerheit mit Makeln beflecken. »Makel« kann auch als die Aktivität unseres Geistes, Objekte zu ergreifen und an ihnen anzuhaften, interpretiert werden. Oder wir können sagen, dass die Buddha-Natur in den Lebewesen nicht mit einem Makel behaftet ist. Die Buddha-Natur ist ohne Makel, egal ob sie die Buddha-Natur eines gewöhnlichen

Wesens oder eines Buddha ist. Sie wird dadurch nicht besser oder schlechter. Dem Achten Karmapa zufolge ist es nicht so, dass die Lebewesen einen Makel *haben*, sondern sie *sind* der Makel. Somit können wir auch sagen, dass die Buddha-Natur nicht *durch* die Lebewesen mit Makeln behaftet ist.

Da es keine wirklichen Makel gibt, gibt es auch keine Makellosigkeit, weil »keine Makel zu haben« von »Makel gehabt haben« abhängt. Selbst aus der Perspektive der Beseitigung von Makeln gibt es keine Makellosigkeit, weil letztendlich gesprochen alle Phänomene – also die Makel – Leerheit, lichte Klarheit und grundlegende Reinheit sind, in der es überhaupt niemals irgendwelche Makel gibt. Ähnlich wie eine Schneeflocke unmöglich in die tobenden Feuer der Hölle fallen kann oder es Dunkelheit in der Mitte der Sonne gibt. Ebenso ist die lichtklare Natur des Geistes zu überwältigend für irgendwelche Makel; es gibt dort einfach keinen Raum für sie und sie haben keine Chance zu existieren. Das ist auch damit gemeint, wenn es heißt, dass die Natur der Gedanken der Dharmakāya ist, dass es also von vornherein niemals irgendwelche Makel gab. Dies zu erkennen ist Befreiung, aber solange es noch nicht erkannt ist, wird es »Saṃsāra«, »Unwissenheit«, »Gedanken«, »Verschleierungen« usw. genannt. Noch eine andere Bedeutung von »ohne Makel, ohne Freiheit von Makel« ist schließlich, dass die Skandhas weder verschieden von der Leerheit sind noch dasselbe wie sie.

Nichts hinzuzufügen und nichts zu beseitigen

Das Sūtra beendet die »achtfache Tiefgründigkeit« mit

ohne Abnahme und ohne Zunahme

Die Begriffe »Abnahme und Zunahme« können auch als die Extreme von Nichtexistenz und Existenz aufgefasst werden – Dinge nehmen ab und dann sind sie verschwunden oder Dinge entstehen und nehmen dann zu. Die Leerheit ist jedoch völlig frei von jeglicher Abnahme oder Zunahme. Abnahme und Zunahme können sich nur bei bedingten und vergänglichen Phänomenen ereignen, während das in der Leerheit nicht der Fall ist. Abnahme und Zunahme können sich auch auf Lebewesen im Gegensatz zu Buddhas beziehen, und zwar wenn wir denken, es gäbe eine Abnahme der Buddha-Natur oder der Natur des Geistes in Lebewesen, wenn wir davon ausgehen, dass diese nicht so gut wie die Natur des Geistes eines Buddha ist. Wir denken oft: »Ich kann sehen, dass die Natur des Geistes eines Buddha wirklich fabelhaft ist, aber die Natur *meines* Geistes?« »Keine Abnahme oder Zunahme« kann auch heißen, dass die Buddha-Natur in jedem Lebewesen nicht nur teilweise existiert, selbst in winzigen Tieren wie etwa Mücken, während sie in Buddhas in ihrer Qualität nicht zunimmt. Wir denken vielleicht: »Ist die Buddha-Natur in Mücken wirklich so gut oder umfassend wie meine eigene oder die in einem Buddha?« Wenn wir aber über Buddha-Natur oder die Leerheit sprechen, geht es offensichtlich nicht um etwas, was irgendeine Größe, Dimension oder Begrenzung hat.

»Ohne Abnahme und Zunahme« kann sich auch auf Fehler bzw. Qualitäten beziehen. Auf dem Pfad gibt es weder eine wirkliche Zunahme guter Qualitäten des Geistes noch eine wirkliche Abnahme von Fehlern. Denn auch das, was wir als Fehler wahrnehmen, ist von vornherein nicht wirklich existent. Fehler sind niemals entstanden, sind niemals ins Dasein getreten oder haben niemals zugenommen, sie sind wie ein anwachsender Müllhaufen in einem Film, und können daher auch nicht abnehmen. Auf der anderen Seite sind die Qualitäten der Natur des Geistes immer präsent, also können sie weder abnehmen noch zunehmen. Was auch immer als ein Abnehmen von Fehlern und ein Zunehmen von Qualitäten auf dem Pfad erscheinen mag, ist nichts weiter als das schrittweise Enthüllen und Erkennen der natürlichen Qualitäten der Natur des Geistes. Nach allem, was bisher gesagt wurde, dürfte klar sein, dass auch diese Qualitäten nichts sind, was in einer soliden Art und Weise existiert und von uns festgelegt werden könnte. Die Prajñāpāramitā-Sūtren betonen immer wieder: Wenn wir denken, wir hätten auf dem Pfad etwas gefunden, wie etwa Zustände des Loslassens, Erkenntnisse oder Errungenschaften, dann haben wir in der Tat nichts davon gefunden, sondern halten nur wieder an einer anderen Version unseres grundlegenden Anhaftens an wirklich existierenden Phänomenen fest.

Die grundlegende Qualität der Natur des Geistes ist ja genau, dass sie unendlich, weit und ohne irgendwelche Bezugspunkte ist. Das ist ihr Freiheitsaspekt, dieser ungeheure Raum. Es hängt aber davon ab, wie wir diesen Raum betrachten, ob wir über das Fehlen jeglichen Grund und Bodens bei ihm ausflippen oder ob wir ihn als ein unbegrenztes Potential sehen. Einige Menschen sind zum Beispiel klaustrophobisch, andere agoraphobisch und einige genießen die unermessliche Geräumigkeit, aber diese weit auseinanderklaffenden Reaktionen sind alle Antworten auf die Erfahrung des Raums. Wer sich ausführlich damit befassen möchte, wie die Buddha-Natur auf dem Pfad oder in Buddhas nicht zunimmt und wie sie in Lebewesen nicht abnimmt, sei auf das *Uttaratantraśāstra* von Maitreya verwiesen, das viele Unterweisungen und Beispiele darüber enthält.

Die Drei Tore der Befreiung

Die verschiedenen Aspekte der »achtfachen Tiefgründigkeit« – dass die Phänomene leer, ohne Merkmale, ohne Entstehen, ohne Vergehen, ohne Makel, ohne Freiheit von Makel, ohne Abnahme und ohne Zunahme sind – sind in den »Drei Toren der Befreiung« enthalten, nämlich Leerheit, Merkmalslosigkeit und Wunschlosigkeit. Die Prajñāpāramitā-Sūtren sprechen ständig über diese drei. Das erste Tor der Befreiung, die Leerheit, bezieht sich auf die wahre Natur der Phänomene. Merkmalslosigkeit bedeutet, dass alle Ursachen ohne Merkmale oder Charakteristika sind. Wunschlosigkeit bezieht sich darauf, dass alle Resultate nichts sind, was zu wünschen oder zu erhoffen ist. Da alles leer ist und wir daher auch keine Ursachen bestimmen können, gibt es auch nichts zu erhoffen. Der Bodhisattva-Pfad ist eine völlig hoffnungslose Situation, allerdings nicht in einer deprimierenden Art und Weise, wir können aber auf ihm nicht an irgendeinem bestimmten Ergebnis oder einer bestimmten Errungenschaft festhalten. Daher sind Bodhisattvas völlig offen und bereit für jede Entwicklung in einer gegebenen Situation oder jede Person und können daher auch nicht enttäuscht werden. Das ist in der Tat eines der Hauptmerkmale von Bodhisattvas – keine Erwartungen zu haben und, als Gegenstück dazu, auch keine Angst (was tatsächlich später im Herz-Sūtra erwähnt wird). Aus der Perspektive des wahrnehmenden Subjekts oder der nichtgedanklichen Weisheit ist das Tor der Leerheit der Samādhi, der die zwei Arten von Identitätslosigkeit (das Fehlen einer persönlichen Identität oder eines Selbst und das Fehlen jeglicher Identität oder innewohnenden Natur in den Phänomenen) wahrnimmt. Das Tor der Merkmalslosigkeit entspricht dem Samādhi, die Skandhas – die Grundlagen dieser zwei Arten von Identitätslosigkeit – als etwas Irrtümliches wahrzunehmen. Das Tor der Wunschlosigkeit ist der Samādhi, Nirvāṇa als die Beendigung der Skandhas wahrzunehmen.

Wie sind nun die acht Tiefgründigkeiten in den Drei Toren der Befreiung enthalten? Die ersten beiden – Leerheit der Phänomene und ihre Merkmalslosigkeit im Allgemeinen – beziehen sich auf das erste Tor der Befreiung, Leerheit. Die nächsten vier – kein Entstehen, kein Vergehen, kein Makel und keine Makellosigkeit – beziehen sich auf das Tor der

Merkmalslosigkeit oder auf das Fehlen spezifischer Merkmale der Phänomene. Die letzten beiden – keine Abnahme und keine Zunahme – beziehen sich auf Wunschlosigkeit. Das heißt, wenn wir wirklich verstehen, dass es kein Abnehmen und kein Zunehmen gibt, dann gibt es nichts zu erwarten und nichts zu fürchten.

Der Kommentar zum Herz-Sūtra des tibetischen Meisters Padma Karpo besagt, dass das erste Tor zur Befreiung, Leerheit, im Sūtra von seinem Anfang bis einschließlich »Daher, Śāriputra, sind sämtliche Phänomene Leerheit« erklärt wird. Das Tor der Merkmalslosigkeit wird in der folgenden Passage »ohne Merkmale … kein Geistbewusstseins-Dhātu« abgehandelt. Der nächste Abschnitt bis hin zu »kein Nicht-Erlangen« erläutert das Tor der Wunschlosigkeit.

Das Sūtra fährt fort:

> *Daher, Śāriputra, existiert in der Leerheit keine Form, kein Gefühl, keine Unterscheidung, keine Wirkkraft, kein Bewusstsein ...*

Wie Sie sich erinnern, begann Avalokiteśvaras kurze Antwort mit dem Satz »Form ist Leerheit. Leerheit ist Form« und dann stellte er fest, dass dasselbe für Gefühl, Unterscheidung, Wirkkraft und Bewusstsein gilt. Dem folgten die »acht Tiefgründigkeiten«, welche sich auf jedes der fünf Skandhas beziehen. Nun fasst Avalokiteśvara im Grunde all dies zusammen und sagt, dass alle fünf Skandhas nicht in der Leerheit existieren, so wie es an einem hellen, klaren Himmel keine Wolken gibt. Im Gegensatz zu der anfänglichen Aussage »Form ist Leerheit. Leerheit ist Form«, die die allgemeine Sichtweise der Untrennbarkeit von Form und Leerheit oder der zwei Wirklichkeiten beschreibt, kann diese Passage aber auch so verstanden werden, dass sie sich spezifisch auf die nichtgedankliche meditative Ausgeglichenheit der Bodhisattvas auf den Bhūmis bezieht, während der die fünf Skandhas nicht erscheinen. Formen, Gefühle, Unterscheidungen, Wirkkräfte und Bewusstsein haben Merkmale, während die Leerheit sich durch das Fehlen dieser Merkmale auszeichnet.

Weitere Ansätze, trugbildhafte Phänomene aufzuteilen

Die nächsten Zeilen präsentieren zwei weitere Gruppen von Phänomenen, die im Grunde zwei weitere Ansätze sind, die Dinge aufzuteilen:

> *kein Auge, kein Ohr, keine Nase, keine Zunge, kein Körper, kein Geist; keine Form, kein Klang, kein Geruch, kein Geschmack, nichts Spürbares, keine Phänomene; kein Augen-Dhātu bis hin zum Geist-Dhātu, kein Phänomene-Dhātu, kein Geistbewusstseins-Dhātu ...*

Die Stelle »kein Auge ... keine Phänomene« listet die zwölf Āyatanas auf und die Passage »kein Augen-Dhātu ... kein Geistbewusstseins-Dhātu« bezieht sich auf die achtzehn Dhātus. Anders als die fünf Skandhas, die lediglich alle bedingten Phänomene enthalten, stellen die Āyatanas und Dhātus zwei geringfügig andere Arten und Weisen dar, alle bedingten und auch nichtbedingten Phänomene zu klassifizieren. Insbesondere ist es das Āyatana der Dharmas oder Phänomene (welches mit dem Phänomene-Dhātu identisch ist und aus den Objekten des Geistbewusstseins besteht), das sowohl bedingte als auch nichtbedingte Phänomene enthält. Unter den bedingten Phänomenen enthält das Āyatana der Phänomene alles, was in den Skandhas Gefühl, Unterscheidung und Wirkkräfte enthalten ist. Gemäß dem *Abhidharmakośa* enthält dieses Āyatana aber auch drei nichtbedingte Phänomene: (1) Raum (die Abwesenheit jeglicher bedingten Phänomene, welche selbst keinerlei Widerstand bietet), (2) analytische Beendigung und (3) nichtanalytische Beendigung. Analytische Beendigung bezieht sich darauf, durch Prajñā, also die Einsicht in das Fehlen eines persönlichen Selbst, frei von der Anhaftung an ein Selbst und den daraus resultierenden Geistesplagen und Leiden zu werden. Die nichtanalytische Beendigung bezieht sich darauf, dass etwas an einem bestimmten Ort einfach aufgrund der Abwesenheit spezifischer Ursachen und Bedingungen nicht existiert oder geschieht (zum Beispiel, dass auf dem Kopf eines Pferdes keine Hörner wachsen). Andere Quellen beziehen sich auf vier Arten nichtbedingter Phänomene, wobei sie die vierte als die Soheit auflisten.

Das *Abhidharmasamuccaya* listet acht nichtbedingte Phänomene auf: (1) Raum, (2) analytische Beendigung, (3) nichtanalytische Beendigung, (4) – (6) die drei Soheiten tugendhafter, nichttugendhafter und neutraler Phänomene, (7) die meditative Versenkung ohne Unterscheidung und (8) die meditative Versenkung der Beendigung. Die meditative Versenkung ohne Unterscheidung ist der höchste Meditationstyp innerhalb der vierten meditativen Stufe des Formbereichs (des vierten Dhyāna). Wird sie über lange Zeit praktiziert, führt diese Art der meditativen Versenkung zu einer Wiedergeburt auf der höchsten Stufe der Götter des Formbereichs. Diese Art der Versenkung ist durch das zeitweise Aufhören aller Bewusstseinsprozesse und Geistesfaktoren mit einem instabilen Kontinuum (die fünf Sinnesbewusstseine und das Geistbewusstsein plus ihre begleitenden Geistesfaktoren) charakterisiert. Täuschende Erscheinungen werden jedoch erneut auftauchen, wenn man diese meditative Versenkung verlässt, weil die latenten Tendenzen für das Entstehen dieser Bewusstseinsprozesse immer noch existieren. Die meditative Versenkung der Beendigung (auch bekannt als »die meditative Versenkung, in der Unterscheidung und Gefühl aufhören«) repräsentiert die Beendigung aller Bewusstseinsprozesse mit einem instabilen Kontinuum wie auch einiger mit einem stabilen Kontinuum (die ersten sieben Bewusstseine und ihre Geistesfaktoren, das heißt, alle mit Ausnahme des Ālaya-Bewusstseins). Auf dem buddhistischen Pfad benutzt man diesen Zustand als die meditative Versenkung, die den Höhepunkt des Prozesses des »neunfachen stufenweisen Ruhens« darstellt. In diesem Prozess übt man sich darin, in die vier Dhyānas des Formbereichs und die vier Versenkungen des formlosen Bereichs, die zunehmend subtilere und klarere Formen von Śamatha (ruhiges Verweilen) darstellen, einzutreten und sich wieder daraus zu lösen. Auf der Basis einer derart verfeinerten Śamatha-Meditation kann dann das buddhistische Vipaśyanā (höchste Einsicht), also die Erkenntnis eines Fehlen des Selbst und der Phänomene, kultiviert werden.

Wörtlich bedeutet Āyatana »Stütze« oder »Aufenthaltsort«. Somit fungieren die zwölf Āyatanas als die Quellen oder Tore für das Entstehen von Bewusstsein und Geistesfaktoren. Die Āyatanas ermöglichen auch die Bewegung von Bewusstsein im Rahmen von Subjekt und Objekt. Sie bestehen aus den sechs inneren Āyatanas (die sechs Sinnesfähigkeiten) und den sechs äußeren Āyatanas (ihre sechs Objekte von sichtbarer Form bis hin zu den gedanklichen Phänomenen des denkenden Geistes).

In den ursprünglichen buddhistischen Schulen und auch in der konventionellen Sichtweise des Mahāyāna haben die ersten fünf Sinnesfähigkeiten (Augen, Ohren usw.) und ihre jeweiligen Objekte die Natur von Materie. Anders als diese fünf Sinnesbewusstseine stützt sich das sechste – das Geistbewusstsein – jedoch nicht auf eine physische Sinnesfähigkeit, sondern ist auf die »Geistsinnesfähigkeit« angewiesen. Im Allgemeinen kann jeder gegebene Bewusstseinsmoment nicht ohne einen vorhergehenden Bewusstseinsmoment entstehen. Was »die Geistsinnesfähigkeit« genannt wird, ist einfach die Tatsache, dass das Aufhören eines vorhergehenden Bewusstseinsmoments einen nachfolgenden Bewusstseinsmoment auslöst. Dies gilt für alle sechs Bewusstseine, aber es wird gesondert als »geistige Sinnesfähigkeit« bezeichnet, weil es die zentrale Bedingung für das Entstehen des sechsten Bewusstseins, dem eine physische Sinnesfähigkeit fehlt, darstellt. Dabei muss der unmittelbar vorhergehende Bewusstseinsmoment nicht notwendigerweise von derselben Art wie der folgende sein. Zum Beispiel ist es nicht ein unmittelbar vorhergehender Moment des Sehbewussteins, der morgens beim Aufwachen den ersten Eindruck des Sehbewusstseins entstehen lässt, sondern es ist ein unmittelbar vorhergehender Moment des Ālaya-Bewussteins (oder des Geistbewusstseins). Darüber hinaus kann ein Gedanke aus einem vorangegangenen Moment der fünf Sinnesbewusstseine oder des Geistbewusstseins entstehen. Daher schließt das sechste innere Āyatana der »Geistsinnesfähigkeit« implizit alle sechs Arten von Bewusstsein ein, da jedes von ihnen als ein vorhergehender Bewusstseinsmoment fungieren kann. Die zugehörigen Objekte des Geistbewusstseins finden sich im sechsten äußeren Āyatana der Phänomene.

Was die achtzehn Dhātus betrifft, so bedeutet »Dhātu« wörtlich »Element« oder »Bestandteil«. Die Lehren beschreiben ein Dhātu als eine Ursache, einen Samen, ein Potential oder etwas, was seine eigenen definierenden Merkmale trägt. Auf diese Weise funktionieren die sechs äußeren Dhātus (die fünf Arten der von den fünf Sinnesbewusstseinen wahrgenommenen Objekte und die vom Geistbewusstsein wahrgenommenen Phänomene) als die Ursachen, Samen oder Potentiale, die von den sechs Bewusstseinen erfasst werden. Die sechs inneren Dhātus (die sechs Sinnesfähigkeiten) funktionieren als die Ursachen, Samen oder Potentiale, die das Erfassen dieser Objekte unterstützen. Die letzten sechs Dhātus (die sechs Bewusstseine) funktionieren als die Ursachen, Samen oder Potentiale, die als die eigentlichen Erfasser der Objekte fungieren. Treffen also die Sinnesfähigkeiten und ihre jeweiligen Objekte aufeinander, entsteht ein zugehöriges Bewusstsein. Anders gesagt repräsentieren die sechs äußeren Dhātus diejenigen Phänomene, die die Merkmale von Objekten haben, die sechs Dhātus des Bewusstseins repräsentieren diejenigen Phänomene, die die Merkmale der Subjekte haben, die diese Objekte wahrnehmen, und die sechs inneren Dhātus dienen als die Medien, die dieses Erfassen der Objekte durch ihre entsprechenden Subjekte ermöglichen.

Kurz, die zwölf inneren und äußeren Dhātus sind identisch mit den zwölf inneren und äußeren Āyatanas, und das zwölfte Āyatana (die Geistsinnesfähigkeit) beinhaltet implizit die sechs Dhātus des Bewusstseins. Somit bestehen die achtzehn Dhātus aus den zwölf Āyatanas plus den sechs Arten von Bewusstsein. Darüber hinaus beschreiben die Texte auch die sechs Dhātus, die die Elemente oder Bestandteile einer Person repräsentieren – Erde, Wasser, Feuer, Wind, Raum und Bewusstsein.

Nun kann man sich fragen: »Genügen denn die fünf Skandhas nicht? Warum müssen wir die Phänomene auch noch in zwölf Āyatanas und achtzehn Dhātus aufteilen?« Zusätzlich zu dem bisher dargestellten Zweck, die fünf Skandhas zu studieren (welcher gleichermaßen für die Āyatanas und Dhātus gilt), präsentieren die Lehren die Skandhas, Āyatanas und Dhātus auch aus den folgenden drei Gründen.

Erstens ermöglicht dies den Praktizierenden, die drei Arten der Unwissenheit aufzuheben. Zweitens richten sich diese unterschiedlichen Ansätze an Menschen mit hoher, mittlerer bzw. minderer Begabung. Drittens sind es Ansätze für diejenigen, die kurze, mittlere bzw. detaillierte Erklärungen vorziehen.

Die drei Arten der Unwissenheit betreffend dienen die Skandhas als ein Gegenmittel gegen die Unwissenheit, den Geist für ein einheitliches Phänomen zu halten. Was in den Skandhas vor allem erklärt wird, betrifft die unterschiedlichen Arten von Bewusstsein und Geistesfaktoren und wirkt somit diesem Irrglauben entgegen. Die Āyatanas dienen als ein Gegenmittel gegen die Unwissenheit, Form oder Materie für ein einheitliches Phänomen zu halten. Unter den zwölf Āyatanas verdeutlichen elf von ihnen die verschiedenartigen Unterteilungen von Materie und stellen somit diese Art von Unwissenheit in Frage. Schließlich dienen die Dhātus als ein Gegenmittel gegen die Unwissenheit, sowohl Materie als auch den Geist jeweils für einheitliche Phänomene zu halten, weil sie die Unterteilungen von beiden, Materie und Geist, in gleichem Ausmaß skizzieren.

Außerdem sind die Skandhas, Dhātus und Āyatanas unterschiedliche Finger, die auf denselben Mond zeigen. Die Skandhas sind eine Gruppe von Fingern und die Dhātus und Āyatanas sind andere, die einfach nur aus unterschiedlichen Blickwinkeln auf dieselben Dinge deuten. Wenn wir diese Listen im Herz-Sūtra einfach nur lesen, scheinen sie sich zu wiederholen, denn erst heißt es »kein Auge … keine Phänomene« und dann steht weiter unten »kein Augen-Dhātu … kein Geistbewusstseins-Dhātu«. Oberflächlich gesehen scheint all dies das Gleiche zu sein, aber sobald wir die Kategorien der fünf Skandhas, zwölf Āyatanas und achtzehn Dhātus tatsächlich etwas mehr im Detail studieren, erhalten wir ein viel präziseres und umfassenderes Gefühl dafür, was die Phänomene tatsächlich sind und woraus unsere Realität besteht. Wir dringen tiefer in die feinen Verästelungen dessen ein, was wir täglich erfahren, wodurch unsere Fähigkeit, genaue Unterscheidungen zu treffen, zunimmt. Lesen wir das Sūtra vor diesem Hintergrund – und die ursprüngliche Zuhörerschaft des Herz-Sūtra bestand aus Personen, die alle sehr gut in den Details der Skandhas, Dhātus und Āyatanas bewandert waren –, werden dessen Worte viel mehr Kraft haben, weil sie jeden Augenblick unserer Erfahrung berühren, indem sie über jeden dieser Momente sagen: »Bleib da nicht hängen, bleib da nicht hängen.« Wenn es im Sūtra zum Beispiel um das Form-Skandha geht, bezieht sich dies nicht auf Form als einen undifferenzierten Haufen aller Formen und sagt dann: »Dieser ganze Haufen an Form existiert nicht.« Vielmehr bezieht es sich auf jeden Augenblick und jedes Detail jeder einzelnen Form, die wir zu irgendeinem Zeitpunkt wahrnehmen, und weist somit darauf hin, dass diese momenthaften Erscheinungen von Form kurzlebige, flüchtige Dinge sind, an denen nichts dran ist. Wenn wir die Listen der Phänomene im Sūtra in dieser Art und Weise betrachten, hat das eine große Kraft, weil uns jedes Wort zum gegenwärtigen Augenblick zurückbringt.

Somit geht es nicht nur um eine Vorstellung von Skandha oder eine allgemeine Vorstellung von Form, sondern wir können, wenn wir das Sūtra rezitieren, jegliche Wahrnehmung, die wir gerade haben, als unser Meditationsobjekt nehmen, genau jetzt, im gegenwärtigen Moment. Auf diese Weise wird das Sūtra jedes Mal, wenn wir es rezitieren, zu einer unterschiedlichen Erfahrung, weil seine Worte sich direkt auf den jetzigen Moment beziehen. Das ist der Grund, warum alle diese Wiederholungen tatsächlich einen Sinn haben: Ihr Zweck ist nicht nur, das gesamte Ausmaß aller Phänomene in erschöpfender Weise abzuhandeln, sondern uns zu helfen, auf der Stelle aufzuwachen – es geht um Jetztheit, den gegenwärtigen Augenblick unserer Erfahrung. Sonst wäre es ausreichend, einfach zu sagen: »Alle Phänomene sind Leerheit, Punkt; find dich damit ab.« Natürlich ist das von einem allgemeinen Gesichtspunkt aus wahr und ausreichend, aber da wir die ganze Zeit über viele verschiedene Momente unterschiedlicher und spezifischer Phänomene erfahren, ist es zu allgemein. Damit die Botschaft des Herz-Sūtra zu uns durchdringt, müssen wir dessen Worte mit dem jetzigen Augenblick verbinden, mit dem, was tatsächlich in unserem Geist vorgeht, sonst ist es bloß ein oberflächliches Lesen auf einer sehr intellektuellen Ebene.

Betrachten wir die längeren Prajñāpāramitā-Sūtren, so dringen sie noch feiner und detaillierter in jede dieser Kategorien wie die Skandhas vor und bringen uns damit permanent zu unserer gegenwärtigen Erfahrung zurück. Der standbildhafte Moment unseres gegenwärtigen Geistes ist einfach wie eine Luftblase, und dann kommt eine andere Luftblase und noch eine Luftblase. Die Prajñāpāramitā-Sūtren erinnern uns fortwährend an all diese Luftblasen – sie entstehen, sind aber kurzlebige Erscheinungen, die nicht wirklich existieren. Daher ist es wichtig, den dynamischen Prozesscharakter dieses gesamten Unterfangens, das Sūtra zu rezitieren, zu begreifen und die Worte nicht nur für bloße Listen statischer Dinge zu halten, die wir eins nach dem anderen wie Gegenstände auf unserer Einkaufsliste abhaken. Es gleicht mehr einem tatsächlichen Spaziergang durch das große Einkaufszentrum aller Phänomene, auf dem wir uns all die individuellen Dinge, die wir auf unsere Einkaufsliste geschrieben haben, ansehen, sie aus dem Regal dualistischer Verfestigung herausfischen und in unseren Einkaufskorb der Untrennbarkeit von Erscheinung und Leerheit werfen. All das ist ein sich ständig wandelnder Prozess.

Gemäß einigen Kommentaren zum Herz-Sūtra repräsentieren die Passagen über die Nichtexistenz der Āyatanas und Dhātus zwei Gruppen von Gründen für die unmittelbar vorhergehende Stelle, dass die fünf Skandhas nicht in der Leerheit existieren. Anders gesagt, wenn wir immer noch in den fünf Skandhas festhängen und denken: »Vielleicht ist ja doch was an ihnen dran«, dann müssen wir tiefer gehen, das heißt, die fünf Skandhas in die zwölf Āyatanas unterteilen, und wenn auch das nicht reicht, unterteilen wir sie in die achtzehn Dhātus. Ist das immer noch nicht genug, unterteilen wir sie weiter, bis wir bei unserer Erfahrung genau jetzt ankommen. Es geht also darum, von einer allgemeinen gedanklichen Ebene dahin zu kommen, immer spezifischer zu werden. Am Ende dieser Untersuchungsreihe steht die spezifischste Sache, die wir jemals finden können, nämlich unsere Erfahrung im jetzigen Moment. Spezifischer kann es nicht sein, wenn es darum geht, was das tatsächliche Meditationsobjekt *ist*, und nicht in all diesen mehr oder weniger allgemeinen Kategorien steckenzubleiben. Je mehr wir mit diesen Kategorien und all ihren Unterabteilungen vertraut sind, desto leichter wird es natürlich sein, zu diesem spezifischsten Moment genau jetzt vorzudringen. Wenn wir nur eine vage Idee über die fünf Skandhas haben, ist das weniger hilfreich, weil wir dann in einer allgemeinen Vorstellung steckenbleiben. Kurz, wir könnten all die Worte in den Listen der Prajñāpāramitā-Sūtren als »betrachte deine Erfahrung des jetzigen Augenblicks, betrachte deine Erfahrung des jetzigen Augenblicks, betrachte deine Erfahrung des jetzigen Augenblicks …« übersetzen, statt »kein Auge, kein Ohr, keine Nase …« usw. zu sagen.

Wie oben beschrieben sind die inneren und äußeren Āyatanas vor allem die Pforten oder Tore für das Entstehen des Bewusstseins. Gemäß den Kommentaren sind sie auch die Pforten für das Entstehen von Merkmalen. Da aber die Āyatanas dem Herz-Sūtra zufolge nicht wirklich existieren, entsteht kein wirkliches Augen-Bewusstsein aus dem Treffen von sichtbarer Form und Augensinnesfähigkeit usw. Die achtzehn Dhātus sind die Samen oder Ursachen von Merkmalen, und da sie ebenfalls nicht wirklich existieren, gibt es auch keine Merkmale als die Resultate dieser Ursachen.

Sogar Abhängiges Entstehen ist Leerheit

Das Sūtra fährt mit den zwölf Gliedern des Abhängigen Entstehens fort:

> *keine Unwissenheit, kein Enden der Unwissenheit bis hin zu keinem Altern und Tod und keinem Enden von Altern und Tod ...*

Dies bezieht sich auf die zwölf Glieder der Unwissenheit bis hin zu Altern und Tod in ihrer normalen und in ihrer umgekehrten Reihenfolge. Bis zu diesem Punkt hat sich das Sūtra hauptsächlich mit saṃsārischen Phänomenen, wie etwa den fünf Skandhas, beschäftigt. Die zwölf Glieder in ihrer normalen Reihenfolge stellen ebenfalls saṃsārische Phänomene dar, indem sie den Prozess beschreiben, wie Lebewesen basierend auf grundlegender Unwissenheit immer und immer wieder entstehen, andauern und vergehen. Die Abfolge der zwölf Glieder in ihrer umgekehrten Reihenfolge repräsentiert jedoch die Art und Weise, in der der Teufelskreislauf von Saṃsāra durchbrochen wird. Wie oben erwähnt, ist es die Hauptmeditation der Pratyekabuddhas, die zwölf Glieder vom Tod bis hin zur Unwissenheit zurückzuverfolgen. Somit markiert diese Stelle im Sūtra über die zwölf Glieder einen Wendepunkt, indem es hier von saṃsārischen Phänomenen zu den Phänomenen des Pfades, der von Saṃsāra befreit, und des Ergebnisses dieses Pfades wechselt. In allen buddhistischen Ansätzen der Śrāvakas, der Pratyekabuddhas und des

Mahāyāna ist Abhängiges Entstehen eines der grundlegenden Prinzipien, um sowohl den Prozess saṃsārischer Verwirrung und saṃsārischen Leidens, als auch den Prozess, das Geflecht dieser Verwirrung zu entwirren, zu beschreiben. Somit sind die zwölf Glieder des Abhängigen Entstehens eines *der* prägenden Merkmale der buddhistischen Lehren. Die Prajñāpāramitā-Sūtren verneinen jedoch nicht nur saṃsārische Phänomene wie die Skandhas, sondern sie haben es auch auf die geheiligten Prinzipien des buddhistischen Pfades selbst abgesehen. Daher werden auch die zwölf Glieder des Abhängigen Entstehens, sowohl in ihrer saṃsārischen als auch in ihrer nirvāṇischen Version, über Bord geworfen.

Der springende Punkt bei den zwölf Gliedern ist, dass alle Phänomene in Saṃsāra (Skandhas, Dhātus und Āyatanas) aus Unwissenheit als ihrem Ausgangspunkt entspringen. Aus der Perspektive der relativen Wirklichkeit bedeutet Verwirrung, unwissend über die relative Natur der Phänomene zu sein, das heißt, nicht zu sehen, wie Abhängiges Entstehen und karmische Ursachen und Resultate funktionieren (die ersten beiden der Vier Edlen Wahrheiten – Leiden und dessen Ursprung). Die Verwirrung über die letztendliche Wirklichkeit resultiert aus der Unwissenheit über die letzten beiden Edlen Wahrheiten (Beendigung und Pfad) oder über die Soheit – die Art und Weise, wie die Dinge wahrhaft sind. Unwissenheit wird als das erste der zwölf Glieder gelehrt, weil der Kreislauf von Saṃsāra mit der Verschleierung der Wahrnehmung darüber, wie die Dinge auf der Ebene der scheinbaren wie auch der letztendlichen Wirklichkeit sind, beginnt. Unwissenheit bezieht sich also auf die Annahme, dass Personen und Phänomene wirklich existieren, wie auch auf das Anhaften an dieser verkehrten Vorstellung.

Das zweite Glied ist »Wirkkräfte«, welches in Abhängigkeit vom vorhergehenden Glied der Kette, Unwissenheit, entsteht. Dieses Glied bezieht sich auf das Entstehen der Hauptgeistesplagen, also Anhaftung, Abneigung und Verwirrung, die durch die im ersten Glied beschriebene Unwissenheit verursacht werden, wie auch auf die Erzeugung und Ansammlung von positivem und negativem Karma, das durch diese Geistesplagen verursacht wird. All dies hängt von unseren Gewohnheiten, Vorlieben und Fixierungen ab, die sämtlich in Unwissenheit wurzeln. Auf diese Weise treiben uns unsere karmischen Wirkkräfte in zukünftige Wiedergeburten im Begierdebereich, im Formbereich oder im formlosen Bereich. Die Orte und spezifischen Eigenschaften dieser Geburten resultieren aus den tugendhaften und untugendhaften Handlungen unseres Körpers, unserer Rede und unseres Geistes.

Das dritte Glied ist die spezielle Art von Bewusstsein, die die Gesamtsumme bestimmter karmischer Wirkkräfte oder Eindrücke enthält, welche dazu führen, dass es in Übereinstimmung mit diesen Eindrücken in einen der sechs Bereiche von Saṃsāra eintritt. Sobald dieses Bewusstsein in seine neue Existenz (wie etwa eine Empfängnis als Mensch in einer Gebärmutter) eingetreten ist, entwickeln sich die vollständigen fünf Skandhas, welche durch das vierte Glied

»Name und Form« angezeigt werden. »Name« bezieht sich auf die vier geistigen Skandhas, da sie keine Form haben und nur benannt werden können, aber nicht für die Sinne wahrnehmbar sind.

In diesem Prozess der Evolution der Skandhas entwickeln sich schließlich unsere sechs Sinne (die sechs inneren Āyatanas), welche das fünfte Glied bilden. Dies führt zum nächsten Glied, Kontakt mit Objekten herzustellen. Ein solcher Kontakt erzeugt Gefühle, die zu Verlangen führen – sowohl das Verlangen, angenehme Gefühle zu genießen, als auch das Verlangen, unangenehme Gefühle zu vermeiden oder loszuwerden. Verlangen kann sich entweder als etwas haben wollen oder als etwas loswerden wollen manifestieren, aber in beiden Fällen bedeutet es, etwas zu wollen. Verlangen führt zu Ergreifen – wenn wir etwas wirklich wollen, so greifen wir danach. Ergreifen entwickelt sich zu »Werden«, das heißt, zu Verfestigung. Je mehr wir nach etwas greifen, desto mehr verfestigen wir es, was in diesem Fall bedeutet, dass wir bei einer neuen Geburt landen. Dieser Prozess ist vergleichbar damit, den neuesten schicken Computer zu sehen, ihn zu begehren, ihn haben zu wollen, ihn tatsächlich zu kaufen und schließlich damit im Internet zu surfen. Aber von dem Augenblick an beginnt das Altern, was heißt, dass der Computer bereits in dem Moment, in dem wir ihn nach Hause bringen, veraltet ist. Ebenso sind unsere fünf Skandhas bereits in dem Moment, in dem wir sie annehmen, veraltet, das heißt, der Prozess des Alterns beginnt leider nicht erst um die vierzig oder fünfzig, sondern im Augenblick der

Empfängnis in der Gebärmutter. Das Endresultat dieses Prozesses ist der Zerfall der Skandhas, das heißt, der Tod. Dann sind wir wieder da, wo wir angefangen haben, nämlich bei der Unwissenheit, und alles geht wieder von vorne los. Es gibt also bei diesen zwölf Gliedern kein Ende; sie bilden keine lineare Abfolge, sondern einen Teufelskreislauf – was genau dem entspricht, was das Wort »Saṃsāra« bedeutet.

Aus der Perspektive der Prajñāpāramitā-Sūtren repräsentieren die zwölf Glieder des Abhängigen Entstehens lediglich weitere Merkmale, die es loszulassen gilt, obwohl wir zeitweise mit ihnen auf dem Pfad arbeiten müssen (wie es im Sūtra zuvor heißt, sind alle Phänomene »ohne Merkmale«). Die zwölf Glieder besagen, dass Saṃsāra wie ein Kartenhaus ist, das auf Unwissenheit gebaut ist. Das Fundament oder die unterste Kartenreihe dieses Hauses ist Unwissenheit, und der Rest unseres saṃsārischen Kartenhauses ist auf dieser Unwissenheit aufgebaut. Sobald wir die untersten Karten herausziehen, fällt das ganze Haus in sich zusammen, und genau darum geht es natürlich, wenn wir die zwölf Glieder als ein Mittel zur Befreiung nutzen. Sobald wir erkennen, dass Unwissenheit nicht wirklich existiert, fallen all die anderen Glieder ganz natürlich in sich zusammen. Auf diese Weise repräsentiert die normale Reihenfolge der zwölf Glieder das Merkmal, Saṃsāra aufrechtzuerhalten, während ihre umgekehrte Reihenfolge das Merkmal seiner Reinigung darstellt.

Der Untergang der Vier Edlen Wahrheiten

Als Nächstes nimmt es das Sūtra mit den Vier Edlen Wahrheiten auf:

> *kein Leiden, kein Ursprung des Leidens, keine Beendigung, kein Pfad ...*

Der Sturmangriff des Herz-Sūtra auf buddhistische heilige Kühe geht weiter – die Vier Edlen Wahrheiten existieren auch nicht wirklich. Natürlich können wir uns vorstellen, dass Aussagen wie diese für viele Buddhisten schockierend sind. Die Prajñāpāramitā-Sūtren sagen im Grunde: »Es gibt kein Leiden, keine Ursachen des Leidens, keine Beendigung des Leidens und auch keinen Pfad, der zur Beendigung des Leidens führt. Trotzdem, versuche dein Bestes. Du hast keine Chance, aber nütze sie.« Das ist sozusagen Bodhisattva-Logik. Solange wir nicht wirklich untersuchen, was all diese Dinge, wie die Vier Edlen Wahrheiten, wirklich sind, scheinen sie zu existieren und zu funktionieren, aber sobald wir genauer hinsehen, können wir auch nicht eine von ihnen wirklich finden.

Während wir all das betrachten, ist es gleichzeitig wichtig, nicht nur auf der Seite der Objekte steckenzubleiben, das heißt, uns übermäßig darin zu verwickeln, alle diese Phänomene zu Objekten zu machen und darüber unseren Geist zu vergessen. Denn dieser ist es ja, der sie zu Objekten macht, und der dieses Objektivieren auch fallenlassen kann. Alle

Phänomene werden nur in Abhängigkeit davon, wie unser Geist mit ihnen umgeht, zu Ursachen für Leiden oder zu Ursachen für Befreiung. Im Endeffekt läuft es genau darauf hinaus – beim Herz-Sūtra geht es nicht primär um alle Phänomene (seien es die Skandhas oder die Vier Edlen Wahrheiten) als Objekte, sondern seine Lehren deuten immer zurück auf unseren Geist als das Subjekt und wie er mit all diesen Objekten umgeht. Wie gehen wir mit unseren Augen, unseren Ohren, unserer Nase, unserer Zunge und unserem Körper um? Wie gehen wir mit unseren Sinneswahrnehmungen um? Wie gehen wir mit unserem Leiden um? Wie gehen wir mit den Ursachen unseres Leidens um? Wie gehen wir mit unserem Pfad um? Solange es irgendein Verfestigen des Pfades und seiner Methoden gibt, wird uns der Pfad nicht befreien. Er mag uns immer noch etwas Gutes tun, aber das wird begrenzt und bedingt und nicht die vollständige Erfahrung von Befreiung und Allwissenheit sein.

Die Prajñāpāramitā-Sūtren erinnern Bodhisattvas bei jeder Gelegenheit an diese Tatsache, indem sie sagen: »Dies ist, was du erreichen musst, indem du dich nicht darauf fixierst. Aber jetzt, da du diese große Errungenschaft vervollkommnet hast, geh weiter. Bleib nicht darin stecken, halt dich nicht daran fest.« Auf dem Bodhisattva-Pfad gibt es viele Stufen, etwas tatsächlich zu erkennen, wie etwa, die wahre Natur der Phänomene auf der ersten Bhūmi direkt zu sehen. Es besteht jedoch immer noch eine gewisse Gefahr, diese Erkenntnis zu einem Trip zu machen. Natürlich sind diese Bodhisattva-Trips nicht so bedenklich wie unsere üblichen Trips, aber es mag dabei immer noch gewisse Neigungen zur Arroganz geben oder das Gefühl, etwas zu besitzen, was andere nicht haben. Daher warnen die Prajñāpāramitā-Sūtren immer wieder: »Sei nicht wegen irgendetwas aufgeblasen, nicht einmal wegen deines Mangels an Aufgeblasenheit.« Auf diese Weise sind Leerheit und Prajñā, das sie erkennt, die Schutzvorrichtung des Bodhisattva-Pfades, da sie das Schwert darstellen, das den Luftballon der Ego-Aufgeblasenheit platzen lässt.

Vom Gesichtspunkt des Mahāyāna aus sind die Vier Edlen Wahrheiten nichts anderes als weitere Merkmale. Die Wahrheit des Leidens hat das Merkmal, geplagt zu sein. Der Ursprung des Leidens hat das Merkmal der Aneignung; damit ist gemeint, dass wir uns die fünf Skandhas als das, was durch seine Ursachen die Natur des Geplagtseins hat, aneignen. Die Wahrheit über den Ursprung des Leidens bezieht sich auf Karma und Geistesplagen; diese beiden ziehen neue Skandhas nach sich oder eignen sie sich an, und sie tun dies nicht nur von einem Leben zum nächsten, sondern in jedem Moment. Wir erschaffen unsere Existenz buchstäblich in jedem Moment neu. Unser Leben und unsere Erfahrungen hängen nicht nur davon ab, was wir in unserem letzten Leben oder vor fünf Tagen getan haben, sondern auch davon, was im unmittelbar vorangegangenen Moment geschah. Dies geht nämlich ebenfalls in die Mischung der Ursachen und Bedingungen ein, die eine neue Konstellation von Skandhas im nächsten Moment hervorbringen. Die Wahrheit der Beendigung hat das Merkmal des Friedens, also des Fehlens von Geplagtsein. Der Pfad hat das Merkmal von Prajñā, das heißt, Einsicht oder Erkenntnis.

Wie verstehen wir diese Vier Edlen Wahrheiten aus der Perspektive des Mahāyāna? Die Wahrheit des Leidens bedeutet aus dieser Sicht, dass die Skandhas von Leiden leer sind, was das genaue Gegenteil der ursprünglichen Unterweisung ist. Diese besagt nämlich, dass die Skandhas das Leid *sind.* Im Buddhismus besteht Leid üblicherweise aus den fünf Skandhas, aber im Mahāyāna bedeutet die Erste Edle Wahrheit, dass die Skandhas leer von Leid sind, da sie leer von eigenständiger Natur sind – so wie es das Herz-Sūtra ja am Anfang sagt, wenn Avalokiteśvara sieht, dass die fünf Skandhas leer von einer Eigennatur sind. Damit sind sie natürlicherweise leer von Leid oder überhaupt von allem, sich selbst inbegriffen. Fragen wir uns also, was im Rahmen der Vier Edlen Wahrheiten wahr ist, so ist vom Gesichtspunkt des Mahāyāna aus die Aussage, dass die fünf Skandhas Leid sind, bloß eine relative Wahrheit, aber nicht die letztendliche Wahrheit über die Skandhas. Betrachten wir die wahre Natur der fünf Skandhas, erkennen wir, dass sie tatsächlich weder Leid noch irgendetwas anderes sind.

Was den Ursprung des Leidens betrifft, so fordert uns das Mahāyāna auf, nicht nach den Ursachen des Leidens zu greifen und diese den Dingen überzustülpen. Üblicherweise heißt es, dass der Ursprung des Leidens in Karma und Geistesplagen zu finden ist, die für wahrhaft existent gehalten werden, wohingegen wir hier die Vorstellung, dass Handlungen und Geistesplagen die Ursachen des Leidens sind, loslassen. Wir stülpen ihnen nicht die Eigenschaft über, dass sie wirklich die Natur haben, Ursachen des Leidens zu sein. Für gewöhnlich sind die Hauptursachen des Leidens im Mahāyāna Anhaftung und falsche Ansichten – verwirrt zu sein und an dem, worüber wir verwirrt sind, anzuhaften, wobei sich diese beiden Tendenzen gegenseitig verstärken. In der Tat ist es viel leichter, an dem, worüber man verwirrt ist, anzuhaften als an dem, was man klar sieht.

Die Wahrheit der Beendigung ist normalerweise die Vorstellung eines Friedens, dem Leid vorausging, das dann beendet wurde. Im Mahāyāna wird jedoch die Natur der Beendigung so aufgefasst, dass die Skandhas von Anfang an niemals entstanden sind, nicht in der Gegenwart verweilen und nicht zu einem späteren Zeitpunkt vergehen. Mit anderen Worten bedeutet Beendigung, dass letztendlich niemals etwas geschieht.

Schließlich bedeutet die Wahrheit des Pfades aus der Perspektive des Mahāyāna, in meditativer Ausgeglichenheit in nichtdualer Weisheit zu ruhen und zu erkennen, dass die Vier Edlen Wahrheiten Leerheit sind, was die Leerheit dieser nichtdualen Weisheit ebenfalls mit einschließt. Genau wie alle anderen Phänomene wird der Pfad nicht für etwas Substanzielles oder eine wirkliche Entität gehalten, sondern für leer. Trotzdem sagen die Sūtren, dass wir ihn beschreiten müssen. Der springende Punkt an dieser Vorstellung ist aber, dass es niemanden gibt, der geht, keinen Pfad, kein Fahrzeug und auch kein Ziel.

Es liegt auch keine Hoffnung in Prajñāpāramitā

Wenn wir aber denken, dass wir uns zumindest auf Prajñā, das all dies erkennt, verlassen können, so hat das Herz-Sūtra auch damit kein Erbarmen und sagt:

keine Weisheit, kein Erlangen und kein Nicht-Erlangen

Selbst das eigentliche Herz des Herz-Sūtra – Prajñāpāramitā, also nichtgedankliche und nichtduale Weisheit – existiert nicht wirklich. Es gibt kein Prajñā und daher auch keine Prajñāpāramitā, die der letztendliche Höhepunkt Prajñās ist. Konventionell gesprochen ist Weisheit ein Ergebnis oder etwas Erlangtes, aber streng genommen ist sie lediglich ein Name für die Abwesenheit von Unwissenheit. Aber sobald wir erkennen, dass es nie eine wirklich existierende Unwissenheit gegeben hat, gibt es auch kein Fehlen von Unwissenheit oder eine derartige Erkenntnis. »Weisheit« bezieht sich hier vor allem auf nichtduale Weisheit, darauf, alle Verschleierungen der Geistesplagen und der Erkenntnis aufgegeben zu haben. Das bedeutet, alle Phänomene zu kennen, ohne an irgendeinem von ihnen anzuhaften oder ihnen mit Widerständen zu begegnen. Daher ist Weisheit die Allwissenheit eines Buddha, dessen Wahrnehmung aller Phänomene vollkommen ungehindert ist, ohne ein Gefühl von Eigentümerschaft oder Anhaftung gegenüber dem, was er wahrnimmt. Und dennoch ist selbst diese Weisheit leer.

Es ist natürlich unnötig zu erwähnen, dass es ohne einen Pfad oder ein Ergebnis (nichtgedankliche Weisheit oder Buddhaschaft) auch kein Erlangen geben kann. »Erlangen« bezieht sich hier auf die unübertreffliche Erleuchtung der Buddhaschaft mit all ihren Qualitäten (wie etwa den zehn Kräften und den vier Furchtlosigkeiten). Letztendlich aber kann diese Erleuchtung nicht erlangt werden, weil Buddha-Weisheit nicht als Buddha-Weisheit identifizierbar ist. Geben wir schließlich auf und beschließen, dass es überhaupt nichts zu erlangen gibt, dann ist auch das nicht richtig, weil es auch kein »Nicht-Erlangen« gibt.

»Nicht-Erlangen« kann so verstanden werden, dass Buddha-Erleuchtung von den Lebewesen noch nicht erlangt worden ist. Oder, wenn wir üblicherweise von Erlangen sprechen, meinen wir damit, dass es etwas gibt, was vorher nicht da war und dann erlangt oder neu erworben wurde. »Nicht-Erlangen« bedeutet demnach im Kontext des Herz-Sūtra, dass es eine solche neu erlangte Sache, die vorher nicht existierte, nicht gibt. Wäre die Buddhaschaft so etwas, wäre sie bedingt. Existierte sie vorher nicht und träte dann später ins Dasein, wäre sie vergänglich und würde somit früher oder später auch wieder verschwinden. »Nicht-Erlangen« kann auch heißen, dass es kein Erlangen gibt, weil die Buddha-Natur gleichermaßen in allen Lebewesen vorhanden ist, denn alles, was im Rahmen der Buddhaschaft erlangt werden könnte, ist bereits in unserem Geist gegenwärtig. Es ist nicht so, dass die Buddha-Natur am Anfang abwesend ist und schließlich am Ende erlangt wird.

Andererseits bedeutet es aber nicht, dass es überhaupt

kein Erlangen gibt, denn aus der Perspektive des Pfades scheint es so, als ob etwas erlangt wird. Das heißt, wenn sich die Natur des Geistes manifestiert und als das erkannt wird, was sie ist, dann wirkt das vom Gesichtspunkt der Verwirrung aus wie eine Veränderung, da diese Natur zuerst nicht gesehen wurde und dann gesehen wird. Befragen wir aber die Natur unseres Geistes direkt: »Hast du eine Veränderung wahrgenommen?«, so ist die Antwort nein. Es hängt also davon ab, wen wir fragen. Fragen wir die Unwissenheit, dann gibt es Leid, es gibt Geplagtsein, es gibt einen Pfad und es gibt ein Ergebnis, aber fragen wir unsere Buddha-Natur, so existiert nichts davon wirklich. Somit geht es im Buddhismus nicht nur darum, die richtigen Fragen zu stellen, sondern es geht auch darum, wen wir befragen. Selbst wenn wir die richtige Frage stellen, diese aber an unseren unwissenden Geist richten, reicht das immer noch nicht aus. Die letztendliche Antwort kann nur von unserem Weisheitsgeist kommen.

Wenn wir die fünf Pfade und die zehn Bhūmis vom Gesichtspunkt der Buddha-Natur aus betrachten, gibt es weder eine wirkliche Zunahme von Qualitäten noch irgendeine Abnahme von Fehlern. Die Pfade und Bhūmis sind schlicht ein stufenweiser Prozess, die Natur des Geistes durch die fortschreitende Reinigung oder das Verschwinden der latenten Tendenzen der Unwissenheit – des Ālaya-Bewusstseins – zu enthüllen. Dieser Prozess findet seinen Höhepunkt in der Manifestation des reinen Dharmadhātu als spiegelgleiche Weisheit. Vom Gesichtspunkt der Unwissenheit aus scheint es so, als ob es eine Veränderung oder eine Art Fortschritt gäbe. Wenn die Sonne zum Beispiel von Wolken bedeckt ist und diese schrittweise verschwinden, können wir die Sonne immer deutlicher sehen. Fragen wir die Wesen unter den Wolken, werden sie sagen, dass es eine Veränderung gibt, da die Sonne manchmal da ist und manchmal nicht. Fragen wir aber die Sonne, dann gibt es überhaupt keine Veränderung. Ebenso gibt es aus der Perspektive der Natur des Geistes oder des Dharmadhātu keine Veränderung, da aus dieser Sicht diese Natur nicht zunimmt. Aus der Sicht des Dharmadhātu gibt es weder Erlangen noch Nicht-Erlangen. Jedenfalls ist »Nicht-Erlangen« ebenfalls leer, egal wie wir es verstehen.

Dieser letzte Gesichtspunkt ist recht interessant, weil wir uns bis jetzt in dem Modus befanden, immer »nein, nein, nein« zu sagen, und dann behauptet das Sūtra plötzlich, dass es auch kein Nicht-Erlangen gibt. Wir können dadurch erkennen, wie unser Geist in diesen Modus, einfach zu allem »nein« zu sagen, einsteigt, was allerdings zum Extrem des Nihilismus führt oder einfach dazu, alles zu verneinen. Aber dann wird genau dieses Verneinen auch verneint. Natürlich bedeutet das nicht, dass wir einfach wieder dorthin zurückgehen, wo wir angefangen haben, indem wir all die »Neins«, die ausgesprochen wurden, zurücknehmen. Wir gehen nicht zurück, aber wir gehen auch nicht weiter. Daher kann »Nicht-Erlangen« auch als kein Training, um irgendetwas zu erlangen, verstanden werden. Wir erreichen kein weiteres Erlangen jenseits von »kein Erlangen«, das dieses »kein

Nicht-Erlangen« wäre und worüber wir dann denken, dass es das eigentliche Erlangen sei. Es geht vielmehr darum, den Geist dabei zu beobachten, wie er sich mehr und mehr in ein Extrem begibt und uns dabei alle Teppiche unter den Füßen weggezogen werden (wie auch unsere eigenen Füße), bis wir völlig vom Extrem des Negierens durchdrungen sind. Doch sobald wir es uns in diesem Geisteszustand, alles negiert zu haben, bequem gemacht haben und glauben: »In Ordnung, ich hab's jetzt kapiert«, zieht uns das Sūtra auch den letzten »Nicht-Teppich« unter den Füßen weg. Was dann passiert, ist, dass wir fallen, denn das war sozusagen der letzte Teppich. Wir fallen dann einfach immer tiefer in das Fehlen jeglichen Grund und Bodens.

An diesem Punkt gibt es weder eine Klippe, von der wir herunterfallen, noch eine Umgebung, die wir uns im Fallen ansehen könnten, noch irgendeinen Platz, an dem wir landen würden. Uns bleibt nichts mehr als die reine Erfahrung des Fallens. Wie fühlt sich unser Geist an, wenn es keine Teppiche mehr gibt, auf denen er stehen kann, und nichts, worauf er landen kann? Dieses Fallen in die Abwesenheit jeglichen Grund und Bodens hinein ist eine merkwürdige Art des Fallens, weil wir nicht wirklich irgendwohin fallen und es niemanden gibt, der fällt. Es ist ein Fallen ohne Bewegung – wir fallen, indem wir am selben Fleck bleiben, der nichts anderes ist, als der gegenwärtige Moment unserer Erfahrung. Das heißt, unser Geist bleibt, wo er ist und genau wie er ist, und erfährt vollständig, wie sich das anfühlt. Dies wird jedoch im Text nicht weiter erwähnt oder erklärt, was ja auch den Zweck des Herz-Sūtra auf den Kopf stellen würde. Was können wir auch sagen, wenn wir an den Punkt gelangen, an dem alle Teppiche weg sind, selbst die fliegenden und sogar die Nicht-Teppiche? Alles, was wir sagen würden, wäre einfach nur ein weiterer Teppich, der uns in einer falschen Sicherheit wiegt, wohingegen es der springende Punkt bei den Prajñāpāramitā-Sūtren ist, uns überhaupt keinerlei Sicherheit zu bieten.

Padma Karpo sagt dazu, dass die Negation der Existenz nicht bedeutet, dass Leerheit Nichtexistenz ist. Wäre Leerheit lediglich die Negierung der Existenz, wäre sie nichts als eine absolute Verneinung, aber das ist nicht adäquat, denn jede Verneinung ist immer noch ein rein gedankliches Objekt und nicht das, was von nichtgedanklicher Weisheit als die wahrhafte Natur der Phänomene erfahren wird.

Frage: Ich möchte zum Bodhisattva-Pfad zurückkehren und wie wir diese Lehren im täglichen Leben anwenden können. Ich denke da an eine bestimmte Situation, wenn wir mit jemandem Schwierigkeiten haben. Die Verfahrenheit und Solidität der Erfahrung ist mir zwar insofern sehr klar, als die andere Person sehr fixierte Ansichten über die Dynamik der Situation hat. Ich habe aber weder die geschickten Mittel noch die Weisheit zu wissen, was zu tun ist, außer einfach zu versuchen, offen zu sein, meine Erfahrung in jedem Moment zu betrachten und darauf zu vertrauen, dass ich die inneren Ressourcen habe, um zumindest ein wenig offen und hilfreich zu sein. Aber es gibt da auch dieses Gewohnheitsmuster, es hinbiegen zu wollen, das Richtige zu tun und jemandem zu helfen.

KB: Was wir über die von Ihnen erwähnten Dinge, die man tun kann, hinaus betrachten müssen, ist, dass es ja an sich schon eine starre Ansicht ist, wenn wir denken, dass jemand anderes starre Ansichten hat. Offen zu sein bedeutet auch, uns unsere eigenen Ansichten über die Ansichten dieser anderen Person näher anzusehen, das heißt, ob sie tatsächlich so starr sind oder woran genau wir uns dabei stoßen. Wir müssen sehen, wo und wie ihre Ansichten auf uns persönlich starr wirken, denn sie mögen für jemand anderen nicht starr sein. Eine dritte Person mag denken: »Ja, das ist genau, wie es ist.« Darum ist es interessant die »Stoßzone« zu untersuchen, denn starre Ansichten können nur im Vergleich mit etwas anderem starr sein, nämlich mit unseren eigenen Ansichten oder unserem eigenen Geist. Der interessante Bereich der Praxis ist also der, wo diese zwei Ansichten aufeinander treffen und sich aneinander reiben. Vollkommene und tatsächliche Offenheit heißt, dass es selbst für die starrsten und aggressivsten Ansichten nichts gibt, woran sie sich reiben könnten, weil es keinerlei Widerstand gegen sie gibt und nichts, woran sie sich stoßen könnten. Dies ist dann mehr wie ein Marschflugkörper, der durch ein Vakuum fliegt – es gibt nirgends ein Ziel, das er treffen könnte. Somit ist ein gewisses Gefühl von Offenheit dafür, dass die starren Ansichten der anderen Person nun mal existieren, ein Aspekt der eigenen Offenheit. Je mehr inneren Raum wir haben, desto weniger Reibung gibt es.

Das Sūtra fährt fort:

> *Daher, Śāriputra, weil Bodhisattvas kein Erlangen besitzen, verweilen sie, indem sie sich auf die tiefgründige Prajñāpāramitā stützen.*

Die meisten Kommentare sagen, dass diese Stelle den letzten Augenblick der zehnten Bhūmi signalisiert, welcher der »vajragleiche Samādhi« genannt wird. Dies ist der letzte Moment vor der Buddhaschaft. An diesem Punkt sind alle Bezugspunkte im Geist der Bodhisattvas völlig zur Ruhe gekommen und sie können nicht wirklich versuchen, irgendetwas zu ergreifen, zu erkennen oder zu erlangen. Bei diesem Samādhi geht es darum, frei von allen Bezugspunkten zu *sein*, nicht darum, zu versuchen, von allen Bezugspunkten frei zu *werden*. Der vajragleiche Samādhi ist so subtil, dass alles, was wir darin zu tun versuchten, uns davon abhalten würde, ein Buddha zu werden. Egal welche Meditationstechnik oder welches Gegenmittel wir an diesem Punkt anwenden würden, es würde einfach nur zu einem Hindernis und einer weiteren Verschleierung werden. Das heißt, dass wir an diesem Punkt auch noch den letzten Strohhalm loslassen, sowohl in Bezug auf das, was aufzugeben ist, als auch auf die Gegenmittel. Trotz seines Namens geht es bei diesem vajragleichen Samādhi nicht wirklich um eine aktive Anstrengung, etwa darum, den letzten Faden des Seils, das uns fesselt, durchzuschneiden, sondern es geht darum, sich in der Natur des Geistes, so wie sie ist, niederzulassen, ohne irgendwelche Erwartungen oder Ängste. Wenn wir an einen Vajra denken, so stellt er etwas sehr Hartes und Unzerstörbares dar, aber es gibt zwei Arten von Unzerstörbarkeit. Ein »Vajra« kann sich auf die allerhärteste Substanz beziehen, die von nichts zerstört werden kann und die machtvollste Waffe ist, welche alles andere zerstört. Der vajragleiche Samādhi ist jedoch deswegen unzerstörbar, weil es in ihm nichts gibt, was angegriffen oder zerstört werden könnte. Er ist die endgültige Erkenntnis, dass sowohl die Faktoren, die aufzugeben sind, als auch ihre Gegenmittel gleichermaßen nichtexistent sind. Das ist die höchste Erkenntnis, an deren Punkt wir alle Gegenmittel, Manipulationen, Reinigungen, Verbesserungen wie auch alles andere, was es zu tun gäbe, vergessen können. Dieser Samādhi ist unzerstörbar, weil er, wie der Raum, vollkommenen durchlässig ist und keinerlei Widerstand bietet. Der Raum ist weder hart noch solide, und er ist gerade deshalb unzerstörbar, weil es in ihm nichts gibt, was angegriffen werden könnte.

Dieser Samādhi ist der endgültige Punkt, an dem Sichtweise, Meditation und Ergebnis wahrhaft untrennbar sind. Die Sichtweise ist die Sichtweise der Leerheit frei von irgendwelchen Bezugspunkten. Meditation bedeutet, diese Leerheit nicht nur zu verstehen oder sie teilweise zu erkennen, sondern diese Leerheit endlich voll und ganz zu *sein*. Anders gesagt gibt es dann in unserer Erfahrung keinen Unterschied zwischen der Freiheit von Bezugspunkten und der Erkenntnis der Freiheit von Bezugspunkten. Es ist also nicht nur eine Vorstellung oder eine Tatsache, sondern es ist das, was unser Geist an diesem Punkt *ist*. Genau aus diesem Grund ist er auch unzerstörbar. Im Rahmen von Mahāmudrā hat der vajragleiche Samādhi die Bedeutung, im gewöhnlichen Geist zu ruhen. Genauer gesagt ist es nicht einfach so, dass wir in diesem Samādhi ruhen, was immer noch etwas dualistisch ist, sondern es bedeutet, dass der Geist der gewöhnliche Geist *ist*, dass der Geist er selbst ist, dass der Geist sich in seinem eigenen Raum zu Hause fühlt und frei ist. Das tibetische Wort für »Meditation« bedeutet, sich mit etwas vertraut zu machen, das heißt, sich mit der Sichtweise vertraut zu machen. Somit besteht der endgültige Punkt des Sich-Vertrautmachens darin, das zu werden oder zu verkörpern, womit wir uns vertraut gemacht haben. Es gibt keinen Unterschied zwischen dem, womit wir uns vertraut gemacht haben, und dem, der sich damit vertraut gemacht hat. Daher sind Sichtweise und Meditation endlich vollkommen ununterscheidbar.

Als Nächstes sagt das Sūtra:

Da ihr Geist ohne Schleier ist, haben sie keine Furcht.

In der meditativen Ausgeglichenheit der Bodhisattvas auf den Bhūmis gibt es keine Verschleierungen mehr, und in ihrer Erkenntnis sind sie wie ein Buddha. Erheben sie sich aber aus ihrer formalen Meditationssitzung, sind sie nicht wie ein Buddha, weil sie ihre Erkenntnis nicht in jeder Situation außerhalb ihrer Meditation vollständig aufrechterhalten können.

Daher geht es bei den zehn Bhūmis darum, sich darin zu üben, die Erkenntnis während der meditativen Ausgeglichenheit in jede Situation, der man begegnet, hineinzutragen. Während der Perioden zwischen den Meditationssitzungen erscheinen diesen Bodhisattvas immer noch alle möglichen dualistischen Erscheinungen. Der Unterschied zwischen ihnen und uns ist jedoch nicht nur, dass diese Erscheinungen wie Trugbilder sind, sondern Bodhisattvas erkennen auch auf der Stelle, dass es sich um Trugbilder handelt – sie verwickeln sich nicht mehr darin. Daher widmen sich trugbildhafte Bodhisattvas trugbildhaften Aktivitäten, um trugbildhaften Wesen mit trugbildhaften Objekten beizustehen, was der Grund dafür ist, dass der Geisteszustand dieser Bodhisattvas außerhalb ihrer meditativen Ausgeglichenheit, in der sie die Leerheit direkt erkennen, »trugbildgleicher Samādhi« genannt wird. Deshalb gibt es für Bodhisattvas nicht einmal das, was wir »Nachmeditation« nennen (was wie eine Pause klingt), weil ihre »Nachmeditation« einfach nur eine andere Art des Samādhi ist, aus dem heraus sie alle möglichen Arten altruistischen Verhaltens an den Tag legen. Es ist Samādhi in Aktion, bei dem Bodhisattvas ihre Erkenntnis in alles, was sie tun, integrieren. Wir versuchen das ja auch, schaffen es meist jedoch nicht, während Bodhisattvas es die ganze Zeit über tun.

Eine geringfügige Wahrnehmung von Merkmalen und ein leichtes Gefühl von Dualität sind die einzigen Verschleierungen während der Zeiten, in denen Bodhisattvas nicht in formaler Meditation sind, aber es gibt auf diesen Bhūmis kein Anhaften an wirklicher Existenz mehr. Ihr Anhaften an

Merkmalen ist etwa so, wie wenn wir einen Traum haben, dann aufwachen und darüber reden können, indem wir die Traumerscheinungen mit Bezeichnungen belegen, wie etwa, dass jemand in unserem Traum braunes Haar und blaue Augen hatte. Wir benutzen dann zwar diese Merkmale, aber wir wissen sehr wohl, dass das, wofür wir sie benutzen, nicht wirklich existiert. Trotzdem werden dabei die Erscheinungen bis zu einem gewissen Grad verdinglicht, indem wir ihnen Merkmale zuschreiben. Ebenso wissen Bodhisattvas während der ersten sieben Bhūmis in klarer Weise und zu jeder Zeit, dass das, was auch immer erscheint, nicht wirklich existiert, aber sie belegen diese trugbildhaften Erscheinungen immer noch mit Bezeichnungen. Bis zum letzten Augenblick der zehnten Bhūmi gibt es auch ein leichtes Gefühl von Dualität, da sie immer noch einen Unterschied zwischen Subjekt und Objekt erleben. In der Sinneswahrnehmung der Bodhisattvas scheinen Objekte immer noch außerhalb zu sein, obwohl sie sich der Tatsache, dass dies nicht der Fall ist, voll bewusst sind. Das ist sehr verschieden von unserer Wahrnehmung, weil wir nicht nur denken, dass Objekte außerhalb existieren, sondern auch, dass sie wirklich sind und die Wahrnehmenden ebenfalls wirklich sind. Zum Zeitpunkt der Buddhaschaft gibt es schließlich überhaupt keine solchen Verschleierungen mehr während der »Nachmeditation«, es gibt also keinen Unterschied zwischen »Meditation« und »Nachmeditation«. Anders gesagt ist dies die vollständige Einheit von Meditation und Verhalten.

Vielleicht ist in unserer modernen Welt die wesentliche

Botschaft des Herz-Sūtra die, dass »Bodhisattvas keine Furcht haben«. Angesichts der Tatsache, dass sich die Menschen von der Welt und von anderen getrennt fühlen, scheint heutzutage Angst vor allem und jedem das Hauptproblem in unserer Welt zu sein. Natürlich gibt es Angst vor schlimmen Dingen, aber es gibt auch Angst vor guten Dingen (wie etwa Angst vor der Liebe), und sogar Angst vor der Angst. Es gibt buchstäblich nichts, wovor Menschen keine Angst haben. Warum also gibt es in Bodhisattvas und Buddhas keine Angst? Dies entspricht der Aussage in den Lehren des *Lojong* (»Geistestraining«), dass »Leerheit der hervorragendste Schutz ist«. Je mehr Mauern wir zu bauen versuchen oder je mehr Abwehrtechniken wir anzuwenden versuchen, desto stärker nehmen unsere Ängste zu, wie wir es auf so dramatische Weise an vielen Orten auf der Welt beobachten können. Egal wie hoch wir die Mauern und Zäune, die Menschen fernhalten sollen, bauen, wir leiden nur noch mehr unter Verfolgungswahn.

Wir haben zuvor das Beispiel von Eis und Wasser betrachtet. Wenn wir auf dem Pfad mit dem großen Eisbrocken unserer saṃsārischen Existenz oder unserer fünf Skandhas beginnen, so ist dieser Brocken kalt, hart und scharfkantig; wir können uns leicht daran verletzen. Anders als Wasser ist er weder sanft, flüssig noch nachgiebig. Unser Job auf dem Pfad ist es, diesen Eisbrocken des Saṃsāra zu schmelzen, und je mehr Eis wir schmelzen, desto mehr Wasser haben wir. Abgesehen davon, dass dieses Wasser daraus resultiert, dass Eis geschmolzen worden ist, hat es auch die Eigenschaft, den Prozess des Eisschmelzens selbst zu beschleunigen. Haben wir einen großen Brocken Eis und lassen ihn einfach in einem Spülbecken liegen, dauert es lange Zeit, aber wenn wir den Abfluss des Beckens zustöpseln, sodass das Schmelzwasser das Eis umgibt, schmilzt das Eis schneller. Auf diese Weise ist das Schmelzwasser ein Katalysator, der das Eis schneller schmelzen lässt. Ebenso gehen Fortschritte auf dem Pfad und die Auflösung der Geistesplagen und Verschleierungen am Anfang etwas langsam vonstatten. Unsere starren Ansichten und Gewohnheitstendenzen weichen zunächst auf, so wie Eis anfangs weicher wird, bevor es tatsächlich zu Wasser wird. Und das, wozu sie zerschmelzen, ist das Wasser der Leerheit und des Mitgefühls. Je mehr wir von diesem Wasser haben, desto schneller schmelzen unsere verbleibenden Verschleierungen.

Sobald wir dann sehen, dass sowohl die Faktoren, die aufzugeben sind, wie auch ihre Gegenmittel einer wirklichen Existenz entbehren, stellt sich ein zunehmendes Gefühl der Furchtlosigkeit ein. Wenn wir erkennen, dass es wirklich nichts gibt, was verletzt werden kann, und nichts, was uns verletzt, gibt es keine Grundlage mehr für Furcht. Das wird der »Samādhi des Heldengangs« genannt, ein weiterer in den Sūtren beschriebener Samādhi. In einem allgemeinen Sinne bedeutet dies, dass Bodhisattvas die Bhūmis in einer furchtlosen Art und Weise durchlaufen. Nicht nur nehmen sie alles als trugbildhaft wahr, egal ob es gut oder schlecht, nützlich oder schädlich ist, sondern es stellt sich auch ein zunehmendes Gefühl des Selbstvertrauens ein.

Dies ist kein Selbstvertrauen im üblichen Sinn von Heldenhaftigkeit, wie etwa darüber, dicke Muskeln, Schlagkraft oder kugelsichere Westen usw. zu haben, sondern es ist das Vertrauen in unsere eigene Durchlässigkeit und die Durchlässigkeit jeder Situation, in der wir uns befinden. Das bringt ein zunehmendes Vertrauen in unsere Fähigkeit mit sich, jeder Person und jeder Situation in der nutzbringendsten Art und Weise zu begegnen. Je durchlässiger wir und jede Situation um uns herum wird, desto weniger müssen wir festgelegte Pläne für Szenarien des schlimmsten anzunehmenden Falls in der Schublade haben und desto mehr nimmt unsere natürliche Kreativität bei der Lösung von Problemen zu, weil wir besser in der Lage sind, zu sehen, was tatsächlich vor sich geht, und entsprechend zu handeln.

Normalerweise denken wir, dass wir tausend verschiedene Pläne für tausend verschiedene Szenarien haben müssen, um alle Möglichkeiten abzudecken, aber was ist, wenn die entscheidende Situation nach diesen tausend Möglichkeiten eintritt? Dann flippen wir aus und wissen nicht, was wir tun sollen, weil wir keinen vorgefertigten Plan haben. Wir haben das Gefühl, dass wir in unsere Denkfabrik zurückkehren und einen weiteren Plan ausknobeln müssen, bevor wir mit einer unerwarteten Person oder Situation umgehen können. Diese Herangehensweise ist offensichtlich begrenzt, bedingt und dualistisch. Die Vorstellung von Furchtlosigkeit hier ist, alle unsere Pläne und Strategien wegzuwerfen, egal wie gut sie wirken, um uns einzig darauf zu verlassen, uns inmitten des grundsätzlichen Fehlens jeglichen Grund und Bodens unserer Existenz zu Hause zu fühlen und dann aus dieser Geräumigkeit heraus zu handeln. Innerhalb dieses Raums gibt es genügend Platz dafür, dass das Richtige geschieht. Insbesondere in der tibetischen Tradition gilt es als eine gute Idee, keinen Plan zu haben. Egal welchen Plan wir haben, er wird sowieso nicht funktionieren, und genau das scheint der große Gesamtplan zu sein.

Allgemein könnten wir sagen, dass Angst daher rührt, an den Gegenteilen der buddhistischen »Vier Siegel« anzuhaften (oder an den »vier verkehrten Sichtweisen«). Die Vier Siegel besagen:

> Alles Bedingte ist vergänglich.
> Alles Verunreinigte ist Leiden.
> Alle Phänomene sind leer und ohne ein Selbst.
> Einzig Nirvāṇa ist Frieden.

Für gewöhnlich haften wir an der Unvergänglichkeit bedingter Phänomene an, betrachten verunreinigte Phänomene (diejenigen, die von Geistesplagen und Karma erzeugt werden) als Glück, halten die Phänomene für wirklich existent und dafür, eine Eigennatur zu besitzen, und suchen nach Frieden in Saṃsāra. All das verursacht Angst, was nur ein anderes Wort für die grundlegende Erfahrung von Leid ist – Angst, nicht das zu bekommen oder zu verlieren, was wir wollen, und die Angst, das zu erhalten, was wir nicht wollen. In diesem Sinne bedeutet Angst, keine Kontrolle darüber zu haben, was als Nächstes passieren wird. In der Tat wissen wir ja selbst mit all unseren Plänen und Sicherheitsmaßnahmen nie, was im nächsten Augenblick geschehen wird.

Was »die vier verkehrten Sichtweisen« angeht, haften gewöhnliche Wesen in ähnlicher Weise an ihren Körpern als etwas zumindest mehr oder weniger Reinem an. Wir meditieren normalerweise nicht darüber, dass unser Körper aus allen möglichen völlig unreinen Substanzen besteht, wie man dies etwa in der Meditation über die abstoßende Natur des Körpers tut. Weiterhin haften wir an unseren Gefühlen als Glück an. Egal welche Gefühle wir haben, selbst bei negativen oder schmerzhaften, haben wir ein Gefühl, dass unsere Existenz erst durch sie wirklich reizvoll ist. Selbst wenn wir uns schlecht fühlen, fühlen wir uns doch zumindest im Vergleich dazu, überhaupt keine Gefühle zu haben, irgendwie am Leben. Als Nächstes haften wir an unserem Geist als unserem Selbst an. Schließlich haften wir an allen Phänomenen als etwas Unvergänglichem an, nicht notwendigerweise für immer, aber wir denken doch, dass die Dinge für eine gewisse Zeit ohne Veränderung andauern. Wir denken mit Sicherheit nicht, dass die Phänomene in dem Sinn vergänglich sind, sich buchstäblich von Moment zu Moment zu verändern.

In den Ereignissen der heutigen Zeit können wir leicht erkennen, wie Angst dadurch erzeugt wird und zunimmt, dass bestimmte Personen, Situationen, Länder, ethnische oder religiöse Gruppen in gewisser Weise verfestigt werden. Das ist, als würden wir unseren eigenen Traum verfestigen, als würden wir verzweifelt versuchen, nicht aufzuwachen, den Traum oft noch zu verschlimmern, oder als würden wir absichtlich die ganze Zeit Albträume haben. Kurz gesagt, je mehr wir Personen und Dinge verfestigen, desto wirklicher werden sie und desto angsteinflößender können sie sein. Zu erkennen, dass die Dinge nicht so solide sind, wie sie scheinen, reduziert unsere Ängste radikal, selbst wenn wir dadurch nur eine leicht unterschiedliche Perspektive einnehmen. Das bedeutet nicht notwendigerweise, die Leerheit tatsächlich zu erkennen, sondern einfach etwas mehr Raum in unserem Geist zu haben und uns zu entspannen. Wir könnten sagen, dass der Mangel an geistigem Raum eine Zunahme der Angst mit sich bringt, während die Zunahme an geistigem Raum eine Abnahme der Angst nach sich zieht. Wenn wir schließlich die trugbildhafte Natur all unserer manipulativen Gedanken und Handlungen in Bezug auf verfestigte Phänomene in Saṃsāra direkt sehen, wird das die Erkenntnis der Leerheit genannt.

Darin ankommen, nirgends zu verweilen

Das Sūtra fährt fort:

> *Indem sie alle Verblendung transzendiert haben, erlangen sie vollkommenes Nirvāṇa.*

Eine Interpretation dessen, dass Bodhisattvas völlig über jede Art der Verblendung hinausgegangen sind, dass der Dharmakāya – das Ergebnis der Buddhaschaft – ohne jegliche Defekte oder Fehler ist. Verblendung bezieht sich in diesem Fall darauf, an wirkliche Existenz zu glauben und die Phänomene als real anzusehen. Mit anderen Worten bedeutet dies, die unfehlbare Wirklichkeit in einer fehlbaren Art und Weise zu sehen, wie etwa, wenn ein Gartenschlauch mit einer Schlange verwechselt wird. Über alle Verblendung hinausgegangen zu sein kann auch bedeuten, dass Bodhisattvas (vom Pfad des Sehens an) und Buddhas aus dem Schlaf der Unwissenheit erwacht sind. »Das vollkommene Nirvāṇa zu erlangen« kann so verstanden werden, dass es sich auf die zwei Formkāyas als den natürlichen Ausfluss des Dharmakāya bezieht (der durch »alle Verblendung transzendiert haben« angezeigt wird). In diesen Formkāyas zeigen sich bestimmte Aspekte der Buddhaschaft – des unsichtbaren und ungreifbaren Dharmakāya –, sodass sie für andere Wesen sichtbar und greifbar sind. Die Art und Weise, in der Buddhas sich anderen Wesen zeigen, sie unterweisen und ihnen nutzen, geschieht durch die Formkāyas. »Vollkommenes Nirvāṇa« bezieht sich auch auf das nichtverweilende Nirvāṇa des Mahāyāna. Durch ihr Prajñā verweilen Buddhas nicht in Saṃsāra, aber aufgrund ihres großen Mitgefühls verweilen sie auch nicht in Nirvāṇa, etwa in dem Sinne, dass sie sich nicht einfach in ihr privates Penthouse mit allen Annehmlichkeiten und einer schönen Aussicht auf Saṃsāra zurückziehen, ohne weiter darin verwickelt zu sein.

Weiterhin bedeutet »vollkommenes Nirvāṇa«, dass Buddhas nicht nur aus dem Schlaf der Unwissenheit erwacht sind, sondern auch, dass sie ihren Geist auf alle Phänomene ausgedehnt haben und somit allwissend sind. Zwei der

Hauptbedeutungen des Wortes »Buddha« sind »aufwachen«, weswegen der Buddha oft »der Erwachte« genannt wird, und »entfalten«, so wie sich die Knospe einer Lotosblüte entfaltet. Wir können dies auch so verstehen, dass unser Geist in Saṃsāra wie eine geballte Faust kontrahiert ist, während wir in Nirvāṇa loslassen und diese Faust öffnen. Die Natur des Geistes ist zwar selbst in der geballten Faust des verwirrten, dualistischen und paranoiden Geistes immer so, wie sie ist, aber Nirvāṇa bedeutet, dass die Natur des Geistes endlich den Raum hat, sich voll zu entfalten und in ihrer gesamten Offenheit und Lebendigkeit ganz sie selbst zu sein. Wir können also sagen, dass das vollkommene Nirvāṇa am Ende des Bodhisattva-Pfades bedeutet, einfach zum natürlichen Nirvāṇa zurückzukehren, was nichts anderes ist als die natürliche Leerheit oder die Natur aller Phänomene. Die letztendliche Erkenntnis ist eine Erfahrung, in der die Leerheit einfach nur *ist*, im Gegensatz dazu, etwas zu sein, was von jemandem (wie einem Buddha) oder etwas (wie nichtgedanklicher Weisheit) erkannt wird.

Als Nächstes sagt das Sūtra:

Alle Buddhas, die sich in den drei Zeiten aufhalten, erwachen zu unübertrefflicher, vollkommen vollendeter Erleuchtung, indem sie sich auf Prajñāpāramitā stützen.

Nachdem im Sūtra deutlich ausgedrückt wurde, dass es letztendlich weder Erlangen noch Nicht-Erlangen gibt, heißt es an dieser Stelle, dass Bodhisattvas vom relativen Gesichtspunkt des Pfades aus das vollkommene Nirvāṇa durchaus erlangen und zu unübertrefflicher Erleuchtung erwachen. Relativ gesprochen gibt es das Erlangen von Nirvāṇa und Buddhaschaft, solange wir es nicht verdinglichen und uns darauf fixieren. Mit anderen Worten, solange wir etwas erlangen wollen oder nach etwas streben, gibt es kein wirkliches Erlangen. Sobald wir von Wollen, Streben und Zielorientiertheit loslassen und uns einfach ohne irgendein Selbstinteresse mit Bodhisattva-Aktivität zum Wohle anderer befassen, wird sich die Erleuchtung oder Buddhaschaft ganz natürlich einstellen. Anders gesagt ist Buddhaschaft wirklich nichts anderes als ein Nebenprodukt des Bodhisattva-Pfades, denn das Hauptziel und die Hauptfunktion dieses Pfades besteht darin, allen Lebewesen zu helfen, Freiheit von Leid zu erreichen, und es geht nicht darum, Buddhaschaft zum eigenen Wohl zu erlangen. Daher können wir Buddhaschaft nicht wirklich *erlangen*, aber wir können sie geschehen lassen. Das Mittel, um alle Verschleierungen zu beseitigen, die die Buddhaschaft davon abhalten, sich zu zeigen, ist Prajñāpāramitā. Genau aus diesem Grund wird sie auch die Mutter aller Buddhas genannt. Wenn wir durch Prajñāpāramitā mit der Leerheit vertraut werden, wachen wir aus dem Schlaf unserer Unwissenheit auf. Daher heißt es im Sūtra, dass alle Buddhas der drei Zeiten durch Prajñāpāramitā vollkommen zur Erleuchtung erwachen.

Wie zuvor erwähnt, ist Prajñāpāramitā sowohl das Mittel als auch das Resultat, denn die Buddhaschaft besteht in der letztendlichen Vollendung von Prajñā (Prajñāpāramitā), also der nichtgedanklichen und nichtdualen Buddha-Weisheit. Prajñā funktioniert dabei ähnlich wie das Beispiel des Wassers, das Eis zu Wasser schmilzt. Wie oben beschrieben, schmilzt Eis zu Wasser, aber dieses Wasser ist auch aktiv in den Prozess eingebunden, das restliche Eis weiter zu schmelzen. Ebenso ist Prajñāpāramitā oder unsere Buddha-Natur, die Natur des Geistes, keine reglose, neutrale und inaktive Sache und sie ist auch keine scheue, schlafende Schönheit, die darauf wartet, von uns entdeckt zu werden. Sie gibt uns vielmehr die ganze Zeit Weckrufe, aber für gewöhnlich ignorieren wir diese einfach. Lassen wir aber die Weckrufe unserer Buddha-Natur zu uns durchdringen und drücken nicht immer und immer wieder die Schlummertaste, werden wir schließlich voll und ganz aufwachen und unsere Reise im hellen Tageslicht nichtgedanklicher Weisheit am weiten Himmel unseres offenen Geistes genießen.

Um all dies im Rahmen von Sichtweise, Meditation, Verhalten und Ergebnis zusammenzufassen, besteht die Sichtweise darin, dass es kein Entstehen und kein Vergehen gibt, weil wir keinerlei Phänomene des Geplagtseins oder gereinigte Phänomene beobachten. Meditation bedeutet, genau darin zu ruhen, nämlich in unvorstellbarer Leerheit. Wenn wir so über die Sichtweise reden, ist sie nicht wirklich ein Objekt des gedanklichen Geistes, obwohl das die Art und Weise ist, wie wir uns anfangs in ihr üben. Die tatsächliche Sichtweise bezieht sich auf die erste echte Erfahrung von Leerheit oder der Natur des Geistes. Dann wissen wir wirklich, worüber wir reden; zuvor ist Leerheit einfach nur eine mehr oder weniger vage Vorstellung. Sichtweise bedeutet, das tatsächlich zu sehen, worüber die Prajñāpāramitā-Sūtren sprechen, weil es erst dann möglich ist, uns wirklich damit vertraut zu machen. Wenn wir keine klare und direkte Erfahrung der Leerheit haben, werden wir lediglich mit einer mehr oder weniger vagen Idee vertraut. In den Dzogchen- und Mahāmudrā-Traditionen wird dies das »Aufzeigen der Natur des Geistes« genannt. Sichtweise ist im Dzogchen und Mahāmudrā nicht etwas, was wir durch gedankliche Analyse erhalten, sondern sie muss direkt erfahren werden. Der »gewöhnliche Geist« im Mahāmudrā oder »Gewahrsein« (Tib.: *rigpa*) im Dzogchen beziehen sich auf die Erfahrung der Natur des Geistes. Somit bedeutet Meditation, sich mit dieser Erfahrung vertraut zu machen, sie aufrechtzuerhalten und damit lückenlos zu machen. Wenn wir die Natur des Geistes wirklich erfahren, tut sich in unserem getäuschten dualistischen Geist eine Lücke auf. Das ist die »gute« Art von Lücke, und dann üben wir uns darin, diese Erfahrung einer Lücke lückenlos zu machen, ohne irgendwelche »schlechten« Lücken – wenn wir uns nicht in Rigpa befinden, sondern in Unwissenheit (*marigpa* auf Tibetisch).

Verhalten bedeutet dann schlicht und einfach, nicht von dieser Erfahrung von Rigpa getrennt zu sein, egal was wir tun. Das fügt der Sichtweise und Meditation natürlich nicht wirklich etwas hinzu; der Punkt ist einfach, die Sichtweise und Meditation in alle körperlichen und sprachlichen Handlungen hineinzutragen. Dieses Verhalten beinhaltet, sich das Herz der Lehren Buddhas wiederholt vor Augen zu führen und somit niemals von der Leerheit getrennt zu sein. Viele

Menschen fragen sich, wie sie den Dharma in ihrem Alltag anwenden können. Sie hören allerlei Unterweisungen über Leerheit, Buddha-Natur, Mahāmudrā und Dzogchen, und nach zwanzig oder dreißig Jahren fragen sie immer noch: »Wie wende ich den Dharma in meinem Alltag an?« Sie halten immer noch nach etwas anderem jenseits dieser Unterweisungen Ausschau, nach irgendeiner Art Trick oder Fünf-Punkte-Plan für alle möglichen Situationen in ihrem Leben. »Was mache ich, wenn ich Probleme mit meinem Chef habe?« »Was mache ich, wenn ich Probleme mit meinem Ehepartner habe?« »Was mache ich, wenn ich Probleme mit meinem Hund habe?« Wir suchen immer nach detaillierten Rezepten für jede einzelne Situation und denken irgendwie, dass unser Dharma-Leben auf dem Kissen und im Schreinraum getrennt ist von dem, was wir ansonsten tun. Aber die tatsächliche Art und Weise, den Dharma in den Alltag zu integrieren, besteht darin, die Sichtweise und Meditation in alles, was uns begegnet und womit wir uns beschäftigen, einfließen zu lassen. Dazu müssen wir uns nur in jeder Situation mit der Erfahrung der Natur des Geistes in Verbindung setzen. Das ist der Plan, aber natürlich ist das nicht wirklich ein Plan. Dies erklärt vielleicht, warum der planorientierte westliche Geist meist nicht erkennt, dass die simple Idee, Sichtweise und Meditation in alles, was uns begegnet, einfließen zu lassen, eigentlich ein ausgeklügelter Ratschlag zum Thema »Dharma im Alltag« ist.

Letztendlich geht es darum, Sichtweise und Meditation erfolgreich in jede mögliche (und unmögliche) Situation hineinzutragen. Es gibt dann keinen Unterschied mehr zwischen Meditation und Nichtmeditation, Meditation und Verhalten oder unserem Dharma-Leben und unserem Alltagsleben. Anders gesagt haben Buddhas kein Objekt ihres Weisheitsgeistes und die Lebewesen haben kein Objekt ihres Bewusstseins. Weder existieren die nichtgedankliche Weisheit noch die Makel der zu erkennenden Objekte. Daher gibt es nichts zu erlangen und nichts zu verlieren.

Das Mantra – der letztendliche Sprung von der Klippe

Damit ist die eigentliche Unterweisung des Herz-Sūtra beendet. Als Nächstes kommen wir zum Mantra von Prajñāpāramitā:

> *Daher sollte das Prajñāpāramitā-Mantra, das Mantra großer Einsicht, das unübertreffliche Mantra, das Mantra, das dem Unvergleichlichen gleicht, das Mantra, das alles Leid befriedet, als wahr erkannt werden, weil es nicht trügt.*

Obwohl Mantren üblicherweise zum Vajrayāna gehören, gibt es doch eine Anzahl von Sūtren, in denen Mantren auftauchen. Wörtlich bedeutet »Mantra« »Geistesschutz«. *Man* ist eine Abkürzung von *manas* (einem der vielen Sanskrit-Worte für »Geist«), und *tra* oder *traya* bedeutet »Schutz«. Dies kann so interpretiert werden, dass die Natur des Geistes vor Makeln, Geistesplagen und Verschleierungen beschützt wird. Es gibt aber auch die Vorstellung, dass *man* für Prajñā steht, während *tra* auf Mitgefühl oder Geschick in den Mitteln verweist, sodass sich *mantra* demnach auf die Einheit von Prajñā und Mitgefühl bezieht, wobei die zwei Silben *man* und *tra* der natürliche Ausfluss dieser beiden sind. Daher ist das eigentliche Mantra die Untrennbarkeit von Prajñā und Mitgefühl. Es heißt, dass große Bodhisattvas und Buddhas in der Lage sind, gewisse Silben so zu segnen, dass sie bestimmte Wirkungen haben. Sie bewirken dies durch ihren Geist, der sich in Samādhi befindet, und nicht, indem sie Weihwasser auf die Silben sprenkeln oder etwas Ähnliches tun. Somit stellen die Silben des Mantra einen natürlichen Ausfluss oder ein natürliches Ergebnis dieses Samādhi dar. Das eigentliche Mantra ist ein Zustand von Samādhi und bedeutet im Grunde genommen, in der Natur des Geistes zu ruhen, was ja die letztendliche Einheit von Prajñā und Mitgefühl ist. Das wird durch bestimmte Silben nicht nur symbolisiert, sondern diese Silben sind tatsächlich mit der wohltuenden Energie von Samādhi »aufgeladen« und sind somit das symbolische Mantra. Im Fall des Herz-Sūtra funktioniert die Erkenntnis der Leerheit wie ein Mantra, weil sie so machtvoll ist und den Geist vor dualistischen Projektionen und Bezugspunkten schützt.

Dieses Prajñāpāramitā-Mantra ist »groß«, weil es alle inneren und äußeren Hindernisse beseitigt. »Das Mantra großer Einsicht« bezieht sich auf das Sanskrit-Wort für »Einsicht« *vidyā* (Tibetisch *rigpa*), was »Wissen« bedeutet und das Gegenteil von Unwissenheit (*avidyā* oder *marigpa*) ist. Es ist das Mantra großer Einsicht oder das *vidyāmantra*, weil es die Verblendung bezüglich einer soliden äußeren Wirklichkeit überwindet. Es wird so genannt, weil es Unwissenheit beseitigt und Einsicht oder Weisheit erzeugt, indem es *avidyā* eliminiert und *vidyā* entstehen lässt. Es heißt »das unübertreffliche Mantra«, weil es alle Verblendungen über eine solide Wirklichkeit sowohl auf der äußeren als auch der inneren Ebene überwindet. Unübertrefflich ist es auch, weil es frei von den drei Sphären von Handelndem, Objekt und Handlung ist.

Es heißt, dass dieses Mantra »dem Unvergleichlichen gleicht«, weil »das Unvergleichliche« die Buddhaschaft bezeichnet. Die Leerheit wiederum ist das Mantra, das dem Unvergleichlichen – der Buddhaschaft – gleicht, weil sie die Lebewesen zur Buddhaschaft zu bringen vermag. Leerheit ist das Mittel, um die Buddhaschaft zu erreichen, und zwar in dem Sinne, dass sie wie ein Mantra wirkt, weil Mantren für bestimmte Zwecke benutzt werden. Dies unterstreicht erneut die Tatsache, dass die Leerheit kein Selbstzweck ist, sondern ein Werkzeug. Der Ausdruck »dem Unvergleichlichen gleich« wird aber auch in dem Sinne verstanden, dass die Dharmakāyas aller Buddhas gleich sind, während ihre Formkāyas nicht gleich sind. Ebenso gleicht Prajñāpāramitā der Weisheit und erleuchteten Aktivität aller Buddhas, aber sie gleicht nicht dem Geist und den Taten gewöhnlicher Wesen, Śrāvakas und Pratyekabuddhas.

Das Prajñāpāramitā-Mantra ist auch »das Mantra, das alles Leid befriedet«. Prajñāpāramitā beseitigt nicht nur das Leid selbst, sondern auch dessen Ursachen und Bedingungen. Oder Prajñāpāramitā lehrt den Pfad, alles Leiden zu beenden.

Gemäß einiger Kommentare ist das Mittel, alle Probleme und Krankheiten zu beseitigen, die Prajñāpāramitā-Sūtren zu rezitieren, sie im Geist zu behalten, sie auswendig zu lernen, sie fortwährend in unserem Geist zu rezitieren und sie anderen zu erklären; das stellt uns unter den Schutz der Buddhas und Bodhisattvas. Mit anderen Worten, Prajñāpāramitā zu praktizieren entleert den Ozean von Saṃsāra.

Das Prajñāpāramitā-Mantra »sollte als wahr erkannt werden, weil es nicht trügt«. »Sollte erkannt werden« weist darauf hin, dass Prajñāpāramitā die Ursache dafür ist, Buddhaschaft zu erlangen. Sie ist das, was wir aktiv und persönlich kultivieren und nicht nur als Buchstaben auf dem Papier belassen, sondern in unseren Geist integrieren müssen. Prajñāpāramitā ist die alleinige, letztendliche »Wahrheit« oder letztendliche Wirklichkeit. Im Rahmen der drei Tore der Befreiung ist sie letztendlich merkmalslos und wahr in Bezug auf den Körper, weil sie nicht mit dem Körper praktiziert wird. Sie ist wunschlos und wahr in Bezug auf die Rede, weil sie nicht mit Worten gesprochen wird. Sie ist leer und wahr in Bezug auf den Geist, weil sie für den Geist unvorstellbar ist. Anders als alle anderen Dinge ist Prajñāpāramitā (oder Leerheit) wahr, weil sie niemals zu irgendeiner Form von Täuschung führt und somit der wahre Pfad zur Buddhaschaft ist. Das Einzige, wofür wir Prajñāpāramitā (oder Leerheit) nicht verwenden können, ist, noch verwirrter zu werden. Wenn wir noch verwirrter werden, ist das ein Zeichen, dass wir nicht mit der Leerheit gearbeitet haben, sondern mit etwas anderem. Es heißt auch, dass

Prajñāpāramitā nicht trügt, weil sie alle unsere Wünsche erfüllt, das heißt diejenigen Wünsche, die in Übereinstimmung mit der Motivation und dem Pfad der Bodhisattvas sind. Sie ist weiterhin untrügerisch, weil sie Zweifel durchtrennt. Wie zuvor erwähnt, ist eines der Hauptmerkmale von Prajñā, unumkehrbare Gewissheit darüber zu gewinnen, wie die Dinge wirklich sind.

Nach diesen Beschreibungen des Prajñāpāramitā-Mantra buchstabiert uns das Sūtra das Mantra vor:

Das Prajñāpāramitā-Mantra lautet wie folgt:

OṂ GATE GATE PĀRAGATE PĀRASAṂGATE BODHI SVĀHĀ

OṂ bedeutet nichts. OṂ bedeutet alles. OṂ bedeutet OṂ. Es ist oft die erste Silbe von Mantren, und es gibt ganze Bände darüber, was OṂ sowohl im Hinduismus als auch im Buddhismus bedeutet. Einfach gesagt, im Buddhismus symbolisiert und trägt OṂ den Segen aller Buddhas und dient damit insofern als der glückverheißende Anfang eines Mantra, weil dieser Segen alle Unwissenheit beseitigt und das Ergebnis großer Weisheit oder Rigpas erzeugt. OṂ kann auch als die drei Vajras des erleuchteten Körpers, der erleuchteten Rede und des erleuchteten Geistes verstanden werden, da es sich aus den drei Sanskrit-Buchstaben A, U und M zusammensetzt.

Die nächsten beiden Silben – GATE GATE – bedeuten wörtlich »gegangen, gegangen«. Alle Bezugspunkte sind mit dem Wind Prajñās, das die Leerheit erkennt, verflogen. Ein

Kommentar besagt, dass diese Silben die zwei Bedeutungen von *abhiṣeka* symbolisieren, weil es sich ja hier um ein Mantra handelt. Eine Bedeutung von Abhiṣeka ist »beseitigen« und die andere ist »hineingießen« oder »besprenkeln«. Das heißt, dass wir durch das Mantra Widerstände, Hindernisse und Verschleierungen beseitigen und stattdessen Weisheit in unser Dasein hineingießen. Insbesondere heißt es von der Vasen-Abhiṣeka, dass sie Hindernisse beseitigt: Wenn wir das Wasser in der Vase trinken, wird Weisheit sozusagen in uns hineingegossen.

PĀRAGATE bedeutet »darüber hinausgegangen«, »zum anderen Ufer gegangen« oder »auf die andere Seite gegangen«. Dies bezieht sich auf das Unübertreffliche, nämlich Prajñāpāramitā, Leerheit oder Erleuchtung. Dorthin zu gehen oder gegangen zu sein bedeutet, sich mit der grundlegenden Bedeutung der Prajñāpāramitā-Sūtren vertraut zu machen. In der meditativen Ausgeglichenheit ist ein solches Vertrautmachen insofern wie Raum, als wir in der weiten Offenheit des Geistes ohne irgendwelche Bezugspunkte ruhen. Zwischen den Meditationssitzungen üben sich Bodhisattvas in den unterschiedlichen Praktiken, auf die sich Prajñā ausrichtet, wie etwa in Bodhicitta und den sechs Pāramitās, was bedeutet, dass sie sich im trugbildhaftgleichen Samādhi üben. Auf diese Weise gehen Bodhisattvas »darüber hinaus« – über Saṃsāra hinaus, über den Ego-Geist und über den Dualismus hinaus.

Aber selbst das ist noch nicht genug, denn PĀRASAṂGATE bedeutet »völlig darüber hinausgegangen sein«

– wir gehen sogar jenseits des Jenseitigen. Auch Śrāvakas und Pratyekabuddhas gehen nämlich über Saṃsāra hinaus, aber der Platz, an dem sie landen, ist nicht ausreichend für Bodhisattvas, weil Śrāvakas und Pratyekabuddhas in ihrem persönlichen kleinen Nirvāṇa steckenbleiben, ohne von weiterem Nutzen für andere zu sein. Bodhisattvas gehen sogar darüber hinaus – sie treten in das nichtverweilende Nirvāṇa ein. Somit gehen Bodhisattvas über alle Bezugspunkte und alle Anhaftung sowohl in Bezug auf Saṃsāra als auch Nirvāṇa hinaus.

BODHI bedeutet »perfekte Erkenntnis«, »der erhellte oder erleuchtete Geist« oder »Weisheit«. Hier bezieht sich dies auf den letztendlichen Zustand der Buddhaschaft mit ihren vier Arten erleuchteter Aktivität – friedvoll, bereichernd, anziehend und zornvoll. SVĀHĀ bedeutet wörtlich »Möge es sein!« Somit hat es in einem gewissen Sinne dieselbe Bedeutung wie das Wort »Amen« im Christentum. Wenn wir also Christen gewesen sind und es im Buddhismus vermissen, »Amen« zu sagen, können wir einfach stattdessen SVĀHĀ sagen. BODHI SVĀHĀ bedeutet somit »Möge es Erleuchtung geben!« oder »Möge Erleuchtung sein!« Das ist es, wo der Geist »ankommt«, sobald er über alles hinausgegangen ist – an diesem nichtdimensionalen »Ort«, von dem es kein Zurück gibt. In der Buddhaschaft gibt es keine Rückkehr nach Saṃsāra, zum dualistischen Geist oder selbst auf den Bodhisattva-Pfad. Sie ist jedoch die endgültige Rückkehr zu unserer grundlegenden Natur, von der wir so lange abgeirrt sind. Es ist also eher so, wie nach einer langen und ermüdenden Reise durch fremde Länder nach Hause zu kommen.

Manchmal heißt es auch, dass das Prajñāpāramitā-Mantra die vier Kernpunkte der Sichtweise, des Pfades, des Verhaltens und des Ergebnisses der Prajñāpāramitā-Sūtren zusammenfasst, die aus Trugbildähnlichkeit und den drei Toren der Befreiung (Leerheit, Merkmalslosigkeit und Wunschlosigkeit) bestehen. In diesem Sinn bedeutet GATE GATE, dass alle Achtsamkeit dazu übergegangen ist, trugbildgleich zu sein. Auf dem Pfad beginnen wir mit Achtsamkeit (das erste GATE) und dann lassen wir davon los (das zweite GATE). Wir verlieren es nicht wirklich, da Achtsamkeit viel machtvoller ist, wenn wir nicht versuchen, sie absichtlich zu kultivieren, was jede Menge Anstrengung, Vorstellungen und Dualismus nach sich zieht. Wird Achtsamkeit jedoch trugbildgleich, hat sie eine leichtere Hand und ist natürlicher, was genau das ist, worum es hier geht. Wir könnten dies »geistlose Achtsamkeit« nennen. PĀRAGATE bedeutet, dass wir sogar über trugbildgleiche Achtsamkeit hinausgegangen sind, dass wir über Leerheit hinausgegangen sind. PĀRASAṂGATE bezieht sich darauf, sowohl über trugbildgleiche Achtsamkeit als auch über Leerheit hinausgegangen zu sein, was bedeutet, zur Merkmalslosigkeit hinübergegangen zu sein oder zum Fehlen jeglicher Charakteristika, Leerheit inbegriffen. Schließlich bedeutet BODHI SVĀHĀ, alle Verschleierungen der Geistesplagen und der Erkenntnis gereinigt zu haben und somit zur Wunschlosigkeit hinübergegangen zu sein oder ganz und gar über den Geist (Tibetisch *lode; blo 'das*) hinausgegangen zu sein. Letzterer Ausdruck wird auch oft im Mahāmudrā und Dzogchen verwendet. Śāntideva sagt das Gleiche im neunten Kapitel seines *Bodhicaryāvatāra*:

> Das Letztendliche ist nicht die Sphäre des Erkennens.[10]

»Geist« oder »Erkennen« bezieht sich auf den dualistischen Geist, also verlieren wir im wahrsten Sinne des Wortes unseren Verstand, das heißt unseren dualistischen Geist. Wir treten aus dem Spielfeld unseres dualistischen Geistes heraus und treten in das ein, was der Geist tatsächlich ist. Offensichtlich bedeutet dies nicht, dass wir an diesem Punkt verrückt werden, tot umfallen oder uns in ein Nichts auflösen, sondern es bedeutet, dass wir ganz und gar aus unserer gewöhnlichen Erfahrungssphäre heraustreten – dies ist das Ende der Welt, wie wir sie kennen.

Es heißt auch, dass das Prajñāpāramitā-Mantra die fünf Pfade widerspiegelt. GATE GATE steht für die Pfade der Ansammlung und der Vorbereitung. PĀRAGATE bezieht sich auf den Pfad des Sehens. PĀRASAṂGATE symbolisiert den Pfad der Meditation (oder der Vertrautmachung) und BODHI SVĀHĀ ist der Pfad des Nicht-mehr-Lernens.

Atiśa macht dazu eine interessante Bemerkung; er sagt, dass alles, was im Sūtra vor dem Mantra ausgedrückt wird, für diejenigen mit geringerer Begabung ist, also für alle, denen die Kurzfassung des Inhalts, wie er im Mantra verdichtet vorliegt, ein Geheimnis bleibt. Mit anderen Worten, wenn

10 IX.2c.

wir nicht anhand des Mantra kapieren, worum es beim Herz-Sūtra geht, müssen wir das gesamte Sūtra durchlesen, aber für Menschen mit höherer Begabung sollte das Mantra ausreichen. Dies scheint der Grund zu sein, warum es am Ende des Sūtra steht.

Nachdem Avalokiteśvara seine Unterweisung beendet hat, spricht er das Mantra, was auch einen radikalen Wandel des didaktischen Ansatzes insgesamt signalisiert. Trotz des dekonstruktivistischen Ansatzes des Herz-Sūtra ist doch alles bis hin zu »Alle Buddhas, die sich in den drei Zeiten aufhalten, erwachen zu unübertrefflicher, vollkommen vollendeter Erleuchtung, indem sie sich auf Prajñāpāramitā stützen« – das heißt, die vierfache Leerheit, die achtfache Tiefgründigkeit und all die Listen keiner Skandhas, keiner Dhātus, keiner Āyatanas, keines Abhängigen Entstehens, keiner Vier Edlen Wahrheiten, keiner Weisheit, keines Erlangens und keines Nicht-Erlangens – immer noch analytisch, gedanklich und dualistisch und somit auf dem rationalen Geist basierend. Bis zu diesem Punkt ist das Sūtra immer noch kontemplativ und es gibt zumindest einen rudimentären Inhalt, aber das Mantra signalisiert einen qualitativen Sprung in unserer Herangehensweise an die ganze Sache. Das Mantra markiert den Punkt, an dem wir ermutigt werden, einen Satz in den nichtrationalen und nichtgedanklichen Raum der direkten Erfahrung dessen zu machen, worüber das Sūtra bis hierhin gesprochen hat. Avalokiteśvara hat uns durch das, was er bis zu diesem Punkt ausgedrückt hat, immer näher an den Rand der Klippe gebracht, aber das Mantra gibt uns den letzten

Stoß über den Rand, weil es an diesem Punkt im Rahmen von Worten oder intellektuellem Verstehen nichts mehr zu sagen oder zu denken gibt. Das Mantra ermutigt uns, einen Sprung in die Erfahrung der Leerheit zu machen, ohne Vorstellungen und ohne an irgendetwas festzuhalten. In seinem Kommentar zum Herz-Sūtra sagt Thich Nhat Hanh:

> Lauschen wir dem Mantra, so sollten wir selbst einen Zustand der Achtsamkeit und Sammlung entwickeln, damit wir die ganze Kraft erleben, die Bodhisattva Avalokiteshvara ausstrahlt. Wir rezitieren das Herz-Sūtra weder wie ein Lied, das wir singen, noch allein mit unserem Intellekt. Wenn ihr über Leerheit meditiert und dabei mit eurem ganzen Herzen, eurem Körper und eurem Geist eintaucht in die Natur von Intersein, die Natur des wechselseitigen Durchdringens, so werdet ihr einen Zustand tiefer Sammlung erlangen. Sprecht ihr dann das Mantra wirklich aus der Tiefe eures Wesens heraus, wird es voller Kraft sein. Ihr werdet fähig zu wirklicher Verbindung, wirklicher Gemeinschaft mit Avalokiteshvara. Ihr erlangt die Fähigkeit, den Weg der Erleuchtung zu gehen. Diesen Text sollte man aber nicht nur rezitieren oder auf einen Altar stellen und verehren. Er ist uns vielmehr als praktisches Werkzeug an die Hand gegeben, um für unsere Befreiung und die aller Wesen zu wirken.[11]

11 Thich Nhat Hanh, *Mit dem Herzen verstehen*, S. 71.

Sobald wir das Sūtra durchgegangen sind, indem wir es als ein Kontemplationshandbuch benutzten, begegnen wir dem Mantra anders, als wenn wir es nur für sich alleine aufsagen. Denn unser Geist ist dann in einem anderen Zustand, da er sowohl durch die Worte des Sūtra als auch durch unsere geistige Konzentration auf seine Bedeutung aufgeladen ist. Wir sind jetzt in einer Samādhi-Situation, in der wir unseren Geist zumindest in einem gewissen Ausmaß seiner gedanklichen Kleidungsstücke entledigt haben. Sprechen wir das Mantra aus diesem Geisteszustand heraus, hat es eine viel größere Macht, und wir haben dadurch eine bessere Chance, tatsächlich den Sprung von der Klippe herunter zu wagen. Wir müssen nur dafür sorgen, dass wir langsam fallen und die Aussicht genießen.

In gewissem Sinn ist das Mantra wie die Pointe eines wirklich guten Witzes. Wenn wir einfach nur die Pointe herausplärren, ohne durch den ihr vorausgehenden Teil des Witzes zu ihr hinzuführen, ist sie ohne Sinn und hat keinen Effekt – niemand wird verstehen, worum es geht, ganz zu schweigen davon, dass jemand lacht. Das Mantra ist also gewissermaßen das abschließende Gelächter über den kosmischen Witz des Herz-Sūtra. Lachen wir uns über einen guten Witz wirklich kaputt, dann denken wir nicht mehr über die Worte, die zur Pointe hinführten, nach, wir denken dann noch nicht einmal mehr über die Pointe nach, sondern sind in einem nichtgedanklichen Raum des Vergnügens und des Loslassens jeglicher Anspannung. Wir genießen dann einfach nur den Augenblick. In ähnlicher Weise verhält es sich mit dem Mantra: Wir begreifen endlich den ewigen Witz von Saṃsāra und Nirvāṇa.

Der Applaus des Buddha

Schließlich kommen wir zum Schluss von Avalokiteśvaras Unterweisung: Śāriputra, Bodhisattva Mahāsattvas sollten sich auf diese Weise in der tiefgründigen Prajñāpāramitā üben.

Mehrere Kommentatoren meinen, dass Avalokiteśvaras gesamte Antwort an Śāriputra in Abschnitte eingeteilt werden kann, die die fünf Pfade repräsentieren. Gemäß Kamalaśīla werden die Pfade der Ansammlung und der Vorbereitung, die sich immer noch auf analytisches und schlussfolgerndes Wissen stützen, durch die Passage: »Der Erhabene Avalokiteśvara … Ebenso sind Gefühl, Unterscheidung, Wirkkräfte und Bewusstsein leer« repräsentiert. Der Pfad des Sehens besteht aus der achtfachen Tiefgründigkeit: »Daher, Śāriputra, sind sämtliche Phänomene Leerheit … ohne Abnahme und ohne Zunahme.« Der Pfad der Vertrautmachung wird durch: »Daher, Śāriputra, existiert in der Leerheit keine Form … Da ihr Geist ohne Schleier ist, haben sie keine Furcht« wiedergegeben. Der Pfad des Nicht-mehr-Lernens besteht aus: »Indem sie alle Verblendung transzendiert haben, erlangen sie vollkommenes Nirvāṇa « (der Dharmakāya) und »Alle Buddhas, die sich in den drei Zeiten aufhalten, erwachen zu unübertrefflicher, vollkommen vollendeter Erleuchtung, indem sie sich auf Prajñāpāramitā stützen« (die zwei Formkāyas).

Gemäß Padma Karpo repräsentiert die Passage: »Der Erhabene Avalokiteśvara … Ebenso sind Gefühl, Unterscheidung, Wirkkräfte und Bewusstsein leer« die Sichtweise, die damit verglichen werden kann, in die Richtung unseres Zielorts zu blicken. »Daher, Śāriputra, sind sämtliche Phänomene Leerheit … kein Erlangen und kein Nicht-Erlangen« weist auf die Meditation hin, was der Aktivität entspricht, auf unseren Zielort zuzugehen. Insbesondere repräsentieren die Sätze: »Daher, Śāriputra, weil Bodhisattvas kein Erlangen besitzen, verweilen sie, indem sie sich auf die tiefgründige Prajñāpāramitā stützen. Da ihr Geist ohne Schleier ist, haben sie keine Furcht« den vajragleichen Samādhi als die letzte Meditation. »Indem sie alle Verblendung transzendiert haben, … erwachen sie zu unübertrefflicher, vollkommen vollendeter Erleuchtung, indem sie sich auf Prajñāpāramitā stützen« steht für das Ergebnis, welches damit vergleichbar ist, an unserem Zielort angekommen zu sein. »Daher sollte das Prajñāpāramitā-Mantra … OṂ GATE GATE PĀRAGATE PĀRASAṂGATE BODHI SVĀHĀ« verweist auf das Verhalten, das der geheime Pfad der Bodhisattvas ist.

Da Śāriputra am Anfang fragte, wie ein Sohn oder eine Tochter aus edler Familie sich in der tiefgründigen Prajñāpāramitā üben sollte, erklärte Avalokiteśvara wie Bodhisattvas den Pfad zur Buddhaschaft zurücklegen. Jetzt bestätigt der Buddha, dass dies wahrlich die richtige Art und Weise ist:

Daraufhin erhob sich der Bhagavān aus seiner meditativen Versenkung und sprach zu dem Erhabenen Avalokiteśvara, dem Bodhisattva Mahāsattva: »Gut gemacht! Sehr gut, sehr gut, Sohn aus edler Familie. So ist es, Sohn aus edler Familie, so ist es.«

Am Anfang des Sūtra war der Buddha in »den Samādhi des Aufscheinens des Tiefgründigen« eingetreten, aber nun ist er endlich von seiner Pflicht befreit. Avalokiteśvara diente als perfekter Übermittler für den Geist des Buddha und übernahm die Aufgabe, Śāriputras Frage zu beantworten; damit kann der Buddha jetzt sozusagen zum Normalbetrieb zurückkehren. Allerdings nicht, ohne seine ausdrückliche Zustimmung zu Avalokiteśvaras Ausführungen zu geben. Im Grunde sagt der Buddha, dass alles, was Avalokiteśvara vermittelt hat, so gut ist wie das, was der Buddha selbst hätte sagen können. Darüber hinaus wird Avalokiteśvara das Gütesiegel des Buddha nicht nur einmal, sondern zweimal aufgedrückt. Gemäß einiger Kommentare bedeutet die erste Bemerkung des Buddha »Sehr gut, Sohn aus edler Familie, so ist es«, dass er Avalokiteśvaras Darstellung des Pfades, das heißt des ursächlichen Aspekts von Prajñāpāramitā, zustimmt. Als er das zweite Mal sagte: »Sehr gut, Sohn aus edler Familie, so ist es«, brachte er seine Zustimmung zum Ergebnis-Aspekt von Prajñāpāramitā, das heißt zur Buddhaschaft, zum Ausdruck. Im Sūtra repräsentieren die Sätze ab »Śāriputra, ein Sohn aus edler Familie oder eine Tochter aus edler Familie … sollten in der folgenden Weise sehen …«

bis hin zu »… haben sie keine Furcht« den Pfad, während sich der Abschnitt »Indem sie alle Verblendung transzendiert haben, erlangen sie vollkommenes Nirvāṇa. Alle Buddhas, die sich in den drei Zeiten aufhalten, erwachen zu unübertrefflicher, vollkommen vollendeter Erleuchtung, indem sie sich auf Prajñāpāramitā stützen« auf das Ergebnis bezieht. Wenn der Buddha sagt: »So ist es«, bezieht er sich darauf, dass der Geist vollkommen befreit ist, sobald die tiefgründige Wirklichkeit erkannt wird, nämlich die natürliche »Soheit« des Geistes, die niemals irgendetwas anderes war oder von irgendetwas befleckt ist.

Der Buddha schließt mit den Worten:

> *»Die tiefgründige Prajñāpāramitā sollte genauso geübt werden, wie du es gelehrt hast. Dann werden sich die Tathāgatas daran erfreuen.«*

Dies ist die abschließende Zusicherung des Buddha – praktizieren wir Prajñāpāramitā, wie Avalokiteśvara es erklärt hat, dann ist es unmöglich, kein Buddha zu werden. Darüber hinaus machen wir damit auch noch alle Buddhas glücklich. Aber natürlich ist es der zentrale Aspekt des Bodhisattva-Pfades, alle Wesen glücklich zu machen, und nicht so sehr die Buddhas (da sie Buddhas sind, sind sie sowieso schon glücklich). Die Tatsache, dass Bodhisattvas alle Wesen glücklich machen, ist der Grund, warum Buddhas die Aktivitäten der Bodhisattvas preisen und sich an ihnen erfreuen. Und diese Bodhisattva-Aktivität, den Wesen zu nutzen, ist gleichzeitig die beste Art und Weise, Buddhas glücklich zu machen.

Der Epilog

Der verbleibende Teil des Sūtra besteht aus dem Epilog (oder dem Schlussteil), der allen Prajñāpāramitā-Sūtren gemeinsam ist:

> *Als der Bhagavān dies gesprochen hatte, erfreuten sich der Ehrwürdige Śāriputra, der Erhabene Avalokiteśvara, der Bodhisattva Mahāsattva, alle, die sie umgaben, und die Welt mit ihren Göttern, Menschen, Halbgöttern und Gandharvas daran und sie priesen die Worte des Bhagavān.*

Obwohl der Buddha nicht sonderlich viel sprach, trägt das ganze Sūtra die Autorität seiner Rede. Die Einleitung des Sūtra sprach nur von Menschen – Ordinierten und Bodhisattvas – als seiner Zuhörerschaft, aber offensichtlich waren da auch viele andere Wesen, unter ihnen verschiedene Arten von Göttern. Die Asuras sind die Halbgötter innerhalb der sechs Bereiche von Saṃsāra, die mit den Göttern immer um einen riesigen Wunderbaum mit den köstlichsten Früchten kämpfen. Die Wurzeln dieses Baums befinden sich im Asura-Bereich, aber die Äste mit den Früchten wachsen im Götterbereich – wir wissen ja alle, wie diese Art von Streit, wenn einige Äste der Bäume in unserem Garten in den Garten unserer Nachbarn wachsen, endet. Die Gandharvas sind die himmlischen Musiker, die für die Götter spielen und sich ausschließlich von Gerüchen ernähren. Das müssen wohl all die toten Rockmusiker sein, die einfach auf ihrer »Wolke 9« weiterspielen! Dass alle diese Wesen »sich erfreuten und die Worte des Bhagavān priesen«, bedeutet nicht nur, dass sie die tatsächlichen Worte des Buddha am Ende des Sūtra priesen und sich an ihnen erfreuten, sondern dies bezieht sich auch auf alles, was Avalokiteśvara aufgrund der Kraft von Buddhas Segens in Samādhi sagte.

Eine Meditation über Prajñāpāramitā und das Herz-Sūtra

Um uns darin zu unterstützen, Prajñāpāramitā zu praktizieren, findet sich im tibetischen Kanon der indischen buddhistischen Abhandlungen (*Tengyur*) ein kurzes *sādhana* (Meditationsanleitung) eines *siddha* (Meister) namens Dārika, das ein inneres Nachspielen des Herz-Sūtra darstellt. Was folgt, ist eine kurze Version dieses Sādhana und seiner Visualisierung.[12]

Wir beginnen die Meditation damit, uns vorzustellen, dass aus der Silbe MAṂ, die auf einem Lotos und einer Sonnenscheibe in unserem Herzen steht, Licht ausstrahlt und alle Buddhas und Bodhisattvas in den Raum vor uns einlädt. In ihrer Anwesenheit nehmen wir Zuflucht zu den Drei Juwelen, entwickeln Bodhicitta und kultivieren die Vier Unermesslichen – Liebe, Mitgefühl, Freude und Gleichmut. Dann sagen wir das Leerheits-Mantra OṂ SVABHĀVA ŚUDDHA SARVA DHARMA SVABHĀVA ŚUDDHO 'HAṂ. Wörtlich bedeutet dies: »OṂ, alle Phänomene sind

12 Für mehr Details siehe Lopez 1988, S. 114 – 19.

ihrer Natur nach rein und meiner Natur nach bin ich rein.« Es bezieht sich darauf, dass alles Innere und Äußere natürlicherweise leer ist. Oft heißt es in Sādhanas nach diesem Mantra, dass alles zu Leerheit wird, was gewöhnlich in dem Sinne missverstanden wird, dass die Dinge vorher nicht leer waren und dann leer werden oder leer gemacht werden. Dieses Sādhana ist eines der wenigen, das uns ausdrücklich dazu auffordert, darüber zu kontemplieren, dass alles seit jeher seiner Natur nach Leerheit ist. Wir sollen uns dem Mantra zufolge nicht vorstellen, dass sich alles in nichts auflöst, oder unsere Augen schließen und so tun, als ob nichts da wäre, sondern uns die Tatsache vor Augen führen, dass alles immer schon seiner Natur nach leer war und leer sein wird. Somit ist die Hauptsache nicht das Mantra, sondern die Kontemplation der natürlichen Leerheit aller Phänomene.

Aus diesem Zustand natürlicher Leerheit heraus können diejenigen, die mit der Visualisierung der vier Elemente, des Berges Meru und eines schönen Palastes mit einem von acht Löwen getragenen Thron, einem Lotos und einer Sonnenscheibe darauf vertraut sind, die Visualisierung in dieser Weise aufbauen. Diejenigen, die damit nicht vertraut sind, können einfach im Raum einen Löwenthron visualisieren, auf dem sich eine geöffnete Lotosblüte befindet und eine Sonnenscheibe, die in dem Lotos liegt. Auf der Sonnenscheibe visualisieren wir uns selbst als Prajñāpāramitā. Wir vergessen einfach unseren gewöhnlichen Körper und Geist und ersetzen diese durch Prajñāpāramitā, die von gelber Farbe ist und mit vier Armen und allen Schmuckstücken einer

Sambhogakāya-Form versehen ist. In der Visualisierung dieses Sādhana hält sie kein Schwert in ihrer oberen rechten Hand, sondern einen Vajra. In ihrer oberen linken Hand trägt sie eine Schrift. Die zwei unteren Hände sind gewöhnlich in der Meditationshaltung, aber in diesem Sādhana befindet sich die rechte untere Hand in der Geste des Beschützens (das Handgelenk ruht auf ihrem rechten Knie, wobei die Handfläche nach oben und außen zeigt). Die linke untere Hand befindet sich in der *mudrā*, den Dharma zu lehren, bei der sich Daumen und Zeigefinger berühren und die übrigen drei Finger aufrecht aber leicht gekrümmt sind. Diese Mudrā symbolisiert die Vereinigung von Prajñā (Daumen) und Mitgefühl (Zeigefinger), aus der die Lehren für alle Wesen herausfließen (symbolisiert durch die übrigen drei Finger). Im Herzen der Prajñāpāramitā ist ein Lotos, auf dem sich die aufrecht stehende gelbe Silbe MAṂ befindet.

Prajñāpāramitā ist in der Mitte von vier Figuren umgeben, und somit ist die gesamte Visualisierung wie ein Maṇḍala angeordnet. Vor Prajñāpāramitā befindet sich Buddha Śākyamuni auf einem Löwenthron und einer Mondscheibe sitzend. Hinter ihr sitzt Avalokiteśvara im Schneidersitz auf einem Lotos und einer Mondscheibe. Zur Rechten kniet Śāriputra mit gefalteten Händen. Zur Linken sitzt Ānanda auf einem Lotos. Obwohl Ānanda nicht als Person im Herz-Sūtra erscheint, ist er doch implizit anwesend und daher in diesem Maṇḍala enthalten. Wie oben erwähnt ist er derjenige, dem der Buddha die Erhaltung und Weitergabe der Prajñāpāramitā-Sūtren anvertraute, was durch

Ānandas eröffnende Worte »Folgendes habe ich gehört« am Anfang des Sūtra angezeigt wird. Diese fünf Figuren bilden sozusagen das Ensemble des Sūtra, sie sind seine Hauptdarsteller. Natürlich ist Prajñāpāramitā in der Mitte die absolute Hauptdarstellerin, und zugleich ist sie das alldurchdringende Thema oder die Handlung. Sobald diese Visualisierung vollständig ist, stellen wir uns vor, dass Licht von der Silbe MAṂ im Herzen der Prajñāpāramitā zu allen Buddhas und Bodhisattvas ausstrahlt (*jñānasattvas* oder Weisheitswesen), diese ihnen Opfergaben darbringt und sie mit den fünf Figuren des Maṇḍala verschmelzen lässt. Diese fünf empfangen Abhiṣeka von allen Buddhas, wobei Vairocana, Akṣobhya, Ratnasambhava, Amitābha und Amoghasiddhi (oder ihre entsprechenden Silben OṂ, HŪṂ, TRAṂ, HRĪḤ und ĀḤ) auf den Kopf von Prajñāpāramitā, Buddha, Śāriputra, Avalokiteśvara bzw. Ānanda gesetzt werden. Zusätzlich werden alle fünf durch eine weiße Silbe OṂ an ihrer Stirn, eine rote Silbe ĀḤ an ihrer Kehle und eine blaue Silbe HŪṂ an ihrem Herzen gesegnet.

Wie üblich heißt es, dass unsere Visualisierung wie ein Spiegelbild in einem Spiegel oder wie ein Regenbogen sein sollte – klar, leuchtend und lebhaft, aber völlig nichtsubstanziell. Nachdem wir uns auf dieses Maṇḍala konzentriert und es klar vor unser geistiges Auge gebracht haben, visualisieren wir schließlich, dass der Buddha als Prajñāpāramitā auf einen Lotos in unserem eigenen Herzen überwechselt und in seinen Samādhi eintritt. Indem er so in das Herz der Prajñāpāramitā wechselt (als die wir uns visualisieren), vereinigt er sich mit Prajñāpāramitā, denn dieser Samādhi bedeutet, in Prajñāpāramitā zu ruhen. Dies befähigt dann Avalokiteśvara, Śāriputras Frage zu beantworten, während Ānanda auf seinem Lotos sitzt. Alle vier Figuren sind jetzt also im Herz-Zentrum unserer selbst als Prajñāpāramitā.

Darüber, was wir mit unserem Geist tun sollen, das heißt, wie wir während dieser Visualisierung in Samādhi ruhen, sagt das Sādhana:

> Auf diese Weise ist das gesamte Gefolge, das sich aus dem Zustand
> Des friedvollen Seins aller Phänomene entfaltet, in der Mutter verkörpert.
> Im Samādhi mit Merkmalen betrachte den Buchstaben
> MAṂ in klarer Weise und ohne Vorstellungen.
>
> Alle Phänomene, uranfänglich friedvoll,
> Erscheinen aufgrund von Bedingungen in fälschlicher Weise.
> Ist die Wirklichkeit erkannt, sind sie friedvoll.
> Sind sie friedvoll, erscheinen sie wie Trugbilder.
>
> Sei nicht davon getrennt, sie dir nicht als die vier Extreme vorzustellen.
> Ohne in Unruhe oder Dumpfheit zu verweilen, ist der Geist an sich
> Lichte Klarheit und meditiert über gar nichts –
> Dies ist die Vervollkommnung des Yoga ohne Merkmale.

Somit setzen wir hier zwei Arten von Samādhi ein. Der erste besteht darin, sich auf die klare, aber nichtsubstanzielle Silbe MAṂ im Herz-Zentrum Prajñāpāramitās zu konzentrieren, wobei sich der Buddha in Samādhi befindet und Avalokiteśvara lehrt. Dies ist der Samādhi mit Merkmalen oder mit Visualisierung. Dabei geht es darum, ein Gefühl dafür zu bekommen, dass die Visualisierung die Einheit von Leerheit und Erscheinung (oder Klarheit) ist. Als Nächstes wechseln wir zum Samādhi ohne Merkmale, also zu einer Kontemplation darüber, dass alle Phänomene Trugbilder sind, aber leer von wahrer Existenz. Sie sind also nicht existent, nicht nichtexistent, nicht sowohl existent als auch nichtexistent und auch nicht keins von beiden. Ohne irgendwelche Bezugspunkte zu suchen, ruhen wir einfach in der lichtklaren und offenen Geräumigkeit des Geistes, ohne über irgendetwas zu meditieren, frei von Unruhe und Dumpfheit. Das heißt, wir lassen einfach los und erlauben unserem Geist, sich in seiner eigenen Natur, so wie sie ist, niederzulassen, ohne irgendetwas zu visualisieren oder an irgendetwas festzuhalten. Im Laufe einer Sitzung können wir auch mehrere Male zwischen diesen beiden Samādhis hin und her wechseln.

Schließlich heißt es im Sādhana, dass wir das Mantra OṂ GATE GATE PĀRAGATE PĀRASAṂGATE BODHI SVĀHĀ, das ja die Kurzfassung des Herz-Sūtra ist, rezitieren können, falls wir müde sind. Dabei ist zu beachten, dass im Unterschied zur Praxis des tibetischen Buddhismus in indischen Sādhanas die Mantra-Rezitation nicht während der gesamten Zeitdauer der Visualisierung und Meditation eingesetzt wird, sondern nur am Ende einer Sitzung, um darin zu ruhen. Während wir das Mantra rezitieren (entweder still in unserem Geist oder mit leiser Stimme) und die Visualisierung aufrechterhalten, visualisieren wir zusätzlich, dass die Silben des Mantra das MAṂ im Herz-Zentrum unserer selbst als Prajñāpāramitā umgeben. Wir stellen uns vor, dass Licht von den Silben des Mantra zu allen Weisheitswesen (allen Buddhas und Bodhisattvas) ausstrahlt, ihnen Opfergaben darbringt und mit ihrem Segen zurückkehrt. Dann strahlt das Licht zu allen Lebewesen, reinigt ihren Geist und versetzt sie so in den Zustand von Prajñāpāramitā.

Schließlich rezitieren wir die achtzehn Leerheiten und lösen die Visualisierung von außen nach innen auf, wobei sich die Silbe MAṂ als Letztes von unten nach oben auflöst.

Das Sūtra des Herzens der glorreichen Dame Prajñāpāramitā

Folgendes habe ich gehört. Einst weilte der Bhagavān zusammen mit einer großen Gemeinde vollordinierter Mönche und einer großen Gemeinde von Bodhisattvas auf dem Geierscharberg nahe Rājagṛha. Zu jener Zeit war der Bhagavān vertieft in die meditative Versenkung der Aufzählung der Phänomene, die »Das Aufscheinen des Tiefgründigen« genannt wird. Zur gleichen Zeit übte sich der Erhabene Avalokiteśvara, der Bodhisattva Mahāsattva, in der tiefgründigen Prajñāpāramitā und sah dabei das Folgende. Er sah die fünf Skandhas als leer von einer Eigennatur.

Da sprach der Ehrwürdige Śāriputra durch die Macht des Buddha zu dem Erhabenen Avalokiteśvara, dem Bodhisattva Mahāsattva: »Wie sollten ein Sohn aus edler Familie oder eine Tochter aus edler Familie, der oder die die tiefgründige Prajñāpāramitā zu praktizieren wünschen, sich üben?«

Der Erhabene Avalokiteśvara, der Bodhisattva Mahāsattva, antwortete dem Ehrwürdigen Śāriputra: »Śāriputra, ein Sohn aus edler Familie oder eine Tochter aus edler Familie, die die tiefgründige Prajñāpāramitā zu praktizieren wünschen, sollten in der folgenden Weise sehen: Sie betrachten die fünf Skandhas als leer von einer Eigennatur. Form ist Leerheit. Leerheit ist Form. Leerheit ist nichts anderes als Form. Form ist nichts anderes als Leerheit. Ebenso sind Gefühl, Unterscheidung, Wirkkräfte und Bewusstsein leer. Daher, Śāriputra, sind sämtliche Phänomene Leerheit, ohne Merkmale, ohne Entstehen, ohne Vergehen, ohne Makel, ohne Freiheit von Makel, ohne Abnahme und ohne Zunahme. Daher, Śāriputra, existiert in der Leerheit keine Form, kein Gefühl, keine Unterscheidung, keine Wirkkraft, kein Bewusstsein; kein Auge, kein Ohr, keine Nase, keine Zunge, kein Körper, kein Geist; keine Form, kein Klang, kein Geruch, kein Geschmack, nichts Spürbares, keine Phänomene; kein Augen-Dhātu bis hin zum Geist-Dhātu, kein Phänomene-Dhātu, kein Geistbewusstseins-Dhātu; keine Unwissenheit, kein Enden der Unwissenheit bis hin zu keinem Altern und Tod und keinem Enden von Altern und Tod; kein Leiden, kein Ursprung des Leidens, keine Beendigung, kein Pfad, keine Weisheit, kein Erlangen und kein Nicht-Erlangen.

Daher, Śāriputra, weil Bodhisattvas kein Erlangen besitzen, verweilen sie, indem sie sich auf die tiefgründige Prajñāpāramitā stützen. Da ihr Geist ohne Schleier ist, haben sie keine Furcht. Indem sie alle Verblendung transzendiert haben, erlangen sie vollkommenes Nirvāṇa. Alle Buddhas, die sich in den drei Zeiten aufhalten, erwachen zu unübertrefflicher, vollkommen vollendeter Erleuchtung, indem sie sich auf Prajñāpāramitā stützen.

Daher sollte das Prajñāpāramitā-Mantra, das Mantra großer Einsicht, das unübertreffliche Mantra, das Mantra, das dem Unvergleichlichen gleicht, das Mantra, das alles Leid befriedet, als wahr erkannt werden, weil es nicht trügt. Das Prajñāpāramitā-Mantra lautet wie folgt:

OṂ GATE GATE PĀRAGATE PĀRASAṂGATE BODHI SVĀHĀ

Śāriputra, Bodhisattva Mahāsattvas sollten sich auf diese Weise in der tiefgründigen Prajñāpāramitā üben.«

Daraufhin erhob sich der Bhagavān aus seiner meditativen Versenkung und sprach zu dem Erhabenen Avalokiteśvara, dem Bodhisattva Mahāsattva: »Gut gemacht! Sehr gut, sehr gut, Sohn aus edler Familie. So ist es, Sohn aus edler Familie, so ist es. Die tiefgründige Prajñāpāramitā sollte genauso geübt werden, wie du es gelehrt hast. Dann werden sich die Tathāgatas daran erfreuen.«

Als der Bhagavān dies gesprochen hatte, erfreuten sich der Ehrwürdige Śāriputra, der Erhabene Avalokiteśvara, der Bodhisattva Mahāsattva, alle, die sie umgaben, und die Welt mit ihren Göttern, Menschen, Halbgöttern und Gandharvas daran und sie priesen die Worte des Bhagavān.

Dies wurde von dem indischen Paṇḍita Vimalamitra und dem Übersetzer und vollordinierten Mönch Rintschen De ins Tibetische übersetzt. Das Lektorat erfolgte durch den großen Übersetzer und Lektor Gelo, Namka und andere.
Der englischen Übersetzung von Karl Brunnhölzl liegen verschiedene tibetische und Sanskrit-Fassungen zugrunde.

Ausgewählte Bibliografie

Bokar, Rinpoche und Khenpo Donyo, *Profound Wisdom of the Heart Sutra and Other Teachings*. San Francisco: Clear Point Press, 1994.

Conze, Edward, Übers., *The Perfection of Wisdom in Eight Thousand Lines & Its Verse Summary*. Bolinas: Four Seasons, 1973.

–, Übers., *The Large Sutra on Perfect Wisdom*. Berkeley: University of California Press, 1975.

–, Übers., *Perfect Wisdom. The Short Prajñāpāramitā Texts*. (Nachdruck der Originalausgabe von 1973, London, Luzac). Totnes (UK): Buddhist Publishing Group, 2002.

Dārika, *Prajñāpāramitāhṛdayasādhana*. Tibetischer Tripiṭaka: D2641.

Hixon, Lex, *The Mother of the Buddhas*. Wheaton: Quest Books, 1993.

Lopez, Donald S., Jr., *The Heart Sūtra Explained*. Albany: State University of New York Press, 1988.

–, *Elaborations on Emptiness*. Princeton: Princeton University Press, 1996.

Red Pine, *The Heart Sutra: The Womb of Buddhas*. Berkeley: Counterpoint Press, 2005.

Sangharakshita, *Wisdom Beyond Words: The Buddhist Vision of Ultimate Reality*. Birmingham: Windhorse Publications, 1993.

Soeng, Mu, *The Heart of the Universe: Exploring the Heart Sutra*. Boston: Wisdom Publications, 2010.

Tenzin Gyatso, der Vierzehnte Dalai Lama, *Essence of the Heart Sutra*. Boston: Wisdom Publications, 2005. (Deutsch: Dalai Lama, *Der buddhistische Weg zum Glück. Das Herz-Sūtra.* München: O. W. Barth, 2004.)

Thich Nhat Hanh, *The Heart of Understanding: Commentaries on the Prajñaparamita Heart Sutra*. Berkeley: Parallax Press, 1988. (Deutsch: Thich Nhat Hanh, *Mit dem Herzen verstehen*. München: Droemer Knaur, 2011.)

Karl Brunnhölzl wurde von Dzogchen Ponlop Rinpoche der Titel eines Khenpo verliehen. Er arbeitet als Übersetzer, Dolmetscher und Lehrer für die Tsadra Foundation, Nalandabodhi und das Nitartha Institute. Er ist der Autor und Übersetzer von *The Center of the Sunlit Sky, Luminous Heart* und *Gone Beyond.*

Weitere Titel der Edition Steinrich

Bhikkhu Analayo
Mitgefühl und Leerheit

in der früh-buddhistischen Meditation

Deutsche Erstausgabe
Hardcover, 352 Seiten
ISBN 978-3-942085-67-0

Bhikkhu Analayo
Satipaṭṭhāna Meditation

Ein Praxisleitfaden

Deutsche Erstausgabe
Hardcover, 350 Seiten
ISBN 978-3-942085-84-7

WEITERE TITEL DER EDITION STEINRICH

Irmgard Kirchner
Santacitta Bhikkhuni

Fang einfach an!

Wie mir meine Freundin den Buddhismus erklärt

Deutsche Erstausgabe
Hardcover, 192 Seiten
ISBN 978-3-942085-83-0

Sylvia Wetzel

Grüne Tara – Freie Frau

Ein weibliches Bild des Erwachens

Deutsche Erstausgabe
Hardcover, 440 Seiten
ISBN 978-3-942085-79-3